本书是安徽省教育厅 2020 年度高校优秀青年人才支持计划项目《新媒体背景下文化创意产品的设计开发研究》（项目编号：gxyq2020223）阶段性研究成果之一。

新媒体背景下文化创意产品开发与设计研究

李亭翠　著

天津出版传媒集团
天津科学技术出版社

图书在版编目(CIP)数据

新媒体背景下文化创意产品开发与设计研究 / 李亭翠著. -- 天津：天津科学技术出版社, 2024.7.
ISBN 978-7-5742-2249-6

Ⅰ.G114

中国国家版本馆CIP数据核字第20241YP206号

新媒体背景下文化创意产品开发与设计研究
XINMEITI BEIJING XIA WENHUA CHUANGYI CHANPIN KAIFA YU SHEJI YANJIU

责任编辑：	刘　鸫
责任印制：	兰　毅

出　　版：	天津出版传媒集团
	天津科学技术出版社
地　　址：	天津市和平区西康路35号
邮　　编：	300051
电　　话：	（022）23332377
网　　址：	www.tjkjcbs.com.cn
发　　行：	新华书店经销
印　　刷：	河北万卷印刷有限公司

开本 710×1000　1/16　印张 16　字数 220 000
2024年7月第1版第1次印刷
定价：88.00元

前言

在新媒体技术的影响下,新媒体艺术与文化创意产业的融合互动体现了文化与科技融合的必然趋势,文化创意产业呈现出数字化、交互性、超文本性、虚拟化的新特征。新媒体艺术与文化创意产业的深度融合需要基于新媒体核心灵魂,突破技术层面的交互,重新诠释文化创意产业的精神内涵,从文化产品的内容和精神上实现血肉相融。随着新媒体艺术和文化创意产业的发展,文化创意产品的设计与开发也逐渐成为当前研究的热点。在当前的时代背景下,信息技术的发展与进步使人们的生活方式发生了重大转变,文化创意产品设计的首要任务是为文化寻找合适的、符合现代人们生活方式的存在形式。如何紧跟时代发展,设计出既具有文化价值又具有市场经济价值的产品,是文化创意产品设计研究领域关注的重点问题之一。

全书以新媒体背景下文化创意产品的开发与设计为切入点,分六章进行系统论述。第一章对新媒体的发展进行了简述;第二章是关于文化创意产品的概述,包括文化创意产品的概念、功能等的相关阐释;第三章对新媒体背景下文化创意产业的发展进行了深入分析;第四章对新媒体背景下文化创意产品设计开发主要涉及的领域进行了简要介绍;第五章对新媒体背景下文化创意产品的设计思维与方法进行了多维阐述;第六章传统元素在文化创意产品中的创新应用从传统书画元素、传统文学元素、传统民俗文化、传统手工艺等几个方面展开论述,探索传统元素在文化创意产品中的具体应用。全书集系统性、科学性、新颖性于一体,知识性、趣味性强，语言描述准确，章节划分得体，结构体系完整，能够为文化创意产品开发与设计提供合理建议和科学指导。

本书在撰写过程中参考了一些专家、学者的研究成果和著作，在此表示衷心的感谢。由于时间仓促，水平有限，不足和缺陷之处在所难免，恳切希望广大读者、专家批评指正。

目录

第一章 新媒体发展简述 1
  第一节 新媒体的内涵与特征 1
  第二节 新媒体的主要技术依托 6
  第三节 新媒体时代的文化创意 17

第二章 文化创意产品概述 21
  第一节 文化创意产品的概念 21
  第二节 文化创意产品的功能 25
  第三节 文化创意产品的组成要素 27
  第四节 中国特色文化创意产品的当代价值 29

第三章 新媒体背景下文化创意产业的发展 42
  第一节 互联网技术对文化创意产业的影响 42
  第二节 新媒体艺术与文化创意产业的深度融合 47
  第三节 新媒体时代文化创意产业的媒介传播 52

第四章 新媒体背景下文化创意产品设计开发主要涉及的领域 65
  第一节 博物馆文化创意产品设计开发 65
  第二节 图书馆文化创意产品设计开发 98
  第三节 高校文化创意产品设计开发 118
  第四节 动漫文化创意产品设计开发 127

第五章　新媒体背景下文化创意产品的设计思维与方法　　148

第一节　基于消费心理的文化创意产品设计　　148
第二节　基于地域文化的文化创意产品设计　　159
第三节　基于情境整合的文化创意产品设计　　168

第六章　传统元素在文化创意产品中的创新应用　　178

第一节　传统书画元素在文化创意产品中的应用　　178
第二节　传统文学元素在文化创意产品中的应用　　192
第三节　传统民俗文化在文化创意产品中的应用　　204
第四节　传统手工艺在文化创意产品中的应用　　221

结　语　　245

参考文献　　247

第一章　新媒体发展简述

第一节　新媒体的内涵与特征

新媒体是与计算机信息技术紧密结合的一种媒体类型,它通过全新的信息存储和发布平台进行传播。与电视、广播、报纸、杂志等传统媒体截然不同,这些平台提供了完全不同的出版、保存和传播方式。随着时间的推移,新媒体的含义不断发生改变,尽管各方对此有着不同的看法和声音,尚未有统一、明确的定义,但人们在许多观点上达成了某种程度的共识。

一、新媒体的内涵

随着科技的飞速进步,传播信息的媒介经历了持续的变革。从古代人类依靠口述传承信息、使用图腾和壁画表达思想以及借助结绳记录事件,到文字的产生、纸张的普及以及印刷技术的革命性应用,媒介的发展日新月异。到了近现代,人们见证了以报纸、杂志、广播和电视为主要形式的传统媒体的蓬勃发展。而在当前时代,数字媒体作为一种新兴力量,以其数字化和网络化的特征,正引领着媒介的潮流。这一历史演进过程清楚地表明，大众传播媒体的形式从未停止过变革与发展。每一次技术的突破和媒介的变革都会带来一种新的媒体形态。尤其在如今科技迅猛发展的背景下，新媒体的定义和范畴变得更加广泛。不难预见，随着时间的流逝，今天的新媒体终将演变为未来的传统媒体甚至"旧媒体"。

从广义上讲，新媒体区别于传统的电视、广播和印刷出版物等媒介，被定义为基于数字化、网络化以及移动通信技术的现代传播媒介。新媒体可大致分为三大类别：首先是依托互联网技术的网络新媒体，它囊括了包括搜索引擎在内的各类在线平台（如新闻网站、视频网站、社交媒体平台、论坛）、电子版的报纸和期刊、网络直播等多样化的表现形式；其次是以手机为主要接收终端的移动新媒体，包括短信、彩信、手机报、手机电视、手机阅读材料、各式应用程序等，常被誉为"第五媒体"；最后是以数字电视技术为基础的数字电视新媒体，涵盖了数字电视和移动电视、户外数字显示屏等形式。

这些新媒体的兴起不仅彰显了技术革新对传统传播方式的颠覆，也预示着未来信息传播的趋势将越来越多地依赖于数字和网络技术。同时，新媒体的不断发展也推动了信息传播的个性化和社会化，信息接收者能够更加主动地选择信息，而信息传播的边界也越来越模糊。这些变化不仅影响了个人的生活，也深刻地改变了社会的运行方式和文化的形态。

二、新媒体的特征

在新媒体的浪潮下，人们获得信息的方式发生了翻天覆地的变化。全球信息的接入仅需轻轻一点，而个人意见也可以轻易地在众多平台上传播和讨论。这种信息流通的广度和速度是以往无法比拟的。

（一）双向化

双向化是新媒体的显著特点之一。传统媒体的信息流是单向的，即从制作者到接收者，后者通常只能被动接受。但新媒体改变了这种状态，实现了信息的双向甚至多向流动。

在新媒体的语境下，"受众"这一称谓已经转变为"用户"。这不仅仅是称呼的变化，而是表明用户拥有了主动选择和控制信息的能力。他们可以自由筛选想要的信息，也可以随时关闭设备，拒绝接受进一步的信息。这种能动性的增强，打破了用户仅仅作为被动接收者的局限，他们不再受限于媒体的单向信息流，而是可以通过新媒体的多元交流方式发出自己的声音，甚至反过来影响信息的原始传播者。近年来，借助微博、抖音、油管、脸书、Instagram、知乎、贴吧等多种新媒体平台，用户不仅仅是信息的消费者，更有机会成为信息的创造者和传播者。用户的角色更加复杂多元，他们既是信息的接收端，也是信息的发源地。如此一来，信息的流通不再是简单的广播，而是一场参与者众多的对话，每个人都可以是讲者，也可以是听众。新媒体因此塑造了一个更为民主、互动和多声部的信息环境。

（二）超时空

新媒体时代的信息传播具有明显的超时空特性。不同于传统媒体，如电视和报纸的信息发布流程（这往往涉及专业编撰和层层审批），新媒体能够以更快捷的方式突破时间和空间的限制。简便的操作，如短视频的拍摄与编辑，再加上音频和字幕，便能迅速传达信息的核心内容。新媒体，如直播和社交媒体热搜等形式，可以实现与事件的实时同步，以及非线性的信息扩散，极具吸引力。它消除了信息传递中的时空界限，使信息的传播速度和范围大为提升，也极大减少了沟通的障碍。在这种环境下，用户不论是身处事件现场还是远在他乡，都能够从丰富的信息源中迅速找到所需内容，并进行观看、评论和分享。

（三）超媒体

超媒体是新媒体的重要特征。新媒体的发展得益于数字和计算机技术的进步，极大地增强了传播内容的质量。现代广播和电视的信号传输速度以及图像与声音的清晰度经历了从标清到高清再到超清的飞跃。随着科技的进一步发展，传输的速度和效率持续打破纪录。用户作为直接受益者，深刻体验到了快速传输技术带来的高清晰、高稳定性和高亮度的视听效果。尽管新媒体在信息处理的连贯性和转换方面有待提高，但其成为信息服务主流的趋势不可阻挡。数字技术的支持使得新媒体能够方便地汇聚和整合不同类型的媒介信息，从而允许用户仅通过简单地点击就能接触大量的文本、视频和图片资源。这一切让用户能够轻松地筛选、过滤和挑选所需信息。

（四）个性化

个性化是新媒体表征之一。在这个信息爆炸的时代，人们每天都沉浸在大量的信息中。例如，一个微信公众号一天可能会推送几十条信息，但多数用户可能只会扫一眼标题就划过去，既没有时间也没有精力深度阅读每一条。随着订阅的平台和内容数量的增加，人们经常遭遇信息过载的问题。信息过载是指周围的信息量超过了人们正常生活所需，导致人们在众多信息面前无法做出选择。

为了在这样的市场竞争中脱颖而出，许多新媒体研发公司开始利用大数据进行算法推荐，以吸引用户。这种算法推荐利用大数据技术，通过收集和分析用户的行为、偏好等信息，为用户提供个性化的内容，实现"千人千面"的效果，以解决信息过剩的困扰。例如，今日头条在2012年就开始全面推行算法推荐，其他新闻应用程序，如新浪、网易，以及社交应用程序，如微博、微信和X（原推特），也都在努力使用数据分析和个性化推送技术。它们整合和分析数据，向用户推荐更合适的内容，提供几乎定制化的资讯服务，以满足不同用户的多样化需求。这种服务不仅提升了专业性和个性化体验，甚至可以说"比用户更了解自己"，从而让用户充分体验社交媒体的吸引力，并有效缓解了信息过载时代下注意力稀缺的问题。

（五）虚拟化

新媒体基于数字化的信息，塑造并存在于一定的虚拟空间当中。数字化信息以比特（"0"或"1"）的排列组合来表示和传播，人们可以方便地通过调整比特的排列来修改信息甚至制作虚拟的信息。包括文字、声音、影像、互动场景等在内的数字化信息都是由技术人员利用数字技术模拟真实世界信息制作出来的。近年来，人工智能的概念从计算机科学的专业层面延伸至大众视野，机器人记者和围棋手正是新媒体虚拟性的一种表现，VR（虚拟现实）、AR（增强现实）和MR（混合现实）技术能够让人完全沉浸在虚拟环境或虚拟和现实复合的环境当中，将新媒体的虚拟化特点直观地呈现在人们面前。

在新媒体平台上，信息传递的方式已经不再是单纯的实体交换，而是进入了一个更为抽象的虚拟层面。这里的虚拟性不仅是指信息以数字化形式存在，而且强调在这个平台上，信息传播参与者之间的关系大多是匿名的，缺乏实际身份的确认。人与人之间的联系，虽然仍旨在沟通与交流，却是通过匿名的方式进行的，不同于传统媒体时代那种可以明确知道信息源头的情形。因此，在数字信息交流的基础上形成的社交关系带有某种模糊性，它们对现实世界中人们互动的传统模式产生了深远的影响，导致了人际关系结构的根本变革。

（六）平台化

在交互性和个性化的基础上，新媒体也带有深刻的平台化基因。虽然被称为"新媒体"，但新媒体并不局限于"媒体"的信息传播属性，并逐步发展出了丰富多样的"平台"属性。从这个意义上讲，新媒体不仅是纯粹的信息传播平台，还可能带有学习教育、休闲娱乐、购物交易、移动办公、社会交往等平台属性。对于早期的论坛来说，人们在上面发布各种类型的内容，实质上就具有了平台化的特征。在微博、今日头条等新媒体中，平台的入驻者可能是个人，也可能是一种组织，如新闻媒体、企业、行政机构，还可能是某一虚拟形象，如电视剧的角色。随着"万物皆媒"时代的到来，新媒体存在的场景将进一步拓展，新媒体的平台化特征也会越来越明显。

第二节　新媒体的主要技术依托

媒体作为技术革新的产物，其外在形态与传播方式天然地与技术不可分割。新媒体更是如此，其每一次升级与变革，都离不开新媒体技术的迭代演进。无论是一直推动新媒体发展的数字技术、计算机网络技术和移动通信技术，还是近几年在媒体领域得到广泛应用的人工智能技术，都显示出新媒体背后技术逻辑对传媒生态的主导性作用。当物联网、区块链、人工智能等成为技术界的研发热点时，可穿戴设备、区块链媒体、智能音频等各种新媒体形态亦成为媒体行业的新宠。信息技术的发展与进步一直都是改变世界、改变生活的重要变革性力量。人们正经历着空前的新媒体技术迅猛发展时期，这些新媒体技术引发的巨大变革，促进了媒介生态的全方位重塑，对人类的信息传播模式必然造成持续而深远的影响。

一、新媒体数字技术依托

数字技术是信息社会的基础，也是新媒体的根本技术，当下的"新媒体"无不以"数字"的方式呈现，因此也有人称新媒体为"数字媒体"。

（一）数字技术的原理

数字技术是一种与计算机相生相伴的信息编码技术，它以数字"0"或"1"作为信息存储的最小单位——比特。文字、图形、图像、声音等任何信息都可以通过数字技术转换成为一系列"0"和"1"的组合排列，供计算机识别，并在数字编码的基础上通过计算机、光缆、通信卫星等设备进行存储、处理和传播。简言之，数字技术就是将各类信息数字化的技术。

信息数字化是传播学中的一个标准过程，涉及编码、译码两个步骤。首先，它将人类能够感知的模拟信号转换为数字信号，即模拟到数字的编码过程。其次，它将这些数字信号还原为模拟信号，让人类能够理解和感知，即数字到模拟的译码过程。

在新媒体领域，信息数字化的核心是将各类信息转换成二进制代码，无论是网络内容、数字电视还是移动设备信息，它们都以数字形式存在，便于在数字化媒体平台上自由流通和共享。这一共享特性是新媒体的显著优势，它促进了信息传播的多元化，使不同媒体平台的资源得以整合。这种整合满足了现代社会对传播的理想追求：确保任何人在任何时间、任何地点都能通过各种媒介接收和传递信息。显然，数字技术是支撑新媒体发展的坚实基础。同时，以下几点也是数字技术对于新媒体具有基础性作用的几个考量要素。

首先，数字技术使多种媒体的融合成为可能。统一的数字编码技术使文字、图像、视频、声音以及客观世界存在的任何信息都可以通过数字"0"和"1"来表达，各种信息可以融合为一体，通过数字设备加工和传播。智能手机属于数字移动终端，用户安装微信后就可以编辑和分享文字、语音、图像、视频、链接等数字化的内容，在一对一聊天界面、群聊、朋友圈中进行人际交流，使用不同的小程序满足使用者的个性化需求，实现丰富的线上数字生活。

其次，数字化转型为信息互动开启了新的篇章，使得各种信息无缝转化为统一的数字格式，这一转变不仅简化了信息的采集、传输和接收，还允许各种设备和平台之间的互联互通。这种全面的数字协同作用，让人与人、人与机器、机器与机器之间的通信和数据交换成为现实。

最后，数字技术成为了现代软件和智能技术的核心。从电脑到智能设备、从数字电视到各种新媒体应用，所有这些都依赖于软件系统的驱动。而社交媒体平台，如网络社区、微信和微博，更是完全建立在软件应用之上。若没有软件的发展，新媒体的运作将受阻，它的存在也就失去了基础。这些软件程序的编写和功能实现，都是建立在数字技术之上的。

因此，可以说数字技术不仅促进了新媒体的诞生，也持续为其发展注入活力。与依赖模拟信号的传统媒体如电视相比，数字技术提供了更加丰富多彩、清晰流畅的内容体验，大大增强了用户的互动和沉浸感。对于媒体从业者而言，数字技术带来了前所未有的工作效率和便捷性，开创了内容创造、分发和管理的新方式。如此看来，数字技术的普及与应用，无疑是媒体发展历史上的一个重大飞跃，标志着人类正式进入数字时代——一个信息流动自如、互联网无处不在的新纪元。

（二）数字技术的发展

近年来数字技术的发展，催生了多种新媒体技术，进而推动了新媒体的飞速发展，流媒体技术、大数据技术、云计算技术就是其中的典型。

1. 流媒体技术

流媒体技术，简单而言就是把连续的影像和声音信息经过压缩处理后放到网站服务器上，让用户一边下载一边观看、收听，而不需要等整个压缩文件下载到自己机器后才能观看、收听的网络传输技术。该技术先在用户端的计算机上创造一个缓冲区，在播放前预先下载一段资料作为缓冲，当网络实际链接速度小于播放所耗资料的速度时，播放程序就会取用这一小段缓冲区的资料，避免播放的中断，同时保证播放的品质。流媒体是流媒体技术的核心，它将普通的多媒体通过特殊编码变成在网络中使用流式传输的连续时基媒体，可以适应在网络上边下载、边播放的方式。互联网上多媒体信息的激增，以及用户对音视频信息快速浏览的需求是流媒体技术产生的现实动力。流媒体技术克服了需要下载到本地才能观看的限制，在其支持下，用户可以一边下载一边观看或收听，大大提升了用户体验。

在互联网上，对于流媒体技术应用得较普遍的是网络电视和网络广播。网络电视所采用的是基于P2P的流媒体形式，使得播放效果更加流畅，并且可实现多个频道的自由选择，满足了网络用户在手机上看电视直播和点播节目的需求。网络广播也是基于同样的原理，只不过从网络电视的视频传播变为音频传播。在手机媒体中，流媒体技术更是成为一项关键技术，通过移动广播网提供的手机电视业务大多采用移动流媒体技术，把手机电视内容作为一种数据业务发送给用户，用户在享受随时随地、便捷收看的同时，又能欣赏到清晰、丰富的电视节目。

2. 大数据技术

国际数据公司在2011年的报告中定义了大数据："大数据技术描述了一个技术和体系的新时代，被设计于从大规模多样化的数据中通过高速捕获、发现和分析技术提取数据的价值。"[①] 简单来说，大数据是指无法在一定时间范围内用常规软件工具进行捕捉、管理和处理的数据集合，它具有大量、高速、多样、低价值密度、真实的特征。从大数据价值链来分，大数据技术大致可分为数据生成技术、数据获取技术、数据存储技术和数据分析技术。

大数据技术在媒体领域的应用主要体现在以下三个方面：一是进行数据转化和扩张，将传统媒体的内容批量数字化，并尽可能扩大数据来

---

① 李学龙，龚海刚. 大数据系统综述[J]. 中国科学（信息科学），2015,45(1):1-44.

源；二是搭建基于大数据技术的大数据资源平台、智能生产和传播平台以及用户沉淀平台；三是开发丰富多样的数据产品，现在基于大数据技术的媒体产品主要为数据新闻。

3. 云计算技术

从信息领域的角度看，云计算是分布处理、并行处理和网格计算技术的结合运用。从用户应用角度来理解，云计算通过一个巨大的数据中心来协同全球各地的各种数据计算资源，以随时随地地满足用户的各种需求。被誉为"革命性计算模型"的云计算是业界的研究热点，谷歌、微软等IT巨头都在开发基于此技术的应用，云计算正在成为新媒体发展所需依托的超级技术平台。

二、新媒体网络技术依托

（一）计算机网络的升级

计算机网络技术的发展可谓一日千里，从Web1.0更新迭代到Web3.0，都离不开网络技术的更新和推动。

1. 从Web1.0到Web2.0

Web1.0的本质是聚合和搜索。在Web1.0时代，用户主要通过使用互联网浏览器获取信息，这种接收方式只解决了用户对信息搜索、聚合的要求，但本质上仍然是单向传播模式，无法避免你传我受的传播状况。

Web2.0打破了Web1.0时代单一的信息接收方式，填补了Web1.0在参与、沟通、交流上的空白。它更注重开发用户的主动性，使用户掌握信息自主权，极大地满足了网络用户个性化和互动性的需求。在Web2.0的应用中，用户不仅可以使用各类浏览器、RSS阅读器等浏览互联网，还可以创造互联网内容，成为网站内容的生产者。在Web2.0时代，除了Web1.0时代的门户网站、即时通信、搜索引擎等得到新的发展外，更涌现出很多新的媒体形态，如Blog（博客）、Tag（社会化标签）、Wiki（维客）、RSS（简易聚合）、SNS（社交网络服务）等。

2. 从 Web2.0 到 Web3.0

Web2.0 鼓励用户用最简便的方法发布内容，与之相伴随的是大量未经验证、质量参差不齐的信息开始纷纷涌现，这使得互联网环境的纯净度大打折扣；与此同时，Web2.0 时代产生的海量信息使得搜索引擎越来越难以应对，这对互联网搜索等关键技术构成了新的挑战。

正是基于以上问题，Web3.0 浮出水面。作为 Web2.0 的替代物，Web3.0 是建立在 Web2.0 的基础之上，并且实现了更加智能化的人与人、人与机器的交流模式。总体来看，Web3.0 具有以下四种典型特征：第一，数据整合。Web3.0 应用内容聚合技术对用户生成的内容信息进行整合，使得内容信息的特征更加明显，便于检索；同时，用户还可自由整合数据资源。开放的应用程序编程接口会给更多用户开发更多的应用程序，实现更多的单元组织，从而实现用户自由组织单元的聚合。第二，个性设置。Web3.0 在对于用户生产内容筛选性过滤的基础上同时引入偏好信息处理与个性化搜索引擎，对用户的行为特征进行分析，从而使用户能够更加迅速、准确地搜索到自己感兴趣的内容，避免了大量信息带来的搜索疲劳。同时，用户在进行信息浏览、生成时，还可对需要的显示、色彩像素框架等元素进行自由设置。第三，用户体验。Web3.0 具有良好的人性化用户体验，友好的人机交互界面和智能化的 UI 界面都能更好地体现用户需求。第四，模块定制。Web3.0 具有良好的模块定制功能，将实现不同终端的兼容，适合于台式电脑、手机、平板电脑、智能音箱和各种专用终端等的平台定制。

（二）新媒体领域网络技术的发展重点

1. Wi-Fi 6 技术

Wi-Fi，在中文里又称作"移动热点"，是 Wi-Fi 联盟制造商的商标作为产品的品牌认证，是一个创建于 IEEE 802.11 标准的无线局域网技术。使用 Wi-Fi 可以简单地理解为无线上网，几乎所有智能手机、平板电脑和笔记本电脑都支持 Wi-Fi 上网，是当今使用最广的一种无线网络传输技术。在家庭环境、办公环境和一些公共空间内，用户实际上使用的就是 Wi-Fi 上网，而非其他移动通信技术。相比于移动通信技术，用户使用 Wi-Fi 网络性价比更高。此外，同一 Wi-Fi 网络场景可以实现更加便捷多样的服务，如多个用户之间资源的快速共享、智能家居的控制、公共服务信息的获取等。对于部分使用场景来说，加密程度足够高的 Wi-Fi 网络也能够提升信息安全水平。

随着 Wi-Fi 6 的普及，对于各类新媒体终端的使用和连接，Wi-Fi 6 技术将提供极为强大的网络支持，提升新媒体使用的场景体验。

2. 物联网技术

物联网也称传感网，是指物与物、人与物之间实现智能化，其技术基础是无线射频识别系统，可通过无线数据通信网络进行信息采集和物品的识别，进而通过开放性的计算机网络实现信息的交互和共享，被誉为继计算机、互联网与移动通信网之后世界信息产业的第三次浪潮。物联网让人类感官体验进一步得到延伸，让人与物理系统实现协调一致。

物联网的出现给全面革新信息采集方式带来了新的发展机遇，对传媒行业真正实现智能化传播、互动化传播和高效率传播具有重要意义。首先，物联网将进一步优化媒体资源的融合和共享，各类终端及其承载的媒介内容将无缝对接。其次，物联网技术结合其他媒介技术产生的多元化信息表达方式，将创造新的媒体形态，形成包括物基媒体、物向媒体在内的物联网新媒体。最后，物联网是促进"万物皆媒"时代全面到来的关键力量，万物互联环境下人在传播过程中的角色将进一步转化，媒介信息环境与客观环境将进一步融合。

3. 区块链技术

区块链技术是一项颇受关注的新型互联网技术，它是一种公开的、分布式的账簿，可以有效核查和永久记录各方之间的交易。具体来说，它是由网络上一个个储存区块组成的相互连接的链条,每个区块中储存着一定时间内网络链条中所有交流信息的数据。由于数据在每个区块上都有实时记录,因此区块链具备去中心化和不可篡改的特点。

"区块链+媒体"的创新应用对数字经济和全媒体传播体系的建设有着积极影响。通过区块链技术,媒体产业的各种作品,如新闻、文学、摄影和设计创意,以及用户的浏览和互动数据,都可以作为数字资产进行资本化,创造经济价值。这不仅推动了数字媒体产业的增长,还加强了全媒体传播体系的内容基础。此外,区块链在强化数字版权保护方面发挥了关键作用,它能够有效追踪和记录新媒体对传统媒体资源的使用,保障内容版权。通过区块链,媒体产品还能进入文化金融市场,借助股权众筹等方式,实现产品的物化、资产化和资本化,这不仅增加了媒体产出的物质回报,还为媒体的创新发展开辟了新途径。

三、新媒体的移动通信技术依托

移动通信是移动体之间或移动体与固定体之间的通信。移动体可以是人,也可以是汽车、火车、轮船等在移动状态中的物体。如今的移动通信已经像水和空气一样不可或缺,这种无处不在的服务深刻改变了社会生产方式和人们的生活方式。随着移动通信技术的快速发展,整个行业与社会经济各领域融合渗透程度逐渐加深,促使很多新业态、新模式源源不断地出现,O2O、共享经济、移动支付等都得益于移动通信的发展。

移动通信技术使数字信息摆脱了电线、光缆等实体网络的限制,使其可以通过无线网络实现随时随地的传播。"移动化"作为新媒体的重要特征之一,可以让用户随时随地地获取信息与服务。移动通信技术为Web2.0甚至Web3.0式的新型应用提供了传播的通路。依托移动通信技术发展起的移动互联网,使传统媒体获得了转型发展的机会,也使网络媒体向移动互联网迁移。在移动通信技术和其他新媒体技术的共同作用下,微信、新闻客户端等原生于移动互联网的新媒体形态不断出现。

随着社会经济及物联网技术的迅速发展,移动云计算、移动社交、车联网等新型移动通信业务不断产生,对移动通信技术提出了更高层次的需求,第五代移动通信技术(5G)应运而生。5G是4G的延伸,其追求的是高数据速率、减少延迟、节省能源、降低成本、提高系统容量和大规模设备连接。2019年6月6日,中华人民共和国工业和信息化部正式向中国电信、中国移动、中国联通、中国广电发放5G商用牌照,中国正式进入5G商用元年。

5G移动通信技术将大幅提升移动互联网用户业务体验,满足物联网应用的海量需求,金融领域的"5G+无人银行"、交通领域的5G自动驾驶、医疗领域的"5G+医疗"、民生领域的"5G+环保"等都进入应用阶段。在传媒领域,5G的到来不仅意味着更快的信息传播速度,还代表着媒体生态的进一步变革。

四、新媒体的智能技术依托

(一)智能技术的核心:人工智能

人工智能是智能技术的核心。人工智能指由机器等人造物展现出的智能,即人造物对环境、信息等进行感知并在此基础上采取相应的符合其设计目标的行动。

近年来,人工智能技术开始进入媒体领域。我国媒体也积极将人工智能技术引入实践当中。例如,江苏网络电视台在对用户数据进行计算建模实现精准推送的基础上,推出了"荔枝云"系统,将相关的实践应用拓展到了智能视频剪辑和大数据分析。此外,大型媒体集团还多方与人工智能技术公司开展合作,如新华社与阿里巴巴成立了新华智云,专门进行人工智能技术研发。①

（二）媒体智能技术主要类型

媒体智能技术虽然以人工智能技术为核心，但并不等同于人工智能技术，它是一个技术群落，还包括机器学习、算法推荐、识别交互等技术，同时需要数字技术（如云计算）、网络技术（如物联网）、移动通信技术（如5G）等技术的配合。

1. 机器学习技术

机器学习技术指的是计算机模拟或实现人类的学习行为，以获取新的知识或技能，重新组织已有的知识结构使之不断改善自身性能。② 深度学习作为人工智能的一个快速进展领域，使得机器能够处理和解析大量的图像、音频和文本数据。通过构建多层神经网络，计算机现在可以模仿人的观察和学习能力，在理解复杂情境并做出反应时，有时其表现甚至超过了人类。

2. 计算机视觉技术

计算机视觉允许机器通过摄像头和处理算法替代人类视觉来识别和跟踪物体，并测量其特征。其目的是让机器处理图像，从而更易于人类理解或供其他设备分析。这项技术的终极目标是赋予计算机相当于人的视觉识别能力，使其能够解读图像内容、理解动态环境，并自动从视觉数据中提取出含义和概念。部分计算机视觉的研究成果已经得到应用，如图像分类、目标检测、人脸识别、智能视频监控等。

3. 算法推荐技术

算法推荐，简单而言就是通过用户的浏览记录以及行为对用户行为进行"画像"，从而为用户推送符合其偏好的信息，即基于算法对用户进

---

① 田丽. 我国媒体人工智能发展现状与问题 [J]. 新闻战线, 2019 (23): 41-44.
② 黄辛, 田瑞颖.《中国新一代人工智能发展报告2019》发布 [N]. 中国科学报, 2019-05-30 (7).

行个性化推送。

4. 语音交互技术

语音交互是媒体智能化的关键方向，据斯坦福大学的 AI 专家吴恩达预测，语音识别准确度一旦达到 99%，将会带来革命性的行业进步。目前，语音交互技术正日益完善，已广泛应用于各种设备和服务，从集成在智能手机中的助手到专门的行业解决方案，如教育、公共服务、汽车行业、客户服务和医疗保健，都正在经历快速增长和创新。据预测，2023 年，全球有超过 90% 的智能手机会搭载全新的语音助手，语音交互走向大众化。语音交互技术的进步创造了媒体与用户接触的更多场景。对媒体而言，内容生产与分发、媒介经营、用户反馈等全链条均可由智能语音交互带来优化。

5. 沉浸式技术

学术意义上的"沉浸式"来源于匈牙利籍心理学家米哈里·契克森米哈赖 1975 年提出的沉浸理论。该理论认为，人们在进行某些日常活动时，会完全投入情境当中，过滤掉所有不相关的知觉，进入一种沉浸的状态。沉浸理论延伸到人机互动媒体上时就出现了沉浸式媒体。AR、VR、MR 技术运用在媒体形式上，就出现了沉浸式媒体技术。沉浸式媒体技术所生成的虚拟时空环境，不仅给体验者带来视听感官上的刺激，还形成了内容、进程和场景等多维度的沉浸交互体验。随着沉浸式技术的成熟，作用于人的感官将不只局限于视、听、触、嗅、味等感觉将进一步拓展。

6. 传感器技术

传感器是一种检测装置，能感受到被测量的信息，并能将感受到的信息，按一定规律变换成电信号或其他所需形式的信息输出，以满足信息的传输、处理、存储、显示、记录和控制等要求。个人传感器则是以智能可穿戴设备为代表的用户端技术，它可以收集用户个性化的数据信息，包括地理位置、环境信息、运动状态、健康数据等，以便媒体对用户进行更加有针对性的内容与服务提供。

第三节 新媒体时代的文化创意

媒体技术的革新推动了文化创意产业的演进。继纸质媒介和电子通信时代之后，文化创意产业如今迈入了一个数字化的新纪元。在互联网经济的强劲驱动下，传统文化产业的活力逐渐减弱，而融合互联网的新兴文化创意（简称"新文创"）产业正崭露头角。这些新文创产业正处在转型与升级的关键时期，能够促进国家社会经济的发展。作为互联网经济的一部分，新媒体的介入极大地提高了新文创产业的市场活跃度，不断涌现的产业融合和跨界合作案例引人瞩目。新媒体与新文创产业的结合展示了它们未来的发展蓝图。

一、从"庙堂之上"到"品牌亲民化"

传统媒体时代，自上而下的传播模式占据主流，广告和信息的重复性导致大众在一定时期内被动消费同质化内容。广播、电视、出版等文化资源主要掌握在精英群体手中，他们负责筛选并推送内容，既有美学价值又有资本的加持。这些内容的形式往往受限于媒介的物理属性，如报纸的版面大小、电视和广播的时长等，以固定的形态呈现给受众。

而互联网时代，尤其是以新媒体为核心的时代，信息传播的主要特征是去中心化。信息传播的方式变得更为直接和互动，从单向输出转变为多向网络式的沟通。这种变革给文化创意产业带来了前所未有的活力和可能性。一方面，中小企业、独立创作者等新兴主体获得了更多展示才华的机遇，它们可以依据自身的生产能力和资金情况进入新文创领域。它们可以利用新媒体平台的差异化特性、精准投放和用户数据分析，生产出具有个性化、定制化和互动性的文化内容。另一方面，原先占据市场高端的大型文创企业不再只是高高在上地制订宣传计划，而是采取更加平易近人的互动方式来传播信息，这使得它们的传播内容更易于被大众所接纳。这样的文化创意内容不再局限于单一平台，而是活跃在微博、微信、今日头条、抖音、快手、B站、小红书等多个新媒体平台上，每个平台都有其独特的用户群体和传播效果。品牌方认识到，结合新媒体的文创内容更易于与受众建立情感联系，也更有可能促成消费决策。在"新媒体+新文创"的趋势之下，文化创意产品与受众之间的界限被打破，文创内容通过互动和参与性的形式，更容易触动人心，进而更顺畅地开启市场和经济的活力。

二、"新媒体+新文创"改变产品创作流程

在与互联网结合前，传统文化产业在产品开发与市场投放前往往依赖过时的数据和经验推测，这种方式难以精确掌握市场需求与用户行为，不少产品在大量投入之后因未能准确把握市场趋势和消费者需求，导致文化内涵模糊、商业模式陈旧，产品难以获得广泛的市场认同，这在文创领域造成了不小的空白。

随着互联网特别是新媒体的介入，文创产业迎来了变革。"新媒体+新文创"的模式优化了产品与用户之间的连接，使得品牌方能够借助新媒体的互动渠道实时收集用户数据，打通了从产品研发到制造再到市场流通的全链条。这种模式下，在产品研发阶段，企业能够利用新媒体进行初步的用户调研，绘制精确的用户画像；在生产制造阶段，企业可以根据市场反馈动态调整产品量；在产品流通阶段，企业能够实现多平台的精准营销和传播。这种贯穿始终的互动数据不仅为文化创意产品注入了活力，还实现了用户价值与产品价值的最大化，有效降低了投资的风险。

三、以文化为基础充实"新媒体+新文创"内涵

在文创产业的快速扩张中，一些企业和个人急于将"文化+人工智

能"和"文化+互联网"的概念融入产品中,希望从这一趋势中获益。然而,许多尝试仅仅是表层的模仿,缺乏深刻的文化内涵,这样的产品往往难以触动人心。市场上充斥着许多文化产业园区和民俗文化小镇的宣传,它们大多在重复一个模式,试图满足城市居民周末放松的需求,起初似乎声势浩大,但往往持久力不足,面临同质化严重、文化内涵匮乏等问题,最终导致业态单一和公众审美疲劳,难以持续吸引投资和游客。

成功的文创产业是建立在深厚的文化基础之上的,它需要深植历史和人文的文化基因,而不仅仅是对文化符号的表面模仿。新媒体平台对文创产业愈发重视,自然地将关注点转向有深厚文化内涵的传统文化,这样的"新媒体+新文创"模式更加注重文化属性。具有丰富精神内涵和文化深度的文化创意产品更符合新媒体的传播特性,也更能够吸引消费者的目光。从更广的视角来看,深奥的文化理念与产品结合,以大众喜闻乐见的方式呈现时,更能够符合广大受众的心理预期。这样,文化内涵的传递不再遥远和难以理解,反而在产品和内容的普及中悄无声息地实现。因此,文创产业的发展不仅仅在于创意的新颖,更在于它如何以一种富有吸引力的方式,让文化的精髓生动地呈现在公众面前,从而在增强文化体验的同时促进产业的持续增长和创新。

四、以创意为核心驱动"新媒体+新文创"发展

文化创意产业的核心在于无限的创造力,它是以"创意经济"为本质的,其竞争力来源于人们如何充分利用自己的创造力和原创性。现代的"新媒体+新文创"模式革新了以往文化产业重人力资源的生产模式,把创意置于核心地位,以此赋能资产,通过互联网和年轻化的新途径对文化资源进行再创造和价值转换。在这样的模式下,创意不仅是连接文化资源与市场的桥梁,它本身还成为直接增值的途径。

文创产业的精髓在于创造力,即"创意经济",核心在于如何发挥

和展现创造力。这种模式不是重新打包文化资源，而是创新地赋予它们新的价值。就如同"国潮"现象，中国本土品牌，如"李宁"与"红旗"的联名，不仅复现了民族象征的设计，还激发了公众对于复古和爱国情绪的共鸣，体现了创意对于产品和产业影响力的重要性。这种趋势也体现在消费者半开玩笑的话语中："以前买不起李宁，现在仍旧买不起。"这彰显了创意对于提升品牌价值的核心作用。通过这种方式，创意成为推动品牌发展、提升产业价值的关键动力。

五、"新媒体+新文创"重构产品销售渠道

在过去，文化资源，如传统艺术和非物质文化遗产并没有明显的商业特征，且文化创意产品的销售通常受限于特定场景。比如，依赖主流媒体进行的高成本、一次性广告宣传，集中在企业的线下渠道；或者附属于博物馆、文化旅游小镇等场所，针对特定文化消费群体；以及传统的"生产－零售－消费者"模式，易受地域和行业规模限制。随着电商的兴起和线下人流减少，高昂的门店租金成为负担，价格战也成了痛点。

在互联网时代，文创产业找到了新的销售场景，借助庞大的平台流量、私域流量的高转化率，活跃的新媒体用户群体以及粉丝经济，开始在"新媒体+新文创"的模式下崭露头角。这种模式突破了传统文化产业的局限，以创意为驱动力，让文化资源在互联网的土壤中重新焕发生机。

第二章 文化创意产品概述

第一节 文化创意产品的概念

文化创意产品(简称"文创产品")是文化创意产业的核心组成部分。依据联合国教科文组织的界定,这类产品的概念涉及文化产品、文化服务以及知识产权三个层面。这类产品的独特之处在于,它们不仅是物质商品,还是文化元素与创新思维的结晶。它们将抽象的文化意念转化为人们可以感知的实物,是现代社会对文化内涵的一种物质表达和创新体现。文化创意产品的设计需要设计师在有形与无形的文化中寻找其包含的文化概念,通过策划设计形成草案,再将其转化为当代生活中具有创意和实用价值的产品,其自身便是具有高附加值的商品。创意产品往往蕴含深厚的文化意义和象征,它们展示出的独创性与多样性是其核心价值所在。设计师通过对文化概念的诠释与拓展,有时还结合最新技术,使这些概念不仅适应现代生活的需求,还具有产品实际的应用功能。在将这些文化概念具象化的过程中,很多传统文化元素得以焕发新生,获得了额外的价值与意义,转化为文化的新标识。

基于这些新鲜的文化标识,文化创意产品直接进入消费领域。它们不仅能满足消费者的基本需求，还带动了一种以文化消费为导向的新潮流。大部分文创产品并不属于生活的必需品，而是介于日用品与奢侈品之间的地带，甚至有的文创产品本身就属于高端的奢侈品。消费者在进行这种不同于日常物质消费的文化消费后，会获得精神层面的满足。

文化创意产品是文化创意产业中的一部分，文化创意产业不仅限于传统意义上的文化产业，而是"文化+智力（创意）+科技"，不但融入文化与创意，往往还需要体现新的技术。由文化、创意、科技深度融合而形成的产品，是中国文创的发展方向。

在探讨文化创意产品的本质时，学术界提出了多种见解。在《文化创意产品的属性与特征》一文中，魏鹏举认为这类产品根植于文化创意产业，并且其内在的文化元素与外在表现形式是紧密相连、不可拆分的一体。也就是说，文化创意产品是基于文化元素的。设计师通过对有形或无形的文化元素进行创新和重新设计，进而打造出带有现代气息的产品。这类产品通常以文化和创意的理念为核心，是由艺术家、设计师或工匠通过将精神理念具体化而制作出来的有形物品。设计师在设计和制作这类产品的过程中融合了无形的创意，创造了不仅具有文化意义、象征价值还具备美育作用的文化产品和服务，所以，这些产品又常被称作文化创意衍生品或艺术衍生品。

面对中国传统文化中的丰富资源，设计师们需要将其变成文化产品，并树立文化品牌，发展文化产业。文化产业的创意管理能力包括内容故事力、科技创新力和创意领导力这三个核心能力。[①] 有学者对于文化创意产品设计提出了"文化三层次"的概念，这也是设计师在进行文化创意产品设计过程中的基本思路。"文化三层次"可分为外在、中间和内在三个层次。从文化的角度来看，外在层次是有形的，中间层次是仪式习俗，内在层次是无形精神；从产品属性的角度来看，外在层次讲的是外

---

① 路海兰，赵澄.探析台湾文化创意产业思维对苏南文化创意产业的借鉴[J].艺术科技，2016，29（10）：7-8.

形，中间层次强调的是功能和操作，内在层次诉求的是情感。①

文化创意产品是区别于传统工艺品的，它可以脱胎于传统工艺品，但并不是原封不动地呈现，需要融入新的创作形式，可以是新设计、新功能、新材料、新技术……单纯的传统工艺品和"老物件"并不属于文化创意产品的范畴，但设计师们可以提取传统工艺品上的图案纹样，或将老物件直接应用于创新的设计中，如一枚明朝的青花瓷片并非文创产品，而设计师在对其经过研究后，精心切割，打磨修饰，并对其进行包银、掐丝等工艺制作，最终形成一件具有传统美的时尚银饰。由此制出的产品既具有传统文化内涵，又适用于当代生活，可称之为文化创意产品。文化创意产品也不同于一般的日用品，它可以具有日用品的功能，但更需要承载一定的文化内涵。通过创意设计，这些产品具有了精神和物质双重层面的功能。

"创意产业"一词最早出现在1998年的《英国创意产业路径文件》中，是由英国创意产业特别工作小组提出的。《英国创意产业路径文件》首次给出了文化创意产业的定义：一个依赖于个体的创造力、技能和才能，通过知识产权来创造经济价值和就业机会的产业。该产业涉及广告、建筑、艺术与文物、工艺、设计、时尚、电影、娱乐、音乐、表演艺术、出版、软件以及电视与广播等十三个领域。英国的定义为世界各国后续提出自己的创意产业概念奠定了基础。美国文化经济理论家凯夫斯将其描述为一个相当庞大和宽泛的领域，囊括了绘画、设计等视觉传达方面的艺术，传统出版物，还有各种与文化艺术相关的产品，其中包含物质性的产品和非物质性的内容，如音乐、舞蹈、戏剧等令人赏心悦目的形式，以及今日的流行文化、游戏、展览展示和各种带有高科技性质的新媒体呈现方式。由此可见，创意产业属于经济形态的范畴，体现了人们具有创造性的设计、生产，以及对新技术的追求与应用。在当今的时代，

---

① 吕游. 文创产品中的文化渗透 [J]. 文化创新比较研究，2019，3（27）：79-80.

创意产业逐渐成为一个国家的重要力量，其中不但包含了经济力量，还凝聚了文化力量。文化力量对于推进经济发展有着重要的作用。在达到生存与温饱的阶段之后，人们便不满足于单纯的物质需求，逐渐产生了对于发展精神文化上层建筑的需求。在推进文化创意产业的进程中，中国需要更注重文化资源、创意手法以及多种高新科学技术的融合，使产品同时具有较高的经济和文化附加值。

探讨文化创意产品时，有三个关键概念不可忽视：文化、创意与产品。文化指人类所有的精神活动，如知识、教养、信念体系，及所有这些精神活动的物质成果。它既有共性也有个性，不同的国度、地区乃至民族或家庭都有有别于彼此的群体性特征；每个集体又会展现出成员间的共性，即那些被内部成员普遍接受的文化表达方式。"创意"这个词强调的是创作者的个人独特创新能力。每一位创作者都应拥有自己的创造力。就产品而言，创意被实物化，并进入产业流程，形成批量生产时，它自然而然地融入了工业的属性，展现出集中生产和规模经营的性质。这三个要素互为因果，相互支撑，构成一个不可分割的整体。

2002年，中国台湾率先引入"文化创意产业"这一术语，将其定义为那些根植于创意和文化沉淀的行业，并认为通过知识产权的保护和利用，文化创意产业既能够创造财富，也能够提供就业机会，从而提升整体的生活水平。此类产业的显著特点包括涉及大量的就业与参与者、产生重要的经济价值和高关联性效益、具备广阔的发展前景、原创性和创新性突出以及高额的附加价值。在中国大陆，"文化产业"一词则在更早的20世纪90年代引入。1998年，中华人民共和国文化部（现中华人民共和国文化和旅游部）设立了专门机构以推动文化产业发展。"文化创意产业"作为一个独立概念出现在2005年，并迅速被列为发展战略，使文化创意产业成为推动未来经济增长的支柱产业。2007年，联合国贸易和发展会议（UNCTAD）对创意产业的特征进行了阐述，其所说的"创意产业"和当下我国正在大力发展的"文化创意产业"基本是重合的。联合国贸易和发展会议对于创意产业的特征阐述如下："第一，以创造力和智力资本作为首要投入的商品和服务的创造、生产和分配活动；第二，构成了一套以知识为基础的活动，侧重但不局限于艺术和文化，可从国际贸易和知识产权中获取潜在收入；第三，带有创造性内容、经济价值和市场目标的有形产品和无形的智力或艺术服务；第四，它是贯穿于艺术领域、服务业部门和工业部门的一个交叉体；第五，已经成为国际贸易中较为活跃的新兴部门。"本书研究的文化创意产品，指的是从文化创意产业中衍生出来的一系列产品，是将文化与精神进行物质化的产品。这些产品具有较深的内涵意义。和传统工业产品相比，文创产品具有较大的深度和空间，可以其自身固有的文化情怀吸引消费者。设计师以"传统＋创新"为思路，将传统文化与创意进行融合，为产品创造更多的文化附加值。

第二节 文化创意产品的功能

文化创意产品区别于普通商品的是它们被赋予了文化价值，承载着更深层的意义。这类产品满足了消费者对于文化的需求，这一点是其与其他类型商品区分的显著特征。在保持文化价值的同时，这些产品也强调实用性，因为消费者倾向于购买既有文化韵味又实用的物品，而不仅仅是单一的装饰品。创新性在文创产品的设计中占据了核心地位，它要求设计师在传统文化的基础上融入新颖的构思和创意，使产品既反映文化内涵，又满足市场需求。在这个领域，设计师出于对文化的热爱而创作，而消费者基于对这种情怀的共鸣而购买。虽然我国的文创产品设计仍处于早期阶段，但已经有不少设计凭借其丰富的文化含量而开始受到关注。例如，苏州博物馆曾为"衡山仰止——吴门画派之文徵明特展"设计出独具文化内涵的系列文创产品"衡山杯"。文徵明号"衡山"，故此杯如一枚"衡山"印章；杯身色泽质地模仿北宋汝窑瓷器风格；杯底有

"衡山"之朱文印，凹下之处被施以红釉。这一系列文创产品还包括"文衡山先生手植藤种子"。种子源自苏州博物馆馆内的文徵明手植藤，博物馆对其进行包装和再设计，将藤赋予"文脉"含义，使种子更具有传承的象征。此类思路的文创产品不但具有实用功能，更注重文化内涵与情怀。

文化创意产品除了其审美和教育价值，还为消费者提供了一种体验文化的新方式。这些产品常在人们参观、旅游或学习活动后被购买，作为现场体验的一种延续。通过这些文创产品，参观者可以把所接触的文化带回家，分享给家人和朋友。特别是对于儿童和青少年，文化创意产品的教化作用都能在他们身上显现，这带来了长远且深刻的影响。部分文创产品设计为DIY套件，引导用户跟随指导手册，利用原材料或半成品动手制作，从而使用户在实践中学习和娱乐，这不仅与传统的书本学习不同，而且更加生动地实现了"寓教于乐"的理念。

和常规的艺术品相比，文化创意产品通常具有更多的实用功能，表现为具有创意的文化礼品、办公用品、家居日用品、装饰品，其中包含一些较为常见的家庭用品、食物、电器及奢侈品。在这些日用文创产品中，一些来自各地作为"城市名片"定位的文创商店，如"北京礼物""西湖礼物""秦淮礼物""厦物商行"等。这些文创商店以一种平台的形态呈现，吸纳各个公司中具有典型地域特征的文创产品，艺术家作品，老字号特色商品，经过再包装、再设计的土特产品等。

文化创意产品融合了经济与社会的双重价值，承载着文化的精髓，与非物质文化遗产共同传承文化基因，有效提升了民族文化自信和自豪感。对于面临挑战的企业与产业，尤其是那些濒于消失的传统工艺，精心策划的文创项目往往能够为其注入新的活力，成为振兴之举。文化创意产品体现了"文化+创意"，这二者的结合对于经济发展亦具有特别的推动作用，可以辐射多个产业领域，以其典型的特征推动区域经济的发展。这对于传统行业转型有着关键的启示，更可以使消费者产生具有文化属性的消费行为，借此提升国人对于本土文化的认知。文化创意产品的功能远不止当下人们所看到的部分。它的高附加值、高知识性更体现在文化与高新技术融合后所具备的新功能上。精准、恰当的切入点和设计策划会使得文化创意产品在各方面的附加价值都超出传统行业和传统产品，达到"1+1 > 2"的效果。

第三节 文化创意产品的组成要素

文化创意产品的特点在于其文化含义及其表现形式的不可分割性，这种独特性使其与一般商品相区别。简而言之，文化创意产品的核心构成包括文化、创意和体验这三大要素。

一、文化创意产品的文化要素

对于文化创意产品而言，文化不仅是其核心特性，更是其灵魂所在。这种产品融合了文化元素的深度与广度，即包括历史深度的文化继承以及横跨各区域的文化传播。文化本身是一个范围极广的概念，囊括了如中华文化、古希腊文化等多种多样的文化系统，涉及人类物质文明与精神文明的各个方面。在西方观念中，文化被视为人类通过共同的语言和符号来规范群体生活，并实现其精神与物质传递、延续的一种机制。文化有有形与无形之分，有形包括历史上人类创制的各种实物，而无形则涵盖了群体中的体系和理念。文化创意产品便是借助这些有形的实物来表达和传递那些无形的体系与理念。

只有当文创产品浸透了文化的精髓，它们才有力量唤起对往昔岁月的怀旧之情，唤起对文化的深刻体验，并由此安抚人们的心灵。正因如此，它们才会被广泛流传，长久地留存在人们的记忆之中，这可谓"唤起过往，继承传统"。例如，"高山流水香台"这一文化产品，设计师将烟雾转化为山间流水，石头成为高山的象征，通过对产品的创意设计捕捉并体现了高山流水的艺术意蕴,让赏析者在美学的享受中领略那独有的文化韵味。设计以其简明、清新的特质,运用抽象的手法完美呈现了充满东方禅意的文化景象。再如,德国设计师所创作的"太极沙发",巧妙地将中国传统文化融入时尚、现代的家具设计之中,展现了太极哲学的传承与革新。这件作品选取了中国特色的设计符号,实现了传统与现代、东方智慧与西方理念的和谐结合,不仅传播了太极的深层意义,还是对太极理念的一个现代诠释。

二、文化创意产品的创意要素

文化创意产品的出现不是毫无根据的,马克思曾说:"各种经济时代的区别,不在于生产什么,而在于怎样生产,用什么劳动资料生产。劳动资料不仅是人类劳动力发展的测量器,而且是劳动借以进行的社会关系的指示器。"[1] 在当今信息时代,人们创造财富的手段已从传统的体力工作转向智力工作。文化、信息和知识变成新型的生产资料,而人的创新能力被视为推动经济增长的关键力量。在这一趋势下,文化创意产品应运而生,创意便成了其核心组成部分。这里的创意指的是基于文化背景进行的创新型思考、设计与制造,目的是生产出能够满足消费者精神和文化需求的物品。因此,文化创意产品所蕴含的文化元素并非单纯地模仿或复制传统文化,而是结合商业策略对传统的物质和精神文化进行重新解读和创新,以贴合现代社会生活方式和人们的审美需求。

对于文化创意产品而言,创意的角度更倾向于文化元素的注入,而不局限于产品的实用功能。其设计理念要求设计师在追求产品满足日常用途的同时力图将文化和历史的精髓融入产品之中,让消费者在使用之际,亦能体验文化的韵味和生活的愉悦。例如,设计大师菲利普·斯塔克所创造的异形榨汁器,不仅是一件厨房用具,还是一件艺术品。它不

---

[1] 马克思.资本论[M].呼和浩特:远方出版社,2011:332.

但满足了人们对美的追求,还展示了产品在美观的外形和满足人类精神需求层面的价值,这种价值有时甚至超越了实用性本身。

三、文化创意产品的体验要素

文化创意产品不仅具备物质的实用性,还赋予消费者一种无形的文化体验。这种体验因个人不同的文化背景而异,带有难以预测和个性化的特征。体验在这里指的是人们因好奇而尝试产品,并从中得到心理上的触动和难忘的印象。在文创产品的使用过程中,这种体验尤为强烈,它带有鲜明的文化特征,主观而丰富。视觉冲击通常是文创产品吸引用户的第一步。在这个逻辑和科学至上的时代,文创产品通过视觉引发大脑的文化想象力。这是设计师创作让消费者满意的产品并感受到产品文化内涵的关键。比如,来自日本的设计师铃木启太设计的富士山啤酒杯便是以日本标志性的自然美景——富士山为灵感来源,形状设计仿佛山峰。倒入啤酒时,泡沫的层层叠叠宛若富士山上的积雪,不仅提升了使用时的审美享受,也增加了对产品的文化体验。

第四节 中国特色文化创意产品的当代价值

文化创意产品的诞生,象征着精神产品在现代社会的新演化,体现了日常生活中审美化的趋势。审美本身是不以功利为目的的;人们只有在抱着超脱利害的态度欣赏事物时才能感受到真正的审美快乐。然而,在现实生活中,由于审美行为经常不能脱离实用目的,因此,审美经历往往带有实用性的色彩。文创产品融合了这两方面的特征,它不仅是一种带有商品性质的文化产物,也承载着意识形态的特性,在实现商业目的的同时,它还传递着审美的价值。

中国特色的文化创意产品所表现的审美价值不仅体现在平凡的日常生活中,还体现在民族、地理和时代性各个层面。中国特色文化创意产品展现了中华民族文化内涵的元素，增强了民族自豪感；融入了中国地域文化特色以及现代科技，突出了国家的特色和民族的精神。文化创意产品搭建了审美情感的桥梁，确保了大众的审美权利，使人们可以通过这些产品构建社会美育的空间，传递和延续审美文化。在全球文化产业的多元冲击下，中国特色的文化创意产品维护了属于中国的文化话语权，加深了人们对中华文化的认同和理解。它不仅在国内树立了文化自信，也在国际上赢得了对中国文化的尊重和认同。

一、中国特色文创产品的价值转换

（一）文化经济化

在《判断力批判》中，康德强调了审美判断的独立性，提出审美体验不受功利目的或个人利益的影响。在康德的美学理念中，审美体验是自由的，不关联任何目的性，审美时的判断不牵涉对象的实用价值，而是纯粹关注对象呈现的形式。在人们审美判断的过程中，审美体验是超脱的，因为它不掺杂任何利害关系。由此，康德进一步阐述，在审美过程中，尽管美的对象本身可能涉及利害，但其产生的美感是纯粹的，不带有任何利害关系。人们只有在摒弃了功利观念，以一种超然的态度欣赏美时，才能真正体验审美的愉悦。他认为，这种审美愉悦实际上是一种内在的审美快乐，这种快乐是自由的，无关乎任何外在目的。康德的这种观点是对当时以功利为导向的封建古典主义美学的一种颠覆，它提倡一种纯粹的、超越功利的美学欣赏。

文化创意产品映射出的是日常生活中的审美实践，与纯粹的精神产品相比，它们具有实用的属性。在经典的美学观点中，审美经验被视作无关功利的纯粹状态。理论上，如果审美主体怀揣功利目的参与审美活动，那么纯粹的审美体验将无法实现，因为功利目的与纯粹审美被认为是互斥的。然而，在现实生活的审美实践中，审美经常与实用需求交织在一起。审美是人的一种心理活动,人们在考量产品的审美价值时,不仅会考虑其美的程度,还会考虑其本身的使用功能,这种基于需求的考量反过来又促使审美发生。例如,在日常生活中,人们对服装美的追求不仅出于自我愉悦的欲望,也希望通过外表美获得他人的认可与称赞。这样的目的导向在很大程度上不仅未能阻止美的产生,还增强了人们对美的探索和审美行为的发生。因此,满足这种审美需求的过程本身就构成了一种具有功利目的的审美体验。

生活化审美的崛起表明,审美活动已从纯艺术形态过渡到日常生活场景。在传统的美学领域内,"美"的诞生往往限定在文学、绘画、雕塑等纯艺术领域。然而,在当今的消费文化中,审美不再局限于艺术画廊或音乐厅这样的专门场所,而是延伸至商场、公园、市集等日常生活空间,成为人们日常生活中的一部分。很多为了满足特定的社会需求而展开的社会实践活动,在广义层面上都属于蕴含实践目的的审美活动。

作为精神产品向商品转变的载体,文化创意产品同时承载了商业消费与精神愉悦的双重属性。它们既满足了物质消费的需要,又提供了一种文化享受和创新体验。文创产品代表着艺术的商品化以及商品的艺术化,它将创意和商业价值巧妙地结合在一起。

(二)经济文化化

19世纪欧洲的唯美主义运动主张"为艺术而艺术",主张艺术的目的只在于艺术本身的美,追求纯艺术的美。以奥斯卡·王尔德为代表的唯美主义倡导者主张"纯艺术论",指出艺术应具有独立精神。他说:"一切好的艺术作品都追求纯粹的艺术效果。""唯一美的事物,是与我们无关的事物。"① 奥斯卡·王尔德提倡艺术的至高无上,强调艺术形式至关重要,并且倡导艺术超越生活的理念。在奥斯卡·王尔德眼中,艺术可

---

① 赵澧,徐京安.唯美主义[M].北京:中国人民大学出版社,1988:978.

能源于生活，但位列生活之上，是艺术家通过创造性劳动呈现的独特形式。王尔德认为艺术能够借鉴生活，然而生活却无法对艺术进行仿效，生活始终是艺术的追随者。

进入后现代社会，科技的日新月异尤其是机械复制技术的完善，促使艺术以新的模式进入人们的日常生活。这一时期，精神创造物和精神产物得以批量复制与生产。艺术界从传统的"为艺术而艺术"原则，转变为注重精神生产的过程。在后现代的商品化视野中，商品的价值不再仅仅依赖其满足人们需求的实用性或者其交换价值，而是更多地依赖它作为文化标志在所处的交换系统内的功能和地位。

在当代社会，文化创意产品为精神创作领域的现代化展现，它们具备商品的特性。生产者制造这些商品的初衷是为了在市场上进行交换。这些商品不仅内含使用价值，也蕴含经济价值，它们是这两种价值的综合体。商品的使用价值是其经济价值的物质基础。然而，在这两者之间也存在潜在的矛盾：生产者创造商品确保其有使用价值，但这并非其最终目的。生产者的真正目的是通过转让商品的使用价值给消费者，在消费者支付相应的经济价值之时，生产者达成其生产的目标，即获得价值的实现，而消费者则通过获得商品的使用价值来满足个人需求。[1] 换言之，文创产品的制造者之所以生产，是为了获取利润，没有利润的激励则不会有生产的动力。在市场交易中，商品的价值不是由生产者或消费者单方面决定的，而是由双方在交换过程中对商品的效用和成本的共同认可来确定的。

文化创意产品与传统商品的区别在于，前者具有文化属性。不同于一般商品的是，文化创意产品在交易时，不仅向用户提供其基本的功能性价值，还提供额外的文化价值。在生产时代，商品的生产主要是为了满足人类基本的生活需求。然而，在消费时代，商品的价值已从纯实用

---

[1] 中共中央马克思恩格斯列宁斯大林著作编译局.资本论：第1卷[M].北京：人民出版社，2004：104.

价值转变为包括非实用价值。消费者的购买不再单一指向商品的实用性，而是扩展到了商品的使用价值、经济价值和象征价值的综合消费。

作为文化精神产品的文创产品，在交易过程中不仅能满足消费者的基本功能需求，如书签的标记功能、水杯的使用功能、衣服的穿着功能、挂饰的装饰功能等，还承载着一种象征的符号。这些符号不是单纯具有物理形态，而是具有更深层的象征意义和审美价值，以此满足人们对美的追求。在商品的交易和使用中，这些附加的符号价值同样被消费者所珍视和消费。

在当代的消费文化中，被符号化的商品除了它们本就具有的实用功能，还被赋予了更高的附加价值。哪怕是实用性极强的物品，如食品和服装，也大多被人们赋予了额外的象征意义。这些符号的不同价值体现了商品的主观效用价值，进而代表着消费者不同的社会地位。在这样的社会中，消费已经不仅仅是对物品本身的物质属性的追求，而是对商品所附加的象征意义的追求。例如，在选购汽车时，车辆的实际出行功能可能并不是购买决策中最重要的因素，购买者可能更多考虑的是不同的汽车品牌所代表的不同社会地位。品牌所象征的社会价值有高有低。例如，一辆知名豪华车所象征的社会地位远高于普通品牌。

消费行为及其所反映的消费层次，可能为个人带来某种满足感。这种满足感来源于商品符号价值的差异化，从而揭示了消费者的真实追求已不再仅限于商品的实用价值，而是其所代表的各式各样的社会标记和符号。品牌是区分不同生产者劳动成果的标识，国内外众多学者对其含义和定义持有不同的见解。国内学者梁中国认为："品牌是凝聚着企业所有要素的载体，是受众在各种相关信息综合性的影响作用下，对某事或物形成的概念与印象。它包含着产品质量、附加值、历史以及消费者的判断。在品牌消费时代，赢得消费者的心远比生产本身重要，品牌形象远比产品和服务本身重要。"① 也就是说,品牌实质上是一种独特的象征和识别系统,它不仅表现为显而易见的图标,还深植于它所传达的隐性文化精神和理念。它赋予每一个产品无与伦比的价值和特色,成为它所承载的文化的代表。消费者通过对品牌的情感联结反映自身的价值取向和认同。这意味着,商品的象征性含义在交易中占据中心地位时,品牌的价值便成为文创产品核心的符号价值。

二、中国特色文创产品的审美价值

生活美学的实践其实是生活与艺术融合的一种表现,只有能真正触动人们内心并提供审美愉悦的产品才会被人们视为卓越之作。文创产品往往能满足多样性的审美需求,这种多样性不仅反映在审美对象的多种多样上,也体现在复杂多变的审美需求上。文创产品的美不仅存在于它们的形式上,还存在于其实用功能上。一个设计精良的产品,不仅应满足基本的耐用性和经济性等功能性需求,还应兼顾审美与实用的和谐统一。审美的享受不仅来自产品的功能性和舒适性,还来源于它所能满足的精神层面的需求。

(一)文创产品的民族性

文创产品在博物馆领域表现为一系列创新的文化商品和服务。这些商品和服务源于博物馆的文化元素,并依托现代科技,结合独特的创意形式和知识产权,旨在生产和传播能够满足顾客对个性化和差异化需求的文化内容。在数字化和互联网普及的今天,博物馆内的所有智慧产物——无论是知识、信息、智能产权还是经验——都有潜力转化为具体或抽象的文化创意产品。这意味着,文创产品既可能是实体的物品,也可能是非物质的服务,如展览和表演等。

---

① 余明阳,朱纪达,肖俊崧.品牌传播学[M].上海:上海交通大学出版社,2005:5.

第二章 文化创意产品概述

与通常的物质产品不同，文创产品承载了一个国家或民族的文化遗产和精神财富。在中国，北京的故宫博物院肩负着传承中华优秀传统文化的责任。经历千年历史洗礼，中华优秀传统文化综合了中国历代杰出思想家的实践精华，融合并刷新了本土文明，进而在世界众多民族文化中脱颖而出，确立了其核心精神和发展方向。[①] 中华优秀传统文化在漫长岁月的积淀中，逐渐形成了深邃广博的文化体系，并诞生了诸如"天人合一""自强不息""民惟邦本"和"和而不同"的民族精神。

作为中国古代宫殿建筑的杰出代表，北京故宫已有600余年的历史。这座明清两代的皇宫是现存中国古代皇城发展的唯一实例，也是全球范围内规模最宏大、保护最完好的封建皇城遗址。在当代人眼中，故宫不仅仅是一座建筑，更象征着传承至今的璀璨的华夏文明。

在北京故宫博物院内，文创产品借助其独有的民族特色，成功地将文化遗产转化为可触及的现代物品。这些创意产品，如以《千里江山图》为图案的巨幅鼠标垫、装饰着十二美人图案的便签本，或者模仿故宫宫门设计的行李箱，无一不流露出浓厚的中华文化气息。这种文化气息不仅在视觉上易于辨认，而且在情感上与中国的文化遗产相联结，加深了消费者对于民族文化的认同和感知。

此外，故宫的文创产品也巧妙地运用了一系列传统的纹饰，这些纹饰或取自历史人物、神话中的动物，或取自自然天象，都深含象征意义。无论是在皇宫的各个角落，还是在古代皇家的服饰和建筑之中，这些纹样都构成了传统文化的符号系统，细节之处皆显神韵。

其中一些文创项目，如绣有凤凰图案的靠垫或刻有万字纹的精美笔记本，不仅能给人以视觉上的美感，而且承载着丰富的文化含义。例如，古代凤凰纹样是专属于皇室的标志，代表着尊贵与美好。当消费者理解这层象征意义时，这些传统符号便不仅是物质的装饰，还是情感和认知

---

① 金元浦，谭好哲，陆学明.中国文化概论[M].北京：首都师范大学出版社，2008：98.

的纽带，从而在购买过程中潜移默化地影响着他们的消费选择与心理。通过这种方式，北京故宫的文创产品不仅成为传承文化的桥梁，也使消费者与中国悠久的历史和文化产生了一种独特的联结。

（二）文创产品的地域性

中国幅员辽阔，物产丰富，孕育出多样的地域文化。以湖北省为例，当地的省博物馆就是体现荆楚文化特色的窗口。文化创意产品在设计上往往采用独特手法，如利用传统图案和珍贵藏品的图像打造与众不同的物品。不同于其他地区的博物馆，湖北省博物馆的文创产品深受本土文化的影响，其中不乏馆内文物的精细复刻品。这些复刻品根据市场需求，分为高端仿制和普通仿制两种。

以随州曾侯乙墓出土的青铜编钟为例，这件展品不仅是楚文化的精华，也是文创产品中的经典之作。这些复刻品的制作旨在传承它们所承载的深厚文化意义，同时保留了原有文物的视觉和艺术特征，赋予了物件既可观赏又可收藏的双重价值。通过这种方式，湖北省博物馆的文创产品不只是商品，更是地域文化与历史遗产的传递者。

湖北省博物馆的一些文化创意产品是由文物所蕴含的艺术元素转化而来的，诸如色彩、图案或质地。例如，战国秦汉时期的漆器，作为湖北省出土文物的典型代表，激发了以它们为原型的漆器风格钱包的设计。同样，楚文化中另一个标志性元素的青铜器，以其古老的兽面图案，成为一种冷兵器形态开瓶器的设计蓝本。除了这些仿真产品或图案复制，湖北省博物馆的文创还深受当地审美风格的影响。楚人崇尚火和赤色，这在湖北省博物馆众多文创产品中体现得淋漓尽致，以红色为主调的设计无处不在，使人在观赏每一件文创作品时都能体验到浓郁的楚文化色彩偏好。

（三）文创产品的时代性

随着时代的发展和科技的进步，人们的生活方式和消费模式发生了显著的变化。现代社会的人们不再局限于传统的物品交换，而越来越依赖视觉媒介和影视符号，这些新兴符号的直观性、效率、序列性和复制性，不仅改变了人们的交流手段，还深刻地塑造了他们的思维和行为。消费行为已经不再仅仅关乎物质的获取，而是越来越多地关联到对"意义"的追求。[①] 在此背景下，故宫的文化创意产品就巧妙地运用了视觉影像符号，通过传播增强了品牌的文化价值。

在销售渠道方面，文创产品的时代特性同样显现在其消费途径上。除了传统的线下门店，互联网的普及使线上销售成为一种趋势。故宫的文创产品就融入了这一时代特色，开辟了三个线上销售渠道：故宫商城、故宫的官方旗舰店和故宫专门的某宝店面。这种利用互联网平台的营销策略，使文创产品表现出独有的时代特征。

此外，文创产品也借助数字化技术提供了一种虚拟的审美体验。例如，数字化技术为我国宝贵的敦煌文化的传承和保护开辟了新途径。通过这些创新手段，文创产品不仅是一个实物的购买选择，还是一种文化体验。

2014年8月，敦煌莫高窟的数字化成果首次向公众揭开了神秘面纱。工作人员采用高端的三维扫描技术，将莫高窟的宝贵历史和文化信息转化成数字形态，使得这一人类文化遗产得以在虚拟世界中重新呈现。《千年莫高》和《梦幻佛宫》这两个项目，便是通过先进的计算机三维图形技术，对古窟的雕像和壁画进行了数字化的重塑。它们通过仿佛穿越时空的展示、多媒体动画，以及APP上的互动体验，将敦煌的壮丽风貌逼真地呈现在每一位游客面前，为他们带来了身临其境的交互体验。

---

① 李思屈. 广告符号学[M]. 成都：四川大学出版社，2004：79.

（四）社会情感的构建

马克思主义美学追寻完整而发展的美学理念，强调审美活动是人的本能追求，也是社会进步到一定层次后的需求。这种美学不止涉及人的审美意识，还深入探讨如何在社会生活中达到真正的审美生活。对此，阿诺德·柏林特认为日常审美讨论不应只停留在传统的艺术与自然之美上，审美的范畴应更广泛，包含那些丑陋、怪异、普通乃至令人反感的事物。在现代消费文化中，这样的负面审美现象无处不在，如污水、噪声和烟雾等环境污染所导致的健康与审美上的双重伤害。审美侵犯则表现为感官上的不快，像街道上随意播放的音乐、公共交通工具上杂乱无章的谈话声以及到处可见的商业广告等，都对人的视觉和听觉造成冲击，构成对个体审美感受的侵犯。消费主义社会中这些负面审美的盛行，强化了追求审美生活的紧迫性。在物质生活得到充分满足的今天，人们对审美的需求日渐增长，越来越多的人开始重视自我审美权益的维护。

人作为有生命的独立体，自然拥有进行精神创造、欣赏艺术佳作、体验文化享受的基本权利，以及在其所理解的美的形态中生活，乃至栖息于美丽环境的自由。审美权利对人们而言，其重要性不亚于基本的自然权利，如同吃饭、睡觉、呼吸一般是必需的。艺术化或审美化的生活，不仅是人类生存的一种形式，而且被视为人类追求的至高境界。进入后现代社会，人们的生存模式经历了根本性的转变，从自然依存的方式过渡到城市化的生活方式。在传统农耕社会，自然权利是生存的基石；而在当今的消费社会，审美权利则成为城市化生活的基本需求。

这并不意味着在传统农业社会中，人们对审美权利没有需求，当时的生存需求虽然居于首位，但人们在农耕之余也能体验到美的感受。当麦田波动，夕阳模糊地映照在远方时，人们也会在闲暇时刻坐下，倾听四周的虫鸣和鸟叫，感受风中的麦浪和夕阳的光辉，内心自然升起一种对美的感悟。

第二章 文化创意产品概述

在当代社会,确保个体的审美权利逐渐被认为是一个亟待关注的社会议题。尽管物质层面的需求基本饱和,甚至出现了物质的盈余,但是这并不代表人们已经完全实现了诗意般的生活。"幸福"一词不单意味着物质充裕,还包括精神文化的充实。显而易见,当代人类急需塑造一种新的审美感知和打造既适宜其生活又有利于其全面发展的环境。审美权利关乎人类所处的环境,同样关乎审美感知的培养。

人们对文化社会因素的接受,恰恰因其对个体有益而成为文化社会观念的一部分。人类的认知始终从特定视角出发,若从某个角度认为事物是有益的,则容易对其产生积极的情感,这种独特性便在人们的知觉结构中形成一种与肯定情感相连的模式。[①] 换言之,审美感知随文化和社会变迁而变化。每个人无时无刻不在文化的语境中生活,不断地与文化互动,自然而然地吸收特定的文化观念。因此,人们的审美感知并非一成不变,它会随着外在的社会文化因素及内在知觉模式的变化而自然进化。

审美教育在自然领域和社会领域同等重要,它强化了人们对大自然之美的敏感度以及在社会环境中对幸福的体验。实际上,要充分实行审美权利,人就必须生活中在充满美感的环境中,这要求人们生活在美的空间里。而营造这样的环境,依赖于审美教育的推广和实践。美育在社会环境中具有独特性,因为它的实践场所正是人们的日常生活,这正契合了"将生活艺术化"的理念。采纳审美视角生活,可以使人们不只是简单地存在,而是活出真我,追求纯粹、高尚的生活品质,展现完善的人格和真诚的生命态度。

城市环境是美育的主要阵地,因为它不仅是人类创造的物理空间,也是精神的产物,人们赋予城市以艺术般的审美价值。城市的美是自然之美、社会之美与艺术之美的汇聚,从而创造出独特的美。城市不仅是

---

① 李志宏.文学通论:原理[M].长春:吉林大学出版社,2009:113.

居住和生活的地方,还是审美体验的源泉。在城市规划中,绿树成荫的道路、绚丽的花坛提供了视觉上的绿色慰藉,同时,优美的建筑和周到的环境设施是人们进行社会文化互动的重要平台,它们共同构成了人们生活环境的社会美学。城市环境可充当社会美育的舞台的角色,这一点尤其体现在公共文化设施,如图书馆、博物馆、画廊及剧场等的建设上。这些机构不单是建筑的实体,还承担着美育的责任。城市中的每个人,不论其生活环境、思想信念或文化水平的差异,均对美有不同的需求和解读。因此,公共文化设施必须迎合广泛的审美需求,这样的多元化不仅是挑战,还是提高美育效果的保证。这些建筑本身就是一个个审美实践的场所,它们提供了美的创作、欣赏、评论和研究等活动的平台,使人们能够在其中体验和感悟美。

创意产品的设计和制造,旨在将普通的劳动成果转变为具有审美价值的物品。这些产品不只是满足基础的使用需求,更与人们的精神世界产生共鸣。在生产过程中,这些物品负载着制作者的审美理念,并满足消费者的审美偏好。它们在传播审美观念和维护审美文化传统方面起着桥梁作用,也促进了生活中审美元素的普及化。通过这种方式,社会美育得以在日常生活中扎根,推动着美的普及与生活的审美化进程。

(五)民族精神审美的凸显

随着全球化的不断推进,文化的多样性愈发明显,各个民族和国家都需要维护自身文化的独特性,以确保在国际舞台上占据一席之地。现代的竞争已经转变为文化软实力的较量,这种软实力体现在一个国家文化对内聚合民族精神、对外扩展影响力和魅力的能力上。[①]

在当代的消费文化中,商品的购买已经变成符号消费的一部分。品

---

① 骆郁廷.文化软实力:战略、结构与路径[M].北京:中国社会科学出版社,2012:12.

牌标识、设计风格、包装、广告宣传以及公司形象等构成商品的意象，而这些意象则转化为消费者情感上的选择。这些元素结合起来，不仅增加了商品的附加价值，而且形成了一种符号化的价值。这种价值是商品在文化交流中作为符号而具有的意义。从根本上看，文化输出是文化标识的传递，这些标识反映了社会地位、文化层次以及生活品质的标准。

文化输出的现象凸显了强化本土文化产业化进程的必要性。地方或民族文化可能会面临外来文化产业浪潮的挑战。文化传播旨在建立民族的归属感和文化的共鸣，因为只有当个体与特定文化产生共识时，他们才倾向于消费该文化圈内的产品。

第三章 新媒体背景下文化创意产业的发展

第一节 互联网技术对文化创意产业的影响

自 20 世纪 90 年代以来，以互联网和移动通信为代表的信息革命已经在全球范围内展开，随之数字化技术不断进步，推动了文化产业的持续创新。信息技术的发展孕育了网络游戏、数字音乐、电子出版、网络广告、电子商务等新兴文化产业门类，同时促进了传统的新闻出版、电影电视等行业的改革与发展。信息技术与文化产业的深度结合，释放了文化创意产业的创新动力，不断为市场提供丰富的文化消费产品。数字技术的应用将众多物理形态的文化产品转化为电子内容，而互联网则提供了一个广阔的传播平台。移动电话的普及，尤其是数据传输速度的提高和 Android 等操作系统的广泛应用，极大丰富了功能软件，满足了人民日益增长的文化消费需求。一些文化产品可通过电子方式供消费者随时随地享用，给文化创意产业带来了翻天覆地的变化。如今，电子文化产品形式日益多样化，互联网和智能手机等便捷、快速、灵活的消费手段已成为人们获取文化产品的首选。

第三章 新媒体背景下文化创意产业的发展

信息技术和移动互联网的蓬勃发展是文化创意产业发展的催化剂，它们以数字化软件作为产品开发工具，以移动互联网作为传播途径，全方位地推进文化创意产业的转型。这一转型涉及创意过程、产品设计、销售渠道、用户体验及消费终端等多个环节，为传统文化创意产业注入了革命性的力量。文化产品的制作和消费方式因数字技术而更为多元和便捷，文化创意产品通过网络空间供用户使用，不仅极大地拓宽了文化产品的市场，也改变了人们的文化生活方式。随着技术的持续进步和应用的不断深入，文化创意产业的未来将呈现出更加多彩和活跃的局面。

一、移动互联网技术带来的直接影响

（一）文化创意产品制作成本降低、体验效果增强、附加值高

随着数字技术的发展，功能强大的软件层出不穷，包括但不限于电脑制图、图像编辑、音视频制作、电脑仿真等，这些技术的应用大幅提升了文化创意产品的制作效率。传统上耗时且物料消耗巨大的创作过程，在数字工具的加持下可以通过几个小时的电脑操作迅速完成。3D技术更是能打造出美观、色彩鲜明、声音动听的产品，极大地丰富了消费者的体验，增强了他们购买的意愿。例如，《阿凡达》这样的电影凭借其3D视效创造了27亿美元的票房纪录，为观众带来了前所未有的沉浸体验。

数字化还颠覆了传统图书出版的流程，省去了排版、印刷、装订等环节的人力、物力消耗，让出版成本大幅下降。电子图书的制作几乎无成本，其以价格优势推动了数字出版业的快速增长。制作成本的降低不仅为文化创意企业带来了利润，也促使它们更积极地投入文化创意产品的制作中，从而增加了市场上文化创意产品的供应量。这些变化都表明，移动互联技术不仅优化了生产过程，而且扩大了文化创意产品的供给和消费。

（二）文化创意产品流通成本降低

在传统模式下，文化创意产品需经历烦琐的物流步骤，如包装、长途运输、人工卸载等，这一过程通常需要花费至少半个月的时间并产生高昂的流通成本。然而，移动互联网技术的进步使得电子格式的文化创意产品几乎零流通成本即可到达消费者面前。制作者仅需上传产品到网上，消费者通过简单的在线下载就能在几分钟内获取，既节省时间也减少了费用，大幅降低了消费者的购买门槛。

（三）文化创意产品传播渠道增加

以往，文化创意产品主要通过实体渠道，如书店、电影院和展览馆等进行销售，这些渠道通常局限于大城市，且周边地区的覆盖范围有限。远距离和高票价常常使得居住在偏远地区的人们难以接触这些产品，限制了潜在的消费者群体。现代移动互联网技术的普及打破了这一局限，使得无论城乡地区、不同社会经济背景的人们，都能通过网络轻松访问和购买各类文化创意产品。如此，移动互联网极大地扩展了文化创意产品的潜在消费者基础。

（四）文化创意产品消费时间增加

在移动互联网技术出现之前，文化体验往往局限于实体形式和特定的时间、地点。例如，人们需专程去电影院观影、在家中观看电视或在睡前阅读纸质书籍。现如今，移动设备的普及允许人们在任何时刻、任何地点享受文化产品，无论是通过手机在通勤途中阅读电子书、在旅行时用平板电脑看电影，还是在工作间隙上网了解最新资讯或餐后观看短视频，甚至在睡前浏览社交媒体动态。这种灵活性使得人们能将零散的时间片段有效转化为文化消费的机会，从而显著提升了文化创意产品的消费频率和总量。

（五）文化创意产品创意来源更加广泛

通过互联网技术，文化创意产业的设计师和消费者得以实现前所未有的互动。设计师可以直接从目标市场获取反馈，消费者的参与更是超越了单纯的购买行为，他们借助网站上的交互工具（如评论区、论坛、上传功能等）转化为文化产品的共同创造者。在这样的模式下，创意的产生不再局限于专业人士，而是汇聚了社会各界的智慧，从而极大丰富了文化创意产品的种类和数量。这种普遍的创意参与也助推了文化消费的增长。同时，移动互联技术的普及为文化创意产业与信息技术的深度融合提供了平台，使得文化产品的创作、生产、传播、消费的每一个环节都变得更加高效与便捷，进一步拓宽了文化创意产业的发展空间。

二、信息产业与文化创意产业的融合发展

以数字技术、移动互联技术为技术支撑的信息产业与文化创意产业相互融合，可以实现文化创意产业发展方式的转型升级。

（一）应用数字技术升级传统文化创意产品

在移动互联网时代，文化消费的趋势已经从传统实体形式转向数字化形态。人们现在倾向于通过电脑和智能手机等设备体验文化创意产品。因此，为了适应这种变化，传统文化产品需要被转化为电子格式。数字技术被应用于电影电视制作、传统媒体出版中，使得从经典电影到电视剧都可以被转录成数字视频，演出和展览可以被制作成 3D 视频，传统书籍可以转换为电子书籍的形式。这样的转变还包括数字报纸。

随着时代的变迁，数字图书馆、数字博物馆、数字艺术画廊、数字书店、数字剧院等数字化的文化空间如雨后春笋般建立起来，为消费者提供了新型的文化产品体验。同时，教育领域也在采纳这些技术，以在线教育、远程视频教学和网络公开课等多样化方式促进知识和文化的传

播。这使得文化创意产品不仅更深入地融入人们的生活中，而且可以使人们随时随地享受文化的丰富多彩。这些变革不仅仅是一种趋势，更在成为实现全民共享文化盛宴的现实途径。

（二）制作多语言版本的文化创意产品

互联网已经将全球联系得更为紧密，促进了实物商品和文化产品的全球流通。人们在访问国外网站、观赏异国视频时，实际上是在品味和吸收其他国家的文化创意。反之，人们亦能将充满民族特色的本土文化产品译成英语、德语、日语等多语言版本，通过网络这一平台推广至海外市场。这样不仅能以较低的成本推进文化的国际交流，还能在世界舞台上推广和弘扬中国的文化价值观，执行文化"走出去"的策略。

（三）保护知识产权，打击非法电子文化创意产品的传播

随着移动互联技术的普及，文化创意产品的传播变得更加方便，但这也意味着未经授权的复制、盗版和传播等侵犯版权行为将更为猖獗，这严重侵害了创作者的权益，影响了文化创意行业的热情。因此，政府需强化知识产权的保护，对盗版和其他非法行为进行严厉打击，并对违法商户实施重罚。工商、文化和公安网警部门应定期开展线上检查，以便及时发现并严肃处理侵权行为，并对责任人追究法律责任。同时，我国应建立一个全面的监管机制，并鼓励公众通过社交媒体，如微博、微信等渠道参与监督和举报，共同保护文化创意从业者的合法利益。

（四）创新移动互联文化产品盈利模式

为确保移动互联文化产品的可持续发展，不断的盈利模式创新是关键。每个优秀的文化产品都需要大量的人力、物力与财力投入，这些投入构成了产品的生产成本。如果不能有效地回收成本，制作方便失去持

续创作的动力，导致专业人士的流失和文化创作活动的衰退。目前，广告支持是移动互联文化创意产业的核心收入来源，其中点击率常作为衡量广告效果的关键指标。为了推动文化创意产业的繁荣，文创公司应积极引入"互联网+"的概念，借助互联网平台，运用互联网的思维方式探索新的消费模式和创新盈利策略，从而促进产业的长期健康发展。

（五）加强对移动互联文化产品的监督审查

在当今社会，移动互联网已成为主流的文化传播渠道。这些移动互联文化产品广泛分布于社会的每个角落，每个人都可能成为内容的创作者。由于个人的教育背景、生活经验和价值观存在差异，因此创作出的文化产品各异。鉴于移动互联文化产品在提升国民素质和塑造国民精神方面扮演着关键角色，适当的规范与监管变得尤为重要。我国必须对这类文化产品的内容进行精准的审查，坚决消除低俗内容，对违法信息追溯至源头，严厉打击制作和传播违法文化产品的个人和机构，以法律为武器，确保移动互联文化产业的良性与健康发展。

第二节 新媒体艺术与文化创意产业的深度融合

一、新媒体艺术赋予文化创意产业的新特性

在信息化和数字化快速发展的当代，新媒体艺术与文化创意产业正处于一个交汇和融合的重要时期。新媒体艺术通过其独特的数字化、交互性、超文本性和虚拟性等特点，不断推动文化创意产业朝着更加创新和多元的方向发展。这种深度融合不仅提升了文化产品的艺术价值和市场潜力，也丰富了大众的文化生活和艺术体验。

（一）数字化

在新媒体渐渐渗入文化创意产业各个环节的过程中，文化创意产业就被烙上了数字化的印记。传统文化产业已开始转型为数字内容产业。数字内容产业以创新为动力，结合文化资源的最新数字技术，以一种新的生产方式和消费模式产生一个新的产业群，培育新的消费群体，然后利用高端技术实现数字化升级，创造了显著的经济和社会价值。例如，手绘艺术作品可在经过数字化处理后复现在显示器上等。

文化产品不再仅仅以报纸、书本、录像带、磁带这样的形式生产、发行。3C 产品升级换代，达到了日新月异的程度，这为数字杂志、数字报纸、数字电影、电子书的发行提供了赖以生存的土壤，多媒体带来的眼、耳、手同时参与的体验模式以及不断成熟的新媒体技术又灌溉了这块土壤。在会展行业，新媒体突破了传统的展览展示方式的局限，使有限的珍贵文物资源数字化，如 2010 年上海世博会上"会动的"《清明上河图》就是文化数字化的形象展示。同时在展览方式上，中国国家博物馆、北京天文馆、上海美术馆都开设了网上观展的形式，用户只要在互联网上就可以实现 360° 全景观看，还可进行一定程度的互动体验。

数字文化产业有助于产业向知识密集型发展，从硬实力（经济和军事）向软实力（文化价值和品牌）转化。可见，通过对内容产业的战略使用，数字文化产业可以比其他行业发挥更大的经济溢出效应，也能加深世界对我国文化的了解，使创意文化在国际上得到广泛尊重，也有利于提高国家形象。

（二）交互性

用户在拿起手机看视频、阅读新闻，或者注册邮箱、购物网站的会员，又或者玩游戏过程中与其他玩家交流时，不知不觉就已经完成了某种意义上的人机交互，这种特别的交流方式是新媒体赋予文化产业的另一个特性——交互性。文化产业中新媒体的交互特性体现在两大方面：以空间中墙面、地面为代表的实体环境内互动和以窗口界面为主的虚拟环境下互动。不得不说，自有计算机以来，键盘、鼠标在过去近半个世纪成为人类与计算机沟通时最主要和最常见的中介或者说工具，然而，当语音识别、光学字符识别等技术迅猛发展并且能达到有效交互的目的时，人们就能够摆脱键盘、鼠标，因为他们只需在触控屏上用手指点一点、划一划、写一写，抑或对着机器说几句话让它做点什么，甚至只需在几个摄像头前随便做个表情或者手势，就能达到互动的效果。然而这些仅仅是停留在技术和表达的手段上的革新，并没有发挥交互过程中客体的意义和价值。交互性是指在信息传播的过程中，客体与主体发生同步交流，一本书、一条新闻、一个展览品……内容意义在传播的同时仅仅具有一部分确定性含义，而另一部分的内涵及意蕴可以在传播接受中不断完善和丰富乃至形成个性化。①

因此，交互性的内容本身就是一个需要设计的审美互动，艺术家的理念通过交互进行传递、表达和完善，这就需要将审美接受客体的价值整合其中，预留审美意义的空白，通过创造丰富的交互体验完成审美互动的价值空间的构建，来帮助人们交流和理解。最好的用户界面就是能创造有意义的用户体验的界面，这是一个虚拟环境交互设计者的追求，然而目前的困境是，如何利用界面设计吸引观众参与互动，用怎样的方式、途径使观众互动及完成作品。

（三）超文本性

新媒体自产生以来总是离不开网络这个平台，一张信息网无非是信息传输、接收和共享的虚拟平台。如果说信息数字化实现了信息的传输

---

① 成坤.浅谈新媒体艺术与文化创意产业的和谐互动[J].数位时尚（新视觉艺术），2011（2）：101-102.

和接收问题,那么当 1963 年泰德·尼尔森创造出"超文本"这个术语时,这样的超链接的文本和图像信息组织形成的各种不同的空间已成为信息网络中文本共享的重要载体。在网络空间,超文本链接使人们可以通过某一页面中的文本或图形链接到其他页面,人们在浏览网页时,点击网页上的关键词就会进入另一个带有这个关键词内容的网页。超文本和多媒体技术相结合形成的超媒体,将打破束缚传统思维、传统意义上的媒体的界限。例如,某些产品的展示,从静态的图片和文字描述转变成了一个动态的、富有生活氛围的场景展示,从而使消费者能够更直观、更真实地感受到产品带来的生活体验。这就超越了简单的人机交互的网站设计,成功将消费者带入了新媒体的体验互动时代。

(四)虚拟性

网络技术的兴起与普及,使新媒体网络化的同时凭借其多媒体、超文本性、虚拟性等实现对现实世界的虚拟。例如,博物馆可以通过各种识别技术手段增加游览者的沉浸感和参与感,互动装置、3D 投影、360° 全息、电子书、人机对话、体感游戏等的运用打破了沉默单一的观展体验,使游客充分融入展览主题空间之中。

新媒体赋予文化产业数字化、交互性、超文本性、虚拟性四个特性,催生了文化产业的新业态和盈利模式,而以相关技术促进文化创意产业结构调整也是新媒体发展的核心。在新媒体赋予文化产业的特性之中,数字化是基础和前提,在此基础上实现了超文本性和虚拟性以及网络化工作的特性;交互性是核心和灵魂,是新媒体赋予文化产业的新的活力的源泉。

二、新媒体艺术对文化创意产业的意义

（一）振兴文化创意产业，提高文化商品的附加值

首先，新媒体艺术由于其开放性、自由性、可复制性、成本低的特点，能够根据不同消费者的喜好和内心需求进行创意设计，在加强自主知识产权的基础上，尽量回避传统文化产业风险过大、成本过高的缺陷，借助高科技手段实现文化产品的使用。其次，新媒体艺术中数字化保存和虚拟现实功能，能够实现对非物质文化遗产或者物质文化遗产的保护。最后，新媒体艺术能够提升艺术产品价值，能够很好地提高艺术产品的历史文化价值。新媒体艺术能够依靠互动体验进行艺术产品附加值的提升，可以有效地增加文化创新产业的创新含金量，进而推动经济的快速发展。

新媒体是艺术、文化、传播等的载体，也是文化创意产业在科技方面推动发展更新的有效手段。因此，文化创意产业的发展是文化艺术和新媒体的融合，新媒体艺术已经成为文化创意产业最重要的部分。[①]

（二）实现对文化创意产业体验和美学经济的应用

体验，是企业将服务作为商品的主要内容，以服务为平台，把消费者作为服务的中心，营造让消费者满意的感受的商业行为。企业将有形商品和无形服务紧密结合起来，创造一个难忘的经历，留下深刻的记忆，这种商业形式与传统的商业服务不同，也不同于传统的服务。因为无论是传统的商品还是传统的服务，它们的形式都是外在的。但是，体验留给受众的是消费者通过自己的主观能动性获得的可贵的感受，是个人情

---

① 莫玉音.新媒体的发展与广东文化创意产业的探究[J].战略决策研究，2011，2（1）：78-82.

感与商品本身互动而获得的感受。

每一个人的体验都是不同的,这是因为体验是消费者从与商品互动中所得的个人感觉。新媒体艺术的虚拟、互动的特点就是增加消费者的真实感受体验,并结合互动装置、电子影像,让消费者产生良好的印象。新媒体艺术运用数字技术给消费者直观的体验,也通过对现实的模拟、互动提高消费者的满意度。

新媒体艺术美学经济的推广意义深远,提高产品的审美或者品牌效应能提高产品的附加值,也能更好地服务消费者,从而让消费者获得更多的益处。例如,中国传统花店原来大都采用传统媒体进行推广,包装设计也是以传统的花束为主,现在如果在花店的品牌创立中运用新媒体艺术的理念及自媒体的传播方式,线上线下相结合,采用体验式经营模式,将会取得良好的市场效果,自媒体的互动体验也能带动用户体验有趣的内容及新型的购买方式。

第三节 新媒体时代文化创意产业的媒介传播

一、新媒体时代文化创意产业与媒介的互利共赢

文化创意产业与传媒行业之间展现了一种双向促进、互利共赢的关系。若从传播手段的角度观察,这两者之间的联系可谓密不可分:传媒是文化创意产业发挥作用的平台,而文化创意产业则为传媒提供了丰富多彩的内容。

随着文化创意产业的兴起,它已经变成了不可忽视的社会文化动力,日益成为大众文化消费的中心。这个产业的特点标志着时代的前卫:后现代化的风格、全球化的多样性、在线的生产与销售模式、数字化的复制技术,以及分散化的生产与细分化的市场策略。所有这些特点都需要适应性强的传播渠道。这样的要求进一步强化了传媒与文化创意产业之

间在内容和形式上的互补性。传媒不仅塑造了文化创意产业,还反过来由文化创意产业所影响。传媒受到文化创意产业的渗透和深远影响,它不仅反映文化,还代表文化,有时甚至成为某种文化的代言人。传媒是文化创意的形成者、引导者,是塑造和传递文化创意的关键手段。人们可以通过传媒见证电视文化、流行文化、音像文化、摇滚文化等的形成与演变。在没有传媒的传播下,文化创意产业的精神文明成果与物质文化遗产将无法得到传承与推广。

事实上,在传递特定文化的同时,传媒也在塑造特定的价值观和意识形态。这是因为传媒拥有设置议题的功能,能够影响公众对于哪些是主流或值得认同和模仿的观念。文化创意产业的扩散离不开传媒这一重要的渠道,它对传媒的依赖性不言而喻。文化创意产业要想焕发新生,就必须成为传媒传播的主体;而传媒要想显现其价值,必须担任文化创意产业的载体。这种融合不仅推动了社会文明的发展,也体现了文化进步的普遍性和时代性,满足了大众对知识和文化信息的需求。然而,需要关注的是,文化创意产业内既有先进的内容,也有糟粕。作为一种影响力巨大的传播工具,传媒在传播内容时应当慎重考虑其范围和方式,确保推广的文化内容对社会有积极的影响。

媒介对文化创意产业受众群体的影响之所以既伟大又可怕,是因为它如同水滴石穿,不经意间塑造和改变了观众的兴趣、喜好、欣赏习惯和文化生活。这种影响在有形和无形之间发挥出强大的引导作用,悄无声息地引领着公众的生活和价值观。人们若不能很好地把握媒介的传播范围和方式,将会造成很多负面影响。文化创意产业涵盖了丰富多样的成分,在其积极提升文化素质和娱乐大众的作用之外,也存在一些难以驾驭的要素,如对利润的追求、欲望的满足以及情感的释放。媒体对这些产品的过度宣传和文化娱乐功能的极致展现,往往带来不容忽视的消极后果。文化创意产业的商业性质促使媒体和大众文化趋向物质化,而在追求利润最大化的原则下,媒体内容的肤浅化、享乐主义倾向、游戏化特征以及个人情感的直接宣泄变得日益明显。这种对欲望刺激的迎合生成了所谓的"文化垃圾",导致文化消费市场普遍呈现庸俗、低级的趋势,这对提升人类的精神境界、丰富心灵世界毫无帮助,反而严重破坏了公众的品位和文化素养,使人们越来越多地依赖电视等媒介,成为畸形的"电视人"和缺乏多维视角的"单面人"。以消费为特征的文化创意产业激发的市场,对精英文化和严肃文化造成了巨大冲击,迫使它们为了适应一个由销售主导的市场而做出妥协和退让,损害了文化的多元性和深度。此外,以销售为导向的文化创意产业限制了人们对多元文化的理解和享受,使得人们在文化消费中耗尽了空闲时间,丧失了接触和欣赏高级文化的机会。媒体在提供选择自由的幌子下实际上限制了人们接触不同文化媒介的可能,导致文化环境逐渐失去自治性和多样性,这种现象是非常令人担忧的。媒体与文化创意产业之间的相互作用已经削弱了文化的社会功能,这种互动关系凸显文化创意产业在不断塑造着人们的思想和行为方式,尤其是通过媒体对大众心智的深刻影响。

文化创意产业与媒体在商业性上的密切配合导致媒体这一传播精神文化内容的行业在市场经济的大潮中迷失了方向。为了避免在这波涛汹涌的市场中迷失,文化创意产业必须精选内容,淘汰落后、封建、腐朽的文化元素,吸收和弘扬优秀的文化遗产,同时对媒体的行为加以适当的规范和约束,阻止某些人利用媒体传播对社会发展不利的信息。我国只有监管媒体的传播范围和方式,才能为文化创意产业的健康发展提供一个良好的环境,促进两者的共同进步,维护它们之间和谐的关系。

一方面,媒介作为传播途径对文化创意产业的扩展至关重要;另一方面,文化创意产业也丰富了媒介的内容,两者在形式与内容上密不可分。从经济收益的视角看,文化创意产业与媒介的关系是互助互惠的。不论从哪个维度分析,它们存在着一种共生的关系,互相定义并依赖对方,形成了一个互为因果的整体。加强对这一关系的认识与重视,将有助于推动社会经济和文化的进步,也是提升国家综合实力的一个关键因素。

二、文化创意产业中媒介的功能及意义

（一）文化创意产业中的媒介功能

1. 反馈功能

媒介是现代社会的一面"镜子"，它能反馈消费者的需要，允许市场依据这些反馈提供相应的产品来满足需求。当前，消费者的购买冲动通常通过媒介，尤其是网络媒体进行传递。对于文化创意产品的消费不仅是对物质的追求，还是一种涉及自我理解和认同的复杂心理过程。消费者只有在感觉产品与自己产生共鸣时才会购买。例如，湖南卫视依据观众对名人的追捧，从观众需求出发，推出了满足观众明星梦的娱乐节目，通过这种媒介的反射作用连续成功制作出多档节目，这便是媒介反映需求的成功实践。所以，企业应当密切关注这面"镜子"所传达的信息，以此为市场趋势和产品开发提供指导。

2. 指向功能

媒介的作用在于它们能够像一面镜子那样，被动地映射人们的需求和欲望，但它们的作用却不止于此。除了反馈功能，媒介也具备主动的引导功能，它们不只是告诉消费者应该如何选择文化创意产品，也引导这些产品如何寻找并吸引它们的目标受众。在产品生产与消费者需求的互动中，广播、电视和互联网等现代媒体扮演了极其关键的角色。正是通过媒介的这种指向作用，许多原本默默无闻的创意产品得以迅速打开市场，引起消费者的注意。可以说，是媒介引导了人们的欣赏方向以及欣赏的方式。媒介对于影视作品的推广同样起到关键性的作用。很多电影之所以能够成为热门影片，很大程度上得益于媒介的有效推广和介绍，这为影片的流行打下了坚实的基础。就拿变形金刚、米老鼠、奥特曼等玩具来说，它们在中国的畅销也是因为受到了相应动画片热播的影响。显而易见，媒介在此过程中起到了至关重要的作用，它不仅使得文化创

意产品受到消费者的欢迎,而且为整个文化创意产业开辟了巨大的市场空间。

更进一步地讲,媒介也指导着文化创意产品本身的定位,以便更好地吸引受众。人们接触媒介的初衷往往是出于个人需要的满足,这些需要受到社会环境和个人心理因素的共同影响。当基本的消费需求得到满足后,人们便会追求更高层次和更具创意性的满足。在使用特定媒介后,消费者会基于其体验的满意度来调整对媒介的看法,并在一定程度上形成新的期待。因此,媒介便会根据受众的反馈和需求,进行自我调整和选择性的推广,以确保文化创意产品能够有效地触达潜在的受众群体。

3. 凝聚作用

媒介在文化创意产业内扮演的角色,可比喻为一座桥梁,它将零散的"文化宝藏"凝聚在一起,为人们提供了一个通向丰富知识和信息的通道。在全球化的大潮中,媒介全球化成为一种不可抗拒的趋势。人们通过多样的媒介形式满足自己的需要,仿佛是挖掘宝藏的"隧道",而这条"隧道"的另一端是媒介汇聚起来的文化精华。媒介的这种集结力量显著地表现在它们如何帮助人们把现代文化与传统文化巧妙融合,从而提供更为广泛的资源。这种融合让人们在现代文化与传统文化之间自由穿梭,挑选合适的信息资源予以利用。以电视剧《红楼梦》为例,它不仅再现了古代的生活细节,如民风、饮食、服饰、建筑和文学,还融入了现代元素,使之更加贴近当代观众的审美。该剧通过精湛的拍摄技术和考究的服装道具,展示了古代文化的独特魅力,并同时体现了现代生产力的成就。这种结合不仅丰富了媒介的内容,也扩展了观众的文化视野。媒介成为传统文化与现代文化之间的纽带,使人们能够体验到一个更加多元和绚丽的世界。因此,媒介的作用不仅仅在于信息的聚合和传递,更在于它把世界各地、各个时代的文化精粹集结起来,为公众提供了一个探索和享受文化多样性的平台。总的来说,媒介如同一条连接古今的通道,它们的凝聚力不断地强化了文化创意产业的内涵和外延,让人们的生活变得更加多姿多彩。

4.媒介自身为文化创意产业贡献效益

出版、广播、电影、电视和网络等构成了文化创意产业的基础，它们不仅是该行业不可或缺的部分，还直接促进了其效益的提升。在中国，报刊业作为这一行业的重要分支，不仅为文化创意领域带来效益，也对国家的经济发展做出了积极贡献。显而易见的是，媒介在文化创意产业中发挥着至关重要的多重功能，它不仅反映和指引消费趋势，还聚合各种文化元素，并通过自身的运作为行业增值。因此，随着文化创意产业的快速发展，高度发达的媒介系统显得尤为重要。人们应当给予媒介以适当的重视，保证其能够更加高效地服务于文化创意产业。

（二）文化创意产业中媒介功能的现实意义

1.媒介带来文化创意主体的碎片化

近年来，社会学和传播学领域较为关注"碎片化"理论。这一理论认为，随着个体自我意识的增强，媒体的受众变得越来越分散，促进了媒介向分众化发展的趋势。此外，媒体技术的进步也加剧了这一趋势。个性化媒介，如短信、互联网、专业电视频道、直接邮寄以及户外广告，挑战了传统媒体的主导地位，并推动市场向更细分的方向发展。

（1）个性化时代的到来。当今，人们的需求已经被异化。人们有自由选择商品的权利，但广告会不断灌输相似的消费理念；人们也可以自由选择职业，但社会最终会以收入、社会地位等要素评价一个人。伴随着第四次工业革命浪潮而来的文化创意产业，其本质是倡导以个人为基础的发展方式，是对个性的又一次解放。创意经济强调吸引眼球，重视物质、感官体验。在创意经济里感性消费超过了理性消费，消费者愿意为"体验经济"而慷慨解囊，没什么实际用途却能满足个人需求的设计愈加重要。同质化竞争日益激烈，企业被迫寻找新的盈利模式，规模效益越来越少，而创意却能一本万利，从"红海"游向"蓝海"已成为潮流。

（2）媒介加速文化创意主体"碎片化"进程。当今社会，互联网、手机、数字电视无孔不入。书店可以直接通过手机微信告诉顾客想要的书到了；数字电视带来频道的几何级增长，必然加速观众的分众化，而互联网更使这种碎片化的趋势根深蒂固。技术的发展为个人实现自我、表达自我提供了越来越多的可能性和越来越多的通道。互联网时代的每个人都可以拥有自己的高度。互联网时代的各种奇迹，说到底都是被解放出来的个人力量的成功。文化创意产业的兴起体现了对个体创新能力的重视，它赋予个人创造力、想象力，并带来差异化需求。这一产业领域的核心在于个人的创意、技术和天赋的发挥，它通过知识产权的应用实现其价值，目的是创造出经济财富和增加就业机会。如果忽视了消费者个性化和独特性的需求，文化创意产业将难以找到市场定位，其价值和目标也将无法实现。因此，这一产业的发展紧密依赖满足消费者个性化和独特性的需求。

（3）"碎片"时代的媒介新功能。文化创意产业正展现出激励个体创新的宏伟蓝图，不再局限于个人的背景。传统媒介过去通常由一小部分专业人士控制，创意的发散也因此受限。然而，在当今时代，媒介变身为一个内容广泛的平台，为文化创意产业开辟了双向交流的道路：一方面促进了个体的创造力和才智的发挥，另一方面满足了人们追求个性化和独特性的需求。随着短视频等手机创意作品的普及，个人将自己的创意变为现实更为便捷。媒介也演化出一个新角色，以服务于一些碎片化的创意群体。这些创意群体可能为 Google 设计徽标、为苹果构想新型电脑外形或者创作独特的手机铃声。这些活动不仅带来乐趣，也带来物质上的回报。

在网络和分众化媒体的助力下，为不同群体量身定制的内容正在逐渐兴起。随着 5G 技术的发展，个性化的文化产品有望更直接地送达每个人。个人作为社会的一分子，其独立性和选择范围不断扩大，越来越多的工作转向为个体提供服务。如此一来，无论是作为生产者还是消费者，个人都可以充分体验创造的快乐。

2. 媒介带来文化创意主体的全球化

（1）媒介是推动全球化的发动机。毫无疑问，互联网使创意主体的全球化大大向前迈进。由于有了互联网，人们有了通用全球的电子邮件系统、电商平台，每个人都能通过互联网互相通信，进行买卖活动，或者学习充电。互联网对促进全球化做出了卓越的贡献，成为推动全球化的发动机。

（2）"水土不服"是传播的跨文化问题。文化传播并非毫无障碍，它更像是一堵透明的墙，似无却有，但一旦逾越，有时就会产生意想不到的效果。在全球化的浪潮下，媒介将文化创意产品推向世界舞台时，必须尊重并理解不同国家的文化传统。否则，文化创意产品可能会遇到接受度不高的问题，即所谓的"水土不服"。以跨国公司的广告为例，跨国公司的广告在其他国家推广时，必须考虑文化符号的含义和历史背景，特别是广告角色及其代表的形象。如果广告所表现的信息与当地消费者长期以来视为真理的观念发生冲突，便可能引起争议。因此，文化创意产品在跨国传播时对文化敏感性的考量是能否成功的关键。

三、文化创意产业价值链与媒介融合发展

（一）共享受众资源，拓展市场份额

在分众传播时代，受众定位对媒体竞争来说尤其重要。对于电视媒体来说，找准自己的定位，并选择与自己具有相似受众定位的新媒体进行合作，对于扩大受众群、提高收视率、拓展市场份额是一个事半功倍的抉择。

（二）盘活行业内存量资源，实现多重价值开发

在过去，电视台拥有播出电视节目的垄断权，许多节目播出一两次

后便尘封在历史的角落，这些节目的资料片或许多年后会被偶尔使用，但大多数可能再也不用，从而失去了它们本可以持续产生的经济价值和社会价值，这种一次性使用的模式导致宝贵的节目资源大量闲置和浪费。然而，在媒体融合的当代，这些电视行业的现有节目资源得到重新活化与利用。被遗忘的节目通过重新包装，在公交移动媒体、互联网平台、手机应用以及楼宇媒介等新兴媒介上获得复播机会。这样不仅节约了再次制作的成本，也让这些一度"沉睡"的节目资源焕发了新生，重新获得了经济效益和社会关注。

中央电视台移动传媒已经在存量资源的开发上做出了示范性的探索。目前，乘坐公共交通工具是中国市民日常生活中重要的出行方式之一。城市居民在乘坐地铁或公交车出行时，常通过安装在交通工具上的屏幕观看来自不同地区的新闻、电视娱乐节目或者电影和电视剧的预告。这样的公交移动媒体不仅逐渐成为人们消遣娱乐的新空间，也成为一个重要的信息获取途径。如此利用现有的媒介资源，不但延长了电视节目的生命周期，也提升了媒介内容的多元化和可及性，为广大市民提供了获取信息和娱乐的新选择。

中央电视台携手巴士在线共同创立了中央电视台移动传媒，开创了中国首个将新媒体与传统媒体资源整合的媒体公司，并且正式启动了在全国范围内的移动电视业务。这一合作标志着一次传统媒体与移动新媒体融合的成功实践。依托中央电视台的强大品牌优势，中央电视台移动传媒将传统电视的影响力拓展到了移动平台上，实现了品牌效应的有效延伸。这项合作带来的不只是资源的整合，也实现了资源共享，极大地节省了节目的生产成本。通过借助中央电视台丰富的节目储备，这些内容在新的移动传媒平台上获得了再次利用和价值发掘的机会，经历了新一轮的传播与接触，为中央电视台的节目库注入了新活力。

移动传媒的另一个独特优势在于，它成功地填补了传统电视媒体在"在路上"时间段的空白。移动传媒覆盖了那些传统电视无法触及的时间和空间，从而消除了观众的一个重要收视盲区。在通勤途中，观众常常经历一段心理空白期，在这个时间窗口内，他们有空余的注意力吸收移动媒体所提供的内容，因此收视效果往往出奇地好。公交移动媒体的特点是播出空间的封闭性以及对受众传播的强制性。不同于传统电视，观众可通过遥控器自由选择节目，移动媒体的观众在此时无法选择，从而无意识地转变为一群"忠实"的受众。在这方面，公交移动媒体的传播能力与影响力展现出了巨大的潜力。

目前，中央电视台移动传媒上播放的许多节目都是中央电视台各个频道的知名品牌栏目。这不仅对栏目本身的知名度起到了推广作用，还可能使乘客在短暂的旅程中对一个之前未曾知晓的节目产生兴趣，甚至成为该节目的常规观众。如此一来，一段简短的路程就成了节目与观众之间的连接桥梁，拓展了电视节目的受众基础，并为其积累了长期忠实的观众群体。

（三）发挥互动性优势，扩大盈利空间

新媒体平台如互联网凭借其内在的互动性优势，已经逐渐成为现代营销策略中的关键要素。互动不仅成为节目和受众之间联系的重要纽带，更是确保节目收视率及市场份额的有效途径。在这样的市场趋势下，传统电视媒体开始采纳以受众为核心的科学方法，将与观众的互动作为重要的营销手段。

网络媒体在新媒体领域展现出了巨大的互动潜力，特别是在与传统电视媒体的协同中，其点对点的通信优势打破了一对多的传统传播模式，增强了参与感和互动性，成为其鲜明的特点。网络媒体有其独特优势，它能在节目结束后继续与观众进行互动，为传统电视节目的持续推广和利润增长提供了新途径。

互动性不仅是新媒体的强项，也成为传统电视节目通过新媒体平台提高收视率和增值服务收益的关键手段。同时，新媒体也利用传统媒体

的内容资源，引发互动话题，吸引观众参与，从而提高点击率，增加广告收入，并产生新的衍生价值。

可以看出，新旧媒体的联合正呈现出新的特点和发展趋势，互补优势、资源共享和互惠共赢成为媒体融合的主旋律。在文化创意产业迅速发展的当下，新媒体激发了传统电视媒体的新活力，挖掘了更大的价值空间；与此同时，传统电视媒体也为新媒体带来了丰富的内容资源，加强了新媒体的盈利能力和社会影响力。这种媒体间的融合，预示着我国文化创意产业将迎来一个更加繁荣的未来。

四、文化创意产品与媒介融合的创新传播

（一）基于增值性的文化资源创新

当前，中国文化资源总量严重不足，特别是文献资源建设的范围、层次、种类不够完备，多媒体资源仍未形成规模，并且知识资源质量总体落后，信息加工与知识挖掘深度、资源激活力度明显不足，迫切需要借助现代科技开发具有增值性的文化资源。

1. 功能创新

依据文化资源自身的有序性和知识的内在关系，充分利用信息技术形成覆盖文化生产、传播、扩散、应用、评价以及文化资源保存和增值利用全过程的产业价值链，这种技术运用能实现文化资源的大规模和系统化整合，优化用户体验。例如，中国学术期刊网络出版总库利用了先进的信息技术，如智能全文搜索、数据挖掘、网格和搜索引擎技术等，增强和完善了检索功能，保证了有效管理大量非结构化数据，并为用户提供更多增值服务，如导航、链接和高效检索，从而显著提高了文化资源的可访问性和传播范围。

2. 协同创作

作为Web2.0时代的关键技术之一，维客（Wiki）技术标志着协同

创作的新时代，它支持群体智慧的凝聚，实现了文档的共同编写、编辑、审阅、校对及发行。与传统由记者、作家、专家独立进行内容创作的方式不同，Wiki 平台通过激励广大网民参与，发挥他们在文化内容累积上的重要作用，鼓励用户自主贡献和分享知识。维基百科便是这类技术应用的成功范例，它集合了全球用户的知识和力量，在几年之内建立了一个庞大的在线百科全书库，已经成为众多读者查询信息的重要渠道。

3. 内容互联

内容互联的实践意味着将在线杂志、电子书籍和参考资料集中于单一平台并实现它们之间的联动。这种联动通过添加富含图文的材料、可缩放的高清图片、链接图库、可计算的数据表、支持词典查询的浏览体验以及多语言的语义连接来不断扩充资源，使得读者能够根据自己的需求从电子书、电子期刊或在线参考书中自由挑选阅读内容。以施普林格出版集团为例，它通过提供三维化学结构的动态展示、交互式图表、数学公式的计算功能以及从图表直接导出数据的能力，为读者提供更为便捷和定制化的阅读及学习体验。

（二）基于跨媒介的文化产品传播

在当代文化传播领域，破除语言壁垒成为其核心任务，而跨媒介传播恰恰服务于此目标。这种传播形式应运而生，专门为新兴的传播媒介和工具设计，推动了不同媒介间文化产品的传播与共享。跨媒介传播战略打破了传统媒介的权威单一性，引入了更多的交互性、时间上的灵活性和去中心化的理念。这种策略不仅有助于减少文化资源开发的成本，而且能够提升文化传播的效率，实现资源的广泛共享，并通过优势互补，创造出非凡的文化影响力。

在跨媒介传播模式中，不同媒介不再孤立地运作，而是摒弃了传统的单媒介"作坊式"生产方式，走向了多赢的媒介融合与整合。这种模式下，文化产品可以在多种媒体间进行同步传播，也可以利用不同媒体间的时间差,将一种媒体上成功的产品,通过互联网、手持阅读器、手机等多种方式,转移到其他媒体上进行再次传播,从而达到全渠道、全媒体的同步传播效果。

具体到操作层面,这意味着文化产品可以在书籍、报纸、杂志等传统平面媒体,以及CD、DVD这样的磁光媒体,再到网络媒体和移动媒体等现代传播媒体之间进行自由流动。通过这样的跨媒介技术,文化资源得以整合和重复利用。例如,一部电影的剧本可以在书本中阅读,其视频可以在电视和网络上观看,而相关的讨论和反馈可以通过社交媒体进行。如此这般,相同的文化产品便能够在不同的媒介上生根发芽,触及更广泛的受众,同时各媒介能够实现资源共享,共同发展。

第四章　新媒体背景下文化创意产品设计开发主要涉及的领域

第一节　博物馆文化创意产品设计开发

一、博物馆文化创意产品概述

（一）博物馆文化创意产品的含义

文化创意产品的兴起已成为社会焦点，随之而来的是学界对其逐渐深化的研究和对其定义的明确。这类产品以丰富的民族文化资源为基础，通过创新和灵感的火花，将深厚的文化内涵转换成设计的语言。它们结合了传统工艺、最新科技及产业化生产，运用现代设计理念与表现技法，为传统文化注入新活力，创造出既满足现代人精神追求又符合当代审美的产品。具体到博物馆文创产品，其理论核心在于通过设计师的创意活化博物馆的藏品资源，使之与现代科技、传播手段和艺术表现形式结合。这样的创作不仅可以推出形式各异的产品，还能确保文化主题的准确传达，具有独特的话题性和象征性，并使其融合馆藏精华、特色展览、节庆活动、传统图案以及非物质文化遗产等元素。

文创产品的载体分为有形与虚拟两种。有形载体涵盖书籍、工艺品、日用品等实体物件，而虚拟载体则包括游戏、三维动画、纪录片以及各种数字内容。这些产品不仅仅是文化的表达形式，它们的包装、广告宣传和展销陈列同样具有文化的传递职能。文创产品因此成为文化的经济化和教育化的综合体现，体现了其多方面的价值。博物馆文创产品不只是商品，更是文化和教育的重要媒介。它们传扬着历史信息，讲述着历史故事，并以此影响着人们的价值观念和审美情趣。文创产品在开发过程中，创造性地将传统文化与现代生活相融合，使得文化在新的形态中得到传播与延续，同时满足了人们对于文化消费的多元需求。这种全方位的认识与理解，是人们对待博物馆文创产品的正确方式。

（二）博物馆文化创意产品的分类

关于"文化产品"的分类，和对其定义的界定一样，有着多种说法。联合国教科文组织在 2005 年将文化产品区分为核心文化产品和相关文化产品。前者更多的是传统文化产业的产品，文化含量较高，且多具有物质载体，主要包括文化遗产、书籍、媒体、视觉艺术等；后者更多地涉及文化服务和支撑"核心文化产品"生产的活动、设备及支持要素，如软件、广告、建筑等。[①] 亦有学者将文化产品分为私人性、纯公共性和准公共性三类。其中，公共广播与电视、公共文化服务机构提供的免费展览等属于纯公共性文化产品，而大多数需要购买消费的产品属于准公共性文化产品。从物理形式来看，文化产品可以分为有形和无形两类。更多的学者倾向于将文化产品分为文化商品和文化服务。如胡惠林认为，从一般的经济学定义出发，所谓文化商品即可供交换的文化产品，以实物形式满足和提供人们的文化消费需求；文化服务则是以提供劳动的形式

---

① 谢梅，王理. 文化创意与策划 [M]. 北京：清华大学出版社，2015：71.

满足人们的文化消费需求。①

在文化产品的供给侧,人们可以将它们细分为两大类:一类是生产性文化产品,它们通常是物质化的、可以触摸的商品,具有教育、审美欣赏或休闲娱乐的功能;另一类是服务性文化产品,这些通常是无形的、精神性的产品,如各种类型的演出、展览以及提供文化体验的旅游和休闲活动等。

而从创意产品的角度看,其分类与文化产品有所区别。创意产品从使用目的上分,可以是生产性或消费性的。生产性创意产品是那些无形的创新思维和技术,它们用于提高其他产品或服务的附加值,如工业设计、软件开发、广告策划等。相对应地,消费性创意产品可以满足消费者的心理、精神和情感需求,这类产品通常被个人或家庭所购买。在表现形式上,创意产品又可细分为内容性和设计性两种。内容性的创意产品聚焦于品牌和知识产权,而设计性的创意产品则强调在设计阶段融入创新的文化元素,以提升产品价值。

人们在聚焦于博物馆的文创产品时,可以发现它们具备文化产品的特征,并在其中融入了高度的创意元素,也展现了创意产品中浓郁的文化底蕴。这些文创产品一旦被购买,便成为私人性质的文化产品,区别于如表演、电影等公共性质的文化产品。作为市场上进行交换的商品,文创产品旨在创造经济价值,并以物化形态满足消费者的精神消费需求。在创意产品分类中,文创产品属于消费性创意产品,尽管它们在研发和设计过程中也包含了生产性的创意和技术。此外,根据加工与创意结合的深度,艺术衍生品可以被分为简单复制品、高端复制品,以及那些深入解读文化内涵后重新创造的创意产品。博物馆的文创产品绝大多数属于后者,即在深刻理解原有文化基础上进行再创造的创意产品,只有极少数属于简单或高端的复制品。

---

① 胡惠林,李康化.文化经济学[M].太原:书海出版社,2006:143.

这样的分类不仅有助于人们更清晰地认识文化创意产品的不同层面，还揭示了它们在当代市场经济中的多功能性和多层次价值。无论是在传统文化的传承、消费者需求的满足方面，还是在经济价值的创造方面，文化创意产品都展现了其独特的作用和重要性。通过这样的产品，文化和创意得以跨越时间和空间的界限，以新的、多样化的方式传播与共享。

博物馆文化创意产品在其覆盖范围上有狭义和广义之分。狭义的博物馆文创产品主要是那些在博物馆的店铺或通过电子商务渠道销售的实体商品。这些产品包括直接展现博物馆藏品或展览风貌的画册、出版物、文物复制品等，还有那些汲取展品文化精髓而设计的实用且时尚的生活用品。例如，美国大都会艺术博物馆的在线商店销售逾千种商品，包括出版物、模型雕像、珠宝手表、服装配件、家居物品、文具及儿童玩具等。即便是品种较为单一的上海博物馆网络商店，也提供了多个价位的复制文物、出版物、生活用品和文具等。

然而，博物馆在文化创意产业方面的发展已经不局限于传统实体产品。广义的博物馆文创产品概念已扩展到了以博物馆文化资源和文物知识产权（IP）为核心开发的多种产品和服务。这些包括但不限于文博领域的影视节目、综艺娱乐、应用软件（APP）、数字化体验项目、动漫游戏、教育活动、时尚展览、主题餐饮以及其他综合性休闲设施。虽然从数量、开发深度和产业规模来看，这些广义上的文创产品目前还不及实体产品，但它们正随着互联网技术的飞速发展和博物馆与其他行业的交叉融合，展现出巨大的潜力。在未来，这些广义上的文创产品预计将成为博物馆文化创意产业增长的重要动力。

二、博物馆文化创意产品的价值构成分析

（一）符号消费理论视角下的经济价值

博物馆文化创意产品的开发不仅是文化创意产业不可或缺的一部分，

而且这一进程也有望为博物馆本身甚至社会整体带来可观的经济效益。这一点特别得益于当代文化中视觉符号日益增长的重要性，消费者的逻辑已经逐步超越了生产者的逻辑，并且体验经济的崛起也为文化创意产品提供了更广阔的发展前景。西方的一些研究视觉文化的马克思主义学者，基于马克思关于文化商品独特性的分析，提出了所谓的"马克思的符号经济学"理论。他们认为，现代社会正在从传统的以文字和语言为核心的理性主义形态，转变为以视觉和感性为主导的文化形态。在这个过程中，图像和视觉符号的创造、分发和消费变得日益关键，甚至成为文化表达的主流形式。英国社会学家拉什进一步指出，当代社会产生越来越多的是符号，而非物理物品。有两种类型的符号，一是具有认知内容的信息商品，二是具有审美内容的艺术商品。后者不但体现于具有基本审美要素的产品（电影电视等）的迅速增长，而且反映在物化商品中蕴含的符号价值和形象要素的增加，物质对象的美学化在其生产、流通和消费过程中完成。[①] 鲍德里亚的消费理论揭示了在资本主义高度发达的阶段，消费的逻辑已经替代了生产的逻辑，商品的需求与其使用价值之间出现了脱节。消费者购买商品往往不是出于实际需要，而是因为商品具有的符号意义。在消费社会里，一切遵循符号的逻辑，物品的本真意义不再受到重视，它们不再与现实世界相连，而变成了模仿和幻象。因此，在这样的大背景下，博物馆创意产品的天然符号价值和象征意义显得尤为突出。这些产品在市场上与功能相同的普通商品竞争时，往往能够凭借其附加的文化符号轻松获胜。这种文化附加值使得消费者愿意为之支付更高的价格，从而为创造者带来额外的经济收入。这一现象强调文化创意产品的符号价值，符号价值在当代经济文化发展中扮演着越来越重要的角色。

在当前经济发展的大背景下，体验经济已经成为现代文化产业进步

---

① 吴迎君，刘起，张斌宁，等.视觉文化语境中的电影影像[J].当代电影，2010（1）：116-133.

的核心动力。它追求超越产品和服务的同质化与标准化,力图为消费者带来独特的心理体验和个性化的服务,从而提升他们的幸福感和生活品质。文化产品和服务的发展依托于这种体验经济模式,特别是在产品设计和市场营销中注重提升消费体验的企业策略。博物馆通过挖掘和应用其收藏的文物资源与艺术元素,开发文化与创意结合的产品,旨在满足人们精神上的追求和物质上的需求。这样的文创产品让消费者在日常生活中享受文化的洗礼和艺术的涵养,增强了他们的幸福感和文化素养。在一个由符号经济、消费经济和体验经济共同推动的时代背景下,博物馆开发的文化创意产品不仅已经成为现代文化产业中的重要组成部分,还在这个领域中拥有巨大的发展潜力和经济潜力。

(二)基于心理学和传播学理论的教育价值

在"新博物馆学"理念的推动下,博物馆的使命已从关注藏品转为关注观众,强调公共教育的核心地位,这种转变意味着更加重视提高公众的审美水平和创新能力,从而提升社会文化素质。参与博物馆活动,如讲座、论坛、导览和家庭互动,是公众受益于艺术教育的重要方式。不容忽视的是,博物馆开发的文化创意产品本身也承担了教育功能,这些产品不仅拥有教育价值,而且其传播潜力极大,能够有效补足传统展览教育所面临的局限。

首先,在机械复制技术兴起的背景下,文化创意产品让艺术作品得以大规模生产和复制,正如瓦尔特·本雅明所阐述的"灵韵"消逝现象,艺术品的独创性在被批量生产的过程中减弱,使其由原来的神圣产品转变为更广泛传播的展示对象。不过,本雅明并不因此悲观,他乐观地看待艺术的技术化,认为它打破了精英对艺术品的垄断,推动了艺术的民主化。这一观点同样适用于博物馆的文创产品,它们可以被看作对原始艺术作品的一种机械复制形式,有助于艺术教育的普及和推广。通过购置和收藏这些文化创意产品,观众能够以实物形式亲密接触和体验艺术,

第四章　新媒体背景下文化创意产品设计开发主要涉及的领域

使艺术品变得更加贴近日常生活，易于触摸和感知，这一过程显著提升了公众对艺术文化价值的认识和理解。

其次，文化创意产品通过物化的形式延长了公众对博物馆体验的回忆，其机理就像反复复习对抗遗忘一样。当反复参观同一展览对许多人来说不现实时，带有文物特色或艺术精髓的文创产品就成了对那些瞬间的持久致敬和温馨提示。这些可随手触及的纪念品，不仅深化了人们的博物馆体验记忆，而且在每次使用时都能重新激活对展览的印象，并促使人们渴望再次探访。对于偶尔的参观者，文创产品也起到了传递博物馆信息、促进博物馆文化传播的作用，引发他们的参观兴趣。

此外，文创产品还为学习提供了沉浸式和互动式的环境。与单向式教育相比，这种模式更能够促进学习和参与。尽管现代博物馆的展览设计和教育活动已经采取了多种体验式学习策略，但通过数字化，如 AR、VR 技术，观众即使在博物馆之外也能沉浸在一个充满博物馆氛围的环境中，获取知识和受到美的熏陶。运用传播学和心理学原理开发的虚拟导览和游戏应用等无形文创产品，允许观众在放松的状态下更深入地了解展品，从而激发他们对博物馆文化的兴趣和积极的探索意愿。这样的教育形式极大地扩展了博物馆教育的覆盖范围，使其变得随时可及，相较于传统教育方法展现了显著的优势。

（三）视觉文化背景下的日常审美价值

博物馆文化创意产品的独特价值之一在于它们的审美特性，这反映了人类对于美的深层需求，从而区别于其他生物，如马斯洛在《动机与人格》中所述，人的需求分为基础和成长两类。基础需求涵盖了生理、安全、归属感、爱以及尊重，而成长需求则是非本能的，包括求知、审美和自我实现，这些需求的满足能够带来极大的快乐。尤其是审美需求，它作为一种高级的精神追求，对个人的发展极为关键。人们在审美需求得不到满足时，可能会引发心理不适。一些人对美有着深刻的渴求，只有在美好的环境中，他们才能感到愉悦和舒适，而不美观的事物可能导致他们的不适甚至疾病。对于这些人来说，美是一种疗愈，是他们的渴望所在，也是他们唯一的满足源泉。①

出于对审美需求的天然追求与回应，以"日常生活审美化"为特点的"审美泛化"已成为后现代文化的美学特质。最先提出"日常生活审美化"这一论断的代表人物是英国社会学家麦克·费瑟斯通。"日常生活审美化"指将"审美的态度"引入现实生活，赋予日常生活用品以美学和艺术的品质，使原本平庸甚至粗俗的客观物品显现出审美性。以此观之，任何日常事物都可以用审美的方式加以呈现，推动传统的精英审美品位向大众审美文化转型。事实上，阿多诺晚年对文化工业进行再思考时，即提出"大众文化被纳入文化工业模式"后，加速了"日常生活的审美化的现实趋势，从而形成了一种艺术化的现实生活"②。在文化工业的影响下，经济因素推动了大众对生活美学的追求。鲍德里亚在其著作《象征交换与死亡》中，提出了"拟像"的概念，这一理论突破了传统的模仿（仿造）和工业生产阶段，转而强调在当代文化中以符号和代码为核心的"仿真"现象占主导地位，这体现在文化对视觉图像的偏好上，亦即"视觉文化转向"。日常生活的审美化，特别是在文化领域内部，表现为"拟像"式的符号不断扩张和爆发。鲍德里亚把这种现象称作"超美学"，在这种文化氛围下，艺术元素渗透进每一个物体中，转化为一种审美符号，这样每个物体都获得了审美意义和价值。

在审美普及化的趋势下，博物馆文创产品的研发动力植根于迎合消费者的审美需求。这些产品代表了生活美学化的实践，它们的审美特质得益于两个关键要素：首先是文物自身所蕴含的美学价值；其次是将这些价值通过艺术化的设计加以提炼和呈现。例如，卢浮宫的《蒙娜丽莎》

---

① 马斯洛.人性能达到的境界[M].方士华，译.北京：北京燕山出版社，2013：29.
② 刘悦笛，许中云.当代"审美泛化"的全息结构：从"审美日常生活化"到"日常生活审美化"[J].西北师大学报（社会科学版），2006，43（4）：25-29.

第四章　新媒体背景下文化创意产品设计开发主要涉及的领域

不仅是一幅艺术杰作，还催生出众多派生产品，这些产品承载了画作的部分魅力，通过艺术的切片使得这幅名作能够走进日常家庭。同样，台北故宫博物院以其珍贵的翡翠白玉精品为灵感，创造出各式各样的生活用品，传递着原作品的清雅与飘逸。凡·高博物馆则利用馆藏画作，推出了各种文创产品，如绣有杏花图案的抱枕、丝巾和服装，以及装饰有星空图案的伞，都巧妙地让消费者接触到凡·高的美学世界。

在这些文创产品中，仿真复制品被用于家居装饰，充分体现了其审美功能。设计行业的美学理念与经济结合，展现了审美化经济的典型特点。技术与艺术、文化与设计的融合形成了一种技术美学，它让文化元素广泛融入产品之中，通过增强产品的文化价值，推动了家庭艺术化和社会的整体审美化。

博物馆的文创产品不仅仅将文化艺术融入产品设计，更在提升产品实用性的同时，加强了其审美价值。这些产品变更了外在形态和内在结构，不仅增强了实用性，也提升了其作为艺术品的价值，使消费者在使用中能够体验文化的深度和享受美学的愉悦。

（四）文化资本理论视域下的情感价值

博物馆文创产品拥有其独特的情感价值，这不仅包括其审美和教育上的功用，更扩展至个人的情感体验和身份的象征。在马斯洛的需求层次中，这种情感价值触及自我实现的层面，因为它涉及个人对自身地位的认同与展示。通常，这些产品定价高于同类普通商品，其原因是它们超越了实用性，而植根于消费者展示个人品位和文化素养的愿望，也就是凡勃伦所说的"炫耀性消费"。这种消费行为并非源自实际需求，而是作为一种社会地位和认同的展示，因此，文创产品在设计时需融入社会和时尚元素，以吸引更广泛的消费者群体。

在文创产品的价值构成体系中，经济价值和教育价值是社会及博物馆通过其开发所获得的价值。消费者则通过购买和使用这些产品，在审美和情感层面得到价值的体验。这些价值因素相互作用和提升：产品的审美和情感价值提高了其经济价值和教育价值，同时消费者对产品的经济价值和教育价值的认知也增强了他们的审美和情感体验。在此基础上，文创产品的价值还扩展至收藏价值、装饰价值、实用价值、投资价值和传播价值，这些构成了文创产品丰富而多元的价值网络。

三、博物馆文化创意产品的发展趋势

如今许多博物馆顺应时代潮流，积极改革创新，利用独有的特点来发展。因而，博物馆的文创产品摒弃了传统思维，用年轻化、现代化的方式重新诠释和推广文化，使之充满活力和温度。

（一）融合传统工艺，传承东方文化

博物馆文化创意产品的魅力在于它们将颜色、图案、形态和材料等元素综合运用，创造出的审美效果既符合现代人的审美偏好，又不失传统文化的精髓。这样的产品不仅具有商业价值，也是文化的传承。新时代的文创设计强调的是传统文化与现代设计的深度融合。设计师不再仅仅局限于利用文物的视觉元素，如图形和色彩，而是更深入地挖掘传统形态和手工艺术，保留和传承了手工艺人的精神。

首先，设计师们借鉴和延续了文物本身的结构和造型，向古人的智慧致敬。例如，央视和陕西历史博物馆合作推出的"唐葡萄花鸟纹镂空香囊配饰"，就采用了唐代香器的圆球形镂空造型，并巧妙地融入了陀螺仪的原理，让这种古老的器物在现代社会中焕发新生，继续被大众喜爱。同时，这些传统的造型经过现代设计之后，还被应用于其他意想不到的新型产品中。

其次，传统制作工艺也被当代设计师所继承和发扬。对外观设计的创新使得古老的纹饰焕然一新，对制作工艺的坚持展示了设计师与工匠对细节的专注、对品质的追求。以苏州博物馆的"沈周玉兰缂丝系列"

为例，设计师将缂丝技艺与馆藏的沈周画作结合，严格控制设计创意、织造工艺等各个环节，推动了缂丝技艺从传统艺术走向日常生活。通过这样的方式，产品设计不仅保护了非物质文化遗产，也通过匠心精神提升了产品的艺术价值。

综上所述，博物馆文创产品的设计通过对文物的形态、材质、工艺等特征的现代诠释，赋予了产品鲜明的文化特色。这种以文化传承为核心，通过产品设计传播的理念，有效地促进了文创产品价值的提升。

（二）创新体验方式，重视科技参与

博物馆文创产品因共享的文化底蕴和丰富的历史故事而受到青睐，它们的文化内涵成为与众不同的商品优势。然而，要增强文化的影响力，不仅需要高质量的内容，更需引入创新的体验方式。让消费者在享受文化时得到快乐，是文创产品取得成功的关键。在这一趋势下，设计师们秉承新文创理念，积极探索将新技术融入文创产品中，旨在提高用户购买及使用时的互动性，使文化传递更为立体和多维。

第一，在线互动可以提升消费者的购买欲望。设计师们在互联网环境下，运用"以用户为中心"的设计思维，渗透到消费者购买过程的每一环节。这样的设计策略不仅能深入挖掘用户需求，还增强了产品与用户间的情感联系，从而激活文化价值。例如，故宫博物院与天天P图合作推出了"故宫国宝唇彩"，其20种"宫廷色"均蕴含了与故宫历史相关的故事（图4-1）。借助移动应用中的AR技术，设计师实现了虚拟试色功能，使用户能够在线体验口红色泽，增加了产品的购买率。同时，加入的文物介绍功能，也使得用户在遥远的距离外仍能品鉴故宫国宝的艺术韵味和深意。科技的使用扩展了文创产品的形式，让购物体验更为多样化。新技术在提高用户体验方面的应用促进了文化创意产业的发展。

图 4-1 "故宫国宝唇彩"的 20 种"宫廷色"

总之，通过技术手段提升文创产品的互动体验是实现文化价值传播和文创产品升级的有效路径。这种新兴的设计理念和技术应用，确保了博物馆文创产品在激烈的市场竞争中能够脱颖而出，让传统文化以更活跃和更亲近的方式传递给公众。

第二，数字产品的发展为消费者提供了更为丰富的文化体验方式。设计师们创造性地将文化知识与故事相结合，以游戏的形式激发公众对传统文化的兴趣。数字化技术的运用极大地丰富了文创产品的使用环境，增强了体验的沉浸性。例如，苏州博物馆设计的互动解密游戏书《贝聿铭的建筑密码》就是一例。它将建筑知识与富有温情的故事融为一体，使消费者能够在家中借助立体书和线上应用逐渐深入剧情，并有机会在博物馆的实际环境中通过解谜亲身体验贝聿铭的建筑艺术（图 4-2）。这种娱乐与教育相结合的方式有效提高了消费者对文化产品的兴趣和忠诚度。

图 4-2　苏州博物馆设计的互动解密游戏书《贝聿铭的建筑密码》

显而易见，当前博物馆文创产品的魅力在于其互动性。文创产品利用科技增强消费体验，借游戏提升乐趣，这些都旨在打造独特记忆，强化文化传播的吸引力和深远影响。

（三）打造品牌效应，深耕文化资源

博物馆如今不仅专注于单件文创产品的开发，还注重打造与众不同的文化品牌。通过打造融合独有的文化信息的品牌，博物馆能够塑造既内涵丰富又贴近人心的文化形象。通过建立基于独有文化知识产权（IP）的产品系列，这些博物馆加大了自己的市场影响力，品牌效应成为它们在激烈的市场竞争中取胜的关键。

第一，这种模式确立了更加明确的品牌定位，让博物馆文创品牌从同质化的竞争中脱颖而出。为了提高识别度，博物馆必须精心筛选和利用馆藏文化 IP 中的显著元素。以故宫文创为例，其品牌定位为"紫禁城的生活美学"。其中，"紫禁城"明确指出品牌专注于丰富的皇室文化和建筑艺术，提供了丰富的创作素材；而"生活美学"部分则意味着品牌旨在打破传统宫殿的严肃感，向消费者提供更亲民和实用的生活产品。[①] 通过巧妙的地域文化选择与 IP 资源的整合，博物馆能够吸引并维护一群忠诚的消费者，而不是简单地追随市场潮流。这种策略不仅增强了品牌的文化底蕴，也在消费者心中树立了具有"厚度"和"温度"的独特品牌形象。

第二，这种模式产生了更多元的系列产品。博物馆在发展其文化产品时，采取将日常生活需求与传统智慧相结合的策略，从而推出了多样化的产品系列。它们深入挖掘文物的深层价值，不断创新，以期打造广受欢迎的超级文化 IP。以故宫为例，它根据藏品《千里江山图》推出了一系列文创产品，通过设计上的创新，如形态简化和色彩抽象，将这幅传统艺术品的精髓转化为生活中的各种用品，融合古典美和现代设计。此外，故宫还与网易合作开发了基于古风题材的手游《绘真·妙笔千山》（图 4-3），通过游戏这一形式让消费者体验到如诗如画的虚拟世界。这些富有创意且引人入胜的文创产品系列，不仅迎合了不同年龄层消费者在美学和实用性方面的需求，而且全面地传达了传统文化的独特魅力和深远意蕴。

---

① 林秋圆.文化 IP 生态圈及工业设计视角下我国博物馆文创的发展之道：以北京故宫博物院为例[J].普洱学院学报，2020，36（1）：100-102.

第四章　新媒体背景下文化创意产品设计开发主要涉及的领域

图 4-3　故宫博物院与网易公司联合开发的手游《绘真·妙笔千山》

第三，这种模式打通了品牌间的跨界合作。博物馆可以和其他商家开展合作，实现共同发展。例如，故宫博物院与百雀羚联手，创作了灵感来源于传统铜镜、宫廷灯笼和宫柱的美妆产品系列"雀鸟缠枝美什件"，其中包含的精美挂扣彰显了合作双方的匠心独运（图 4-4）。

图 4-4　故宫博物院与百雀羚推出的"雀鸟缠枝美什件"

故宫不仅与高端品牌合作，还推出了接地气的文化产品。比如，与农夫山泉合作的联名"瓶说新语"系列，这一系列将故宫的人物画与幽默文案结合，使历史人物形象更加生动（图4-5）。这种跨界合作让消费者能够轻松享受传统文化的洗礼，创造了一种新的文化交流方式。

图4-5　故宫博物院与农夫山泉合作的"瓶说新语"

可见，博物馆建立起强大的品牌生态，就拥有了基于文创的竞争力。这种品牌影响力促使消费者与博物馆之间建立起一种特殊的连接，激发了消费者对于博物馆所代表的文化的自豪感与兴趣。

四、博物馆文创产品视觉设计元素分析

（一）图形元素

1. 对称

图形对称在设计领域中是一种常用的技巧，它能够为观者带来一种秩序感、尊严以及严谨的视觉印象。博物馆的文创产品设计师们常运用这一手法，借由对称性的直观魅力给予人们更加强烈的视觉体验。

以大英博物馆的阿蒙霍特普三世主题帆布包为例，设计师采纳了对称的构图手段，灵感源自于古埃及阿蒙霍特普三世雕塑的对称美学。这样的设计不仅体现了古埃及文化对对称的崇尚，而且通过图形的对称排列加强了图案的仪式感和尊严感，使空间布局显得更为和谐。

设计以法老为中心，周围的符号以对称方式排列，这样的视觉策略强调了法老的尊贵地位，并巧妙地将古埃及文化的权威性与现代消费者

对图案的识别度融为一体。

总的来说,对称设计,尤其是在原藏品素材天然具有对称性质的基础上进行,不仅能够提供一种视觉上的平衡与稳定,还能让文创产品的设计在元素上相互映衬,增添了产品的形式感和审美价值。这样的设计手法使得文创产品在传递文化的同时,让视觉艺术本身成为一种享受。

2. 平衡

平衡是图形艺术中一种灵活运用的原则,其核心在于不同形态的元素通过等量的配比达到一种视觉上的均衡,不受严格对称束缚。它根据中心线或中心点,通过不同形状、大小的元素或色彩的巧妙排布,达到视觉上的平衡和谐。与严格对称相比,平衡设计更为生动、自然,能呈现出更为优雅和动感的美学效果。通过这种方式,设计不仅仅是视觉上的,更触及人们心理层面的平衡感受。

3. 对比

对比是一种强调差异和层次的技巧,它涉及图形元素之间的差别处理,以及这些元素在排列组合中的相互作用。有效的对比可以使得主要的图形更为显眼,从而吸引观者的注意力。

以故宫博物院的喜福连绵杯套装为例,设计师从传统漆盒的精细描金工艺中提炼出花纹元素,通过对比手法的运用,在大小、形态、色彩等方面进行巧妙的组合。小型图案在起装饰效果的同时有效突出了主图案,赋予产品一种动感的节奏和美感的韵律。这种设计既迎合了大众对吉祥图案的喜爱,又满足了对华美纹样的审美偏好,且在强调传统宫廷文化的豪华与奢侈时,也考虑了现代消费者对华丽的识别度。设计中的这种节奏感和视觉平衡确保了小图形的点缀不会盖过主要元素,使得整体设计在展示清代皇室文化的同时提供一种现代审美下的视觉享受。

(二)文字元素

汉字不仅仅是中国文化的基本符号,更是承载了深厚文化内涵的艺术表现形式。在文创产品的视觉设计中，汉字以其独特的艺术韵味和表达方式，经常被用作设计元素的核心。作为设计语言中的基本单位，字体的选择和运用对于传递信息的清晰度和美感起到了关键作用。在适宜的场合运用得当的字体，能够极大地增强设计的表现力和精确性。中国书法艺术中的"行气"概念，就是指笔画之间、行列之间的内在联系与和谐，这一理念在书法字体设计中至关重要。书法作品追求笔画的断而不散、行与行的连贯、篇幅的整体，通过对笔画间隔和布局的精心安排，实现动态与静态的平衡、变化与统一的和谐。书法字体的使用，不仅仅是为了文字本身的传递信息功能，更是作为一种视觉元素，赋予设计以深远的文化内涵和艺术美感。设计师在字体的选择上往往倾向于将文字视为图形元素进行构图和布局。在文创产品中，设计师经常会选择具有书法艺术风格的字体，尤其是那些古意与现代口语含义相通的书法字体，在设计应用中可以与现代受众产生文化和认知上的共鸣。

例如，在陕西历史博物馆设计的唐妞抱枕上，"唐妞"两个字的设计既体现了唐代女性的风骨特征，又注重了字形的美感表达。设计中采用了较粗的笔画，不仅确保了字体的醒目和美观，也保留了女性的柔美与丰腴，呼应了唐代女性的形象。在字体与图形的结合上，图形所描绘的唐代女子精致而优雅，与之相对的字体则是对于"妞"字进行了夸张设计，将"妞"字的"女"字旁与"丑"的横夸张化、拟人化，让整个"妞"字"扭"动起来，增添了设计的动感和趣味性。字形的柔和线条与图形的细腻刻画相辅相成，使得整体设计既传承了传统文化中对文字的尊重，又迎合了现代消费者对文字造型的喜好，实现了古今交融、传统与现代的完美结合。

（三）色彩元素

在设计博物馆文化创意产品时，色彩被设计师赋予极高的重视度。作为设计中的一个关键元素，色彩的应用直接关系到视觉传达的效果和观众的情感反应。一个色彩搭配得当的产品，可以立即抓住观众的目光，提高产品的吸引力，进而增加其市场价值。色彩不仅能促进品牌的识别度，还能加深消费者对产品的记忆，这种记忆效果对于消费者的重复购买具有显著的促进作用。

色彩能够激发消费者的情绪，通过视觉上的直接冲击来操控他们的心理反应，从而影响其消费行为。实验研究表明，不同的色彩环境对人们产生的生理和心理影响有明显差异。设计师通过巧妙地运用色彩变化，能为消费者带来全新的视觉体验，调动他们的情绪，引导他们做出行动。在文创产品的色彩设计中，中国传统色彩的运用尤为突出，这不仅是对传统文化的一种致敬，也是对色彩深层文化意义的一种挖掘。在设计过程中，设计师会根据产品的功能和所要传达的文化内涵慎重选择色彩搭配。通过这种方法，设计师能确保每件文创产品不仅在视觉上令人愉悦，而且在文化层面上引人深思，实现色彩与文化内涵的完美融合。

1. 冷暖对比

在色彩设计中，冷暖色调的对比可以产生强烈的视觉效果。冷色系通常带来宁静、清新或寒冷的感受，而暖色系则能带来热情、激动的情绪。在故宫文创久福创意胸章设计中，设计师巧妙地运用从银镀金葫芦纹簪中提炼的颜色，融入了丰富的文化内涵和情感表达。在这一设计作品中，红色与金色的结合不仅承载着吉祥和尊贵的象征意义，这两种颜色也常见于皇室用品，代表着一种权威与奢华。设计师在配色上选用了两种深浅不同的蓝色。深蓝色与红色相邻，为红色的亮丽和金色的璀璨提供了强烈的背景对比，而浅蓝色则巧妙地作为细节点缀，既强化了红色的辉煌，也为整体色彩搭配增添了层次感。这种深浅蓝色的运用不仅实现了颜色之间的和谐统一，还突出了胸章的主体设计，使得产品既符合传统色彩的文化寓意，又满足现代审美的色彩需求，实现了古今对话、文化与时尚的完美结合。

2. 色相对比

色相对比是指不同色彩间的视觉差异，这种对比在色彩搭配中表现得尤为明显。色相的对比度越高，色彩之间的冲击力就越显著，对比越鲜明；对比度低则让人感到和谐、舒适。在中国国家博物馆推出的"杏林春燕"文具套装设计中，色彩巧妙地提炼自《杏林春燕》的经典画作，呈现出温暖而柔和的初春气息。设计融入生动的红色与宁静的青色，既保留春季的清新，又富于深远的寓意——金榜题名，象征着好运与成功。红色的应用不仅契合了中国传统对吉祥的颂扬，也加深了整个设计的文化意蕴。此文具套装以其大胆的色彩运用迎合了年轻学生的美学偏好，并寄寓着美好愿望，满足了实用与审美双重需求，也让使用者在每次使用中都能体验到中国传统文化的独特魅力。

五、博物馆文化创意产品的设计方法

（一）博物馆文创产品的设计层次

在消费者购入并使用博物馆的文化创意产品时，他们的兴趣点会逐步从最初的感官体验转变为对文化内涵的深度认同。设计理论将这一过程中的要素细分为四个层次：表象、形式、感知与精神。每升一层，消费者的焦点都会从具体的设计细节递进至产品的文化精髓。博物馆文创产品首先是文化的载体，其次才是商品，这四个层次恰当地与各种传统文化表现形式相交融。

1. 表象层：外观造型

对文创产品的外观造型进行设计是吸引消费者的第一步。现代人审美情趣的提升使博物馆文创产品不再局限于肤浅的文物复制，而需要物化独有的文化特征来表意，从而给人们留下深刻的印象。[1] 表象层主要

---

[1] 寻胜兰. 源与流：传统文化与现代设计[M]. 南昌：江西美术出版社，2007：85.

包括五个方面：色彩、纹饰、造型、材料、工艺，设计师对每一方面的细节都用心选择与把控才能将博物馆的文化内涵直观传达出来。

物质文化的元素，如人类的创造物和工艺技术，是文化形态中可以通过外观造型直观呈现的方面。博物馆内的藏品都有其特有的装饰样式、材料和制作工艺。对馆藏特征的收集与分析有助于识别各类藏品中的可用文化资源。在这一过程中，设计师应通过用户调研来确定最具代表性和塑形力的藏品，并在设计时注重尊重文化的真实性，避免文物元素与现代产品的不恰当结合，以确保向公众传递真正的文化审美。

2. 形式层：功能体验

在当代消费者购买决策过程中，文创产品的实用功能和用户体验扮演着至关重要的角色。产品的易用性和实用性直接触发购买意愿，同时数字技术与产品的融合，以及人与产品之间的互动同样受到重视。文创产品在设计时需体现"行为文化"，即人们在生活中形成的各种习惯和行为模式，如传统的生产、生活和社交方式。

为深入理解文创产品的功能体验，人们可以借助卡诺模型进行分析，该模型揭示了产品功能与用户满意度之间的复杂关系。在卡诺模型中，产品功能分为三类：基本功能、期望功能和兴奋功能。基本功能关乎产品的核心实用性，设计师在设计时需确保文化元素与功能的和谐融合，避免因不合理创意而降低使用效率，否则容易受到用户负面评价。期望功能是指额外的、用户希望产品具备的特性，设计师可以通过创新的包装、增加在线互动等方式来扩展产品的应用范围，满足更多生活化的需求，增强产品吸引力。而兴奋功能则提供用户未曾预期的惊喜，这通常需要设计师跳出常规，用独创性的创意提升用户对文化内涵的感知。

综合来看，一个文创产品是否受消费者欢迎，不仅取决于其功能的实用性，还包括产品的生产工艺和用户体验。这些方面共同作用，影响着消费者对产品的整体满意度。设计师在这一过程中必须平衡创意与实用性，确保产品在提供独特的文化体验的同时能满足日常使用的需求。

3. 感知层：情感共鸣

博物馆文创产品之所以能在消费者心中占有一席之地，不仅仅是因为它们的艺术价值或者实用功能，更是因为这些产品背后所承载的丰富文化内涵。根据新文创理念，产品的感知层主要涉及两个层面：一是产品背后的故事和文化含义让消费者产生共鸣，从而与个人经历和情感相连接；二是品牌独特的个性和文化韵味得到公众的认可，与消费者的文化品位和情感频率产生共振。这样的情感联系不仅能满足消费者情感层面的需求，还可能触发粉丝效应，进而树立产品的良好口碑和促进再传播。在这个过程中，制度文化，即那些历史演进中形成的、组织化的规范和体系，如习俗、社会制度、道德准则等，起到了桥梁的作用。它们能触及更广泛的人群，但要激起个体强烈的情感共鸣，则需要更精准的目标消费者研究和文化内容的选择。

新文创策略还强调，以叙事的形式传递文化故事能够提升信息的传播力度。消费者不仅会因为故事产生共鸣，还可能被激发出对历史和文化更深入的探索兴趣。通过这种策略，文创产品不仅是一件可供欣赏或使用的物品，还成为传递文化、教育公众的媒介，实现了情感与文化价值的双重共振。

4. 精神层：文化内核

博物馆文创产品的设计和推广，不仅仅是对物质产品的塑造，更是一种文化传播的手段，是对公众传统文化教育的补充与扩展。通过这些产品，文化的精神内涵被可视化、可触摸化，为大众提供了更直接的文化体验和理解。它们使得原本抽象的精神文化得以具象化，也让具体的物品承载着更深层的文化意义和精神追求。精神文化是人类在长期的历史进程中形成的价值观念、伦理道德、艺术审美等思想体系的总和。在博物馆文创产品的设计过程中，设计师不断地对这些传统文化元素进行现代转化，这一过程可以分为三个主要阶段。首先，设计师深入分析消费者需求和博物馆的独特属性，对文化价值进行重新解读，从而揭示以往产品中未充分展现的文化精髓，建立独有的服务特色。其次，设计师将这些新的文化价值融入产品设计，创造出新的文化体验场景，让产品成为体验这一文化的关键媒介。最后，设计师将这种文化体验融入产品的整个价值链，发展出一系列产品，以跨领域的链接形成文化传播的规模化效应。

通过这样的设计和推广策略，博物馆文创产品成为精神文化传播的纽带，不断强化着公众对于特定文化的整体性理解与感知。这一系列的产品不仅仅是单纯的物品，它们构建起了一个精神文化的世界，使得消费者能在其中自在地探索与感受文化的魅力，实现精神的愉悦和心灵的满足。通过这样的产品和体验，消费者与文化之间建立起更为紧密的连接，促进了文化的学习与感知。

（二）基于"表-形-感-神"的设计方法

结合博物馆文创产品的四层设计理念，消费者的互动过程呈现为先了解产品，再对其产生认知，接着通过实际使用体验产品，最后形成对产品的忠诚并进行推广。下面将遵循由表及里的策略，逐步深化每个层次的设计方法，并以具体实例验证这些方法的效果与实践性。

1.树立表象层的差异化定位

在设计博物馆文创产品的表象层时，设计师需巧妙地将传统艺术元素与现代审美结合，创造出既继承传统又具时代感的文化特色，实现区域文化的独特展现。在打造视觉冲击力时，设计师要平衡经典与流行，同时复刻传统工艺，以打造既具地域特色又别具一格的文创作品。

（1）再造时尚潮流的东方美学。我国丰富的文化遗产中蕴含的传统元素虽古老，但需与今日审美接轨。设计博物馆文创产品时，设计师应创新视觉设计，融合当代流行趋势，为东方艺术注入新的生命力。

在色彩要素方面，色彩在人类认知发展过程中，受到地区习俗、观念意识的影响，形成了各不相同的价值表意和情感认知。中国人的色彩观从先秦时代就已基本确立。据《周礼·考工记·画缋》记载:"东方谓之青,南方谓之赤,西方谓之白,北方谓之黑,天谓之玄,地谓之黄。"故将青、赤、白、黑、黄称为"五方正色"。如今常见的青花瓷、红黑漆器以及故宫的黄红色调都是这一体系的经典代表。设计师在创作时应深入理解这些颜色背后的文化意义,继而选择维持原有色调、提炼主色系或调整色相以实现和谐,确保色彩的传统韵味与现代感相结合。

在纹饰元素方面,传统纹饰的设计不仅仅是视觉艺术的表现形式,更是文化信息和美好愿望的传递者。龙凤的尊贵、鲤鱼的丰收、蟠桃的长寿等各具深远寓意,是古人对美好生活向往的体现,也是现代人共鸣的精神象征。设计师在将这些纹饰应用于文创产品时,应依据实际情况做出决定:对简洁图案可保留其原始样式;对复杂纹饰可以适度简化以适应现代审美,同时可融合创新设计,形成新的纹饰图案,以符合当代的文化表达需求。

在造型要素方面,不同的文化传统会赋予形态以特殊的感知和意义。例如,圆形在中国文化中象征着完满与和谐,这一概念广泛体现在古代的器物中,如礼器和玉器等。博物馆藏品的形状特征为设计师提供了丰富的灵感源泉。造型的应用主要分为三种方法:一是保留并调整,即在不改变基本形态的前提下,适当增删细节来增强美感;二是抽象总结,即通过对原型的熟悉,提取其最具代表性的特征,设计出简约有序的造型;三是夸张变形,即利用现代设计手法对原有的严谨造型进行解构并重新组合,以创造出与传统形态形成鲜明对比的新造型,令产品更显亲和力。

举例来说,敦煌博物馆推出的"丝路手信系列"就是将传统文化与现代设计完美结合的案例。该系列中的滑板在颜色运用上继承了敦煌壁画的经典红青配色方案,在纹饰设计上运用了现代插画的技法,使传统的飞天形象呈现出一种新的时尚感(图4-6)。宣传海报则巧妙地将敦煌的壁画风格与当代波普艺术相融合,通过元素的巧妙排列和组合,产生了强烈的视觉冲击，赋予敦煌的古老艺术以全新的生命力和现代感。这样的设计不仅仅是对传统文化的一种表达，更是一种创新，它使传统文化在现代社会中重新获得了关注和欣赏。

图4-6 敦煌博物馆推出的"丝路手信系列"

（2）传承独具匠心的非遗技艺。博物馆收藏的实物不仅仅是历史的静态见证，更是特定地域非物质文化遗产的载体，反映了各自的材料性质和手工技艺，这些都是深刻的地域文化特征的表现。不同的材质和制作工艺所带来的观感和心理体验各异，它们传递的是独特的文化象征和情感寄托。因此，设计师巧妙地应用这些元素能够创造出具有明显差异性的产品。

在材料使用方面，古人言"施工造艺，必相质因材"，这意味着不同的材料会导致传统工艺品形式、功能和结构上的特殊性。由于古代物资和交通条件的限制，不同地区的材料和技艺有各自的独特性。我国的工匠们在材料运用上达到了极致，创造出种类繁多的材料搭配方式，这对于现代人来说具有极高的价值。设计师在研究传统材料之后，将其应用到文创产品中，本身也是对传统材料文化的一种传承，并且在这一过程中也需贯彻绿色环保的设计理念。

在技艺使用方面，数千年的传统工艺活动累积了大量的技艺智慧，如织绣、扎染、木雕等，这些都是中华文明的文化记忆和民族精神的象征。将这些技艺融合到文创产品的设计中不仅可以促进传统工艺的保护和传承，还可以让产品更加精美和独特，并能够传承工匠精神。然而，由于传统工艺往往需要较多的时间和人力，因此在设计过程中，设计师还需要考虑如何恰当地应用这些技艺，以确保产品能够适量生产，满足市场需求。这一平衡的实现是设计师在将传统艺术转化为文创产品时需要面对的挑战。

2. 拓展形式层的体验化行为

作为传播文化和提供教育的关键渠道，博物馆文创产品通过设计能够普及文化知识。在体验经济时代，消费者通过购买和体验这些产品，能够在无形中学习和理解文化。产品的体验质量直接关联着消费者对文化信息的吸收深度，因此文创产品的功能布局和用户交互设计成为设计过程的核心环节。

（1）规划针对性的功能。在消费市场中，文创产品的设计美感确实能够吸引顾客，但推动他们最终购买文创产品的核心因素还是产品的实用性。实际上，只有真正能够融入消费者日常生活的实用性产品，才能有效地传播文化价值，并且持久地扩大其影响力。为了确保设计的产品能满足消费者的需求，设计师首先需要深入理解他们的功能需求，从而使产品设计不仅实用而且具有针对性。

具体的设计思路可以从两个主要方面着手：一方面是关注以消费者为核心的日用品设计。在这个以人为本的设计新时代，满足人们基本生活需求的产品是设计师的主要发力点。按照马斯洛的需求层次理论，满足基本生活需求，如衣食住行是最基础的层面。因此，这类产品通常是博物馆开发的重点。但这种设计绝不仅仅是将文化元素简单嵌入日用品中，更关键的是要关注文化元素与产品功能的结合，并考虑文化内容如何吸引目标用户。另一方面是紧扣时事热点的营销性产品设计。设计师可以通过捕捉社会热点，制定功能规划，打造能迅速走红的"网红产品"。这种方式能够有效利用热点话题的传播效应，增加博物馆文创产品的曝光率和公众的关注度，进而达到产品营销和文化传播的目的。

（2）加强趣味性的互动。在当下体验式消费的趋势下，文创产品的设计已经从单一的功能性转向了丰富的体验性。设计师们正越来越注重激发消费者与文创产品的互动，并采用多样化的方法来增强这种体验。以下是强化消费者与文创产品互动的两个主要途径。

首先，引入娱乐化的游戏参与方式。设计师将游戏元素融入文创产品之中，将其转变为一种带有互动性的娱乐活动，从而提供独特的用户体验。这些产品通常以半成品或DIY套件的形态出现，让消费者通过动手制作来完成产品。这种参与方式不但增加了趣味性，也加深了消费者对文化内涵的理解。例如，河南博物院针对青少年推出的"失传的宝物"考古盲盒，就是利用河南不同历史名城的土壤包裹仿造文物。这样的设计不仅满足了消费者的探索欲，在使用过程中也富有教育意义；同时，它通过介绍这些仿制品的材质、工艺和造型的历史背景，强化了消费者对历史的了解。这类互动性艺术产品从参与角度出发，以文化内容为基础，营造出既有娱乐性又有纪念意义的体验方式。

其次，线上与线下结合创造沉浸式体验。设计师们不仅仅局限于实体的游戏，如涂色、拼图、棋类、模型组装等，还可以通过结合虚拟与现实场景的方式，进一步增强产品的交互性。借助移动互联网、人工智能、AR、VR等先进技术，沉浸式体验被推向了一个全新的水平。这种技术的应用不仅提升了消费者的主动参与度，也变成了他们探索文化奥秘的内在动力。例如，故宫博物院出版的互动解密游戏书《谜宫·如意琳琅图籍》就是一种线上与线下相结合的产品，其中包括实体书籍、游戏道具和在线应用程序。游戏以解开乾隆时期故宫画师遗作的谜题为主线，穿插故宫的档案资料、历史事件和中国传统文化。设计师深度融合了严谨的历史研究与游戏情境，通过互动操作打破了现实与虚拟的界限。

这样的产品不仅适合成人消费者，也特别适合儿童。故宫的《大内咪探》AR 画册运用 AR 技术，通过生动的卡通形象与儿童进行互动，使他们在听故事的同时增长知识。

综上所述，设计师在运用新科技进行文创产品设计时，不仅要探索技术的新应用，更要深入研究与产品相关的文化内容。这样，消费者在体验的过程中不仅能感受科技的创新，也能深刻感知文化的深厚魅力。

（3）提供个性化的服务。在服务设计思维的指导下，设计师们在博物馆文创产品销售过程中实施全方位的体验提升。设计理念从单向的"为用户设计"转变为"与用户共同设计"，在提供个性化服务和高品质内容方面做出努力，确保能随时为消费者提供独特的产品体验。

这种创新的服务模式颠覆了传统的生产流程，通过网络平台将制造者、创作者与消费者联系起来，让公众可以直接参与产品设计，从而实现了更高效和更精准的销售。例如，在宣传推广阶段，通过精确的市场定位提高消费者对产品的认知，进而转化为销量；在选择商品的阶段，依托多个平台提供定制化推荐，并持续利用大数据完善设计；在购买支付环节，从支付方式、产品包装到售后服务等各个方面入手，打造一站式的消费体验。

具体案例如敦煌研究院与腾讯的合作项目"敦煌诗巾"。这一项目将文创产品的设计、生产和购买流程无缝对接。消费者可以通过小程序选择图案，进行 DIY，打造个性化的丝巾。设计师们首先挑选八个经典敦煌藻井图案，并重组两百余种元素。这些主题不仅配有详细介绍，还在消费者参与创作的同时传达寓意吉祥的文化气息。此外，线上互动的用户界面简洁易用，通过点击和拖拽，用户可以自由地创造出多种图案。AR 技术地融入还允许消费者在虚拟试戴后进行在线支付，形成完整的购买流程。为了进一步满足社交需求，设计师们还策划了一个数字展览馆，收录所有消费者设计的丝巾，允许人们互相参观和在社交圈中分享，这也为文化传播开辟了新途径。

总的来说，设计师现在提供的是一种体验的钥匙，让消费者自主开启文化探索的大门。科技的融合不仅能够让公众参与文创产品的全周期，也显现了博物馆可持续发展战略的重要性。

3. 提升感知层的情感化表达

博物馆文创产品的设计着眼于简化公众对文化的理解，触发消费者在产品中发现个人的身份，并和故事产生共鸣。这种购买不只是交易，而是情感与价值观的共鸣。因此，这些产品除了追求美学价值和用户体验，还需在推广时激起消费者情感的共振和文化的共识。

（1）基于故事讲述的情绪唤醒。在快节奏和压力巨大的现代生活中，人们常常渴望回归过去熟悉和宁静的心境，寻找内心深处那些逐渐消逝的自我片段。日常偶然触及的旧时记忆，如想起老朋友、往昔的事件和物品，激起了人们内心的某种渴望。当时的文化背景、社会环境、生活习俗中发生了无数的故事。设计师将这些故事作为引线运用于文创产品的设计中，一方面有助于将受众带入情境中，理解文化的内涵，引发自豪感；另一方面也能提升产品的共情能力，使消费者产生持久的情感记忆，唤醒个人的归属感。[①] 为了更有效地传达文创产品的情怀内核，设计师可以考虑以下两种途径。

第一，引入与文物相关的典故传说。博物馆作为历史的守护者，肩负着对过往记忆的传承与保存。在这样的文化使命中，文创产品则扮演着讲述历史故事的角色，它不只是传递知识，更要通过激发消费者的情感共鸣活化历史。文创产品以其通俗易懂的形式，把中国古代典故和民族文化的精髓转化为贴心的实物，既丰富了公众的文化生活，又推动了传统文化教育的普及。举例来说，苏州博物馆的文创产品就独树一帜，它们取材于文人雅士的生活故事，这些故事成为其产品开发的宝贵资源，打造了众多有代表性的产品，如"文衡山先生手植藤种子"便是将传统

---

① 张凌浩. 符号学产品设计方法 [M]. 北京：中国建筑工业出版社，2011：37.

文化和历史联系起来的经典之作。该产品以明代著名文人文徵明的一段故事为背景，其精心设计的包装和附有文化介绍的卡片让古代文人的趣事与现代消费者之间产生了情感的桥梁，这不仅仅是物质上的交流，更是一种文化上的归属感的传递。而在海外，英国菲茨威廉博物馆的拼图产品也同样有着独特的文化意义和背后的故事。这款以三个清代瓷花瓶为图案的拼图，背后记载着一个游客不慎将其打碎，随后又经过博物馆精心修复的过程。这个故事不仅被用来讲述产品背后的文化故事，也赋予这个拼图以更深层的人文情感和教育意义。

正是这样的文化故事和情感价值，让文创产品不再是单纯的商品，而成为连接古今、传递文化的桥梁。消费者在选择文创产品时也在参与一次文化的体验和历史的回溯，这种参与感和文化归属感使得文创产品在传播历史文化中发挥着不可替代的作用。

第二，对于博物馆的文化资源进行创新性的诠释与表达，已成为赋予传统文化以新生命的重要方式。这种创新不单是叙述历史，更是将文化元素以全新的视角和形式融入消费者的生活之中，创造出独特的文化体验和商业价值。例如，苏州博物馆便是这种创新的佼佼者，其与电商平台天猫合作的"你好，苏州博物馆"项目就是这种创新的典范。项目以江南四大才子春游的故事为线索，将八个不同地区的春茶系列巧妙串联，通过独具匠心的故事海报和茶叶产品设计，传递出独特的文化韵味。比如，八马茶业的包装巧妙地融入苏州博物馆特有的建筑元素，并结合唐伯虎画作的自然景观，让消费者在品茶之余，亦能体会到画中的文化底蕴。艺福堂的魔方茶叶包装通过现代版的才子生活插画既展现出文化的深度，又增添了趣味性。同样，"卢正浩明前西湖龙井礼盒"的包装引入杭州的地域文化，以四大才子登高远眺的生活场景，营造出一种简约而不失大气的产品形象。而英国品牌立顿则通过巴士造型的茶叶包装，颇具创意地将东西方的文化与艺术融合，带领消费者在历史的长河中畅游。

这样的文创产品通过重新演绎的故事，不仅使得历史文化焕发新的生机，也让公众对博物馆的文化资源有了更加深入和生动的了解。同时，围绕文化和历史建立起的叙事模式，提升了文创产品的吸引力，使之成为连接消费者和历史文化的桥梁。这种基于情感共鸣的创新性叙事策略，无疑增强了博物馆文创产品在市场上的竞争力，使之在继承和创新中找到了一个完美的平衡点。

综上所述，无论是传统故事的直接传承还是以现代视角重新演绎，博物馆的文创产品都在讲述着一段段跨越时空的故事。它们通过多元的叙事方式，强化了文化传播的力度，使得文化的认同感更加深入人心。这样的故事化营销，不仅丰富了人们的文化生活，也使得博物馆文创产品成为传承和发展文化的新媒介。

（2）基于品牌个性的情感联系。品牌是博物馆知名度和美誉度的象征，也是与同类型文创产品相区别的最有力的一种方式。品牌的树立除有赖于产品本身良好的品质以外，更重要的是与消费者建立一种独特的情感联系，并通过口碑效应形成竞争壁垒。[①] 具体而言，设计师可以分别从情境定义和形象定义两种途径完成博物馆品牌的个性化改造。

首先，突出鲜明的品牌情境。博物馆的文创品牌要打造独一无二的文化标识，这种标识需要植根于馆藏文物或本土文化特色。通过这些独特的元素，文创产品设计中就融入了与馆藏文化遗产相匹配的体验关键词。比如，故宫博物院以其丰富的宫廷文化，推出了既精致又富有深意的产品，不仅映射出古代皇权的庄严，也满足了现代消费者对皇室生活的好奇心，仿佛打开了一扇进入皇宫的大门。与此截然不同，苏州博物馆展现的则是文人雅士的风范，其文创产品散发出江南特有的优雅与情调，像是一幅生动的水墨画，营造出一种朦胧而高洁的美感。这些鲜明的文化背景为消费者提供了多样的选择，并帮助他们找到与自我文化身

---

① 陈逢华.浅析基于体验设计的品牌构建趋势[J].丝路视野，2018（8）：6.

份相契合的价值认同。文化情境不仅给博物馆的文创产品赋予了独特个性，增强了其不可替代性，也为有同样文化喜好的消费者构建了文化圈层，让他们在文化交流中找到共鸣，从而增强了文化的内聚力。

其次，打造亲切的品牌角色。为了缩短博物馆与消费者之间的距离并提高忠诚度，设计亲和力强的品牌角色至关重要。品牌角色，即吉祥物，已成为一种流行的设计手法。博物馆天生带有的严肃感，往往可通过可爱的卡通形象来化解，以亲近人心。但这也导致许多博物馆品牌角色在定位上不明确，性格过于单一，风格受限。设计师在设计过程中，要首先明确目标消费群体，其次将角色人格化，赋予其更加鲜明、生动、有灵魂的特征。同时，为了适应不同平台的传播，设计师需要将角色多元化，进行多风格的创新，这不仅包括二维图形，也包括三维设计，以适应从数字产品到实物产品的多样化开发。[1] 为了确保角色的持久吸引力和影响力，博物馆需要持续地运营内容，包括挖掘角色背后的故事、开发其他相关角色以及与博物馆的特色相结合，不断创造新的内容。如此，品牌角色就能依托其独有的魅力吸引消费者，并通过文化内容产生影响力。例如，陕西历史博物馆的"唐妞"就是一个成功的案例。它以唐代仕女俑为灵感来源，设计师们在保留其传统妆容特征的基础上，开发了漫画、水墨、简化风格及3D形式等多种风格的"唐妞"。在此基础上，他们还加入了"唐宝"等角色，并实现了包括数字端、实物商品、线下体验在内的多维内容输出，使其成了博物馆的优秀"形象代言人"。

品牌角色与文创产品的结合，可以让消费者在购买过程中引入角色故事，增强情感连接。品牌角色的设计消解了消费者与博物馆的距离感，加深了对品牌的感情。文创产品所传递的生活态度、行为方式和价值观念，再融入这些情感元素，为产品赋予了独特的个性和温度，成为消费者持续关注和喜爱的重要原因。

---

[1] 刘月蕊，贾诗敏，赵蔚. 多维度衍生视角下博物馆角色IP设计开发研究[J]. 包装工程，2020，41（16）：254-259.

4. 加强精神层的规模化推广

在当今文创领域，博物馆的文创产品要想拥有竞争优势，关键在于其知识产权（IP）的价值，这种价值能触动消费者深层的潜意识。构建博物馆文化的共识，既需要感性的共鸣，也需深植于人们内心的集体潜意识。精神层面的设计目标是汇聚那些生活习惯和文化品位相似的消费者，以此建立文化社群，加强个体之间及与博物馆之间的稳定连接。例如，"云游敦煌"小程序的成功，是腾讯与敦煌研究院合作的成果，它打破了时空限制，实现了传统文化的广泛传播，为其他博物馆在文化推广上提供了新的借鉴。

（1）持续内容输出。在新时代的文创浪潮中，科技地融入使得数字化文创产品日益兴盛。这些通过网络和移动应用程序推出的文化平台，相比传统的实体文创，能够承载更加丰富和多元的内容。持续性的内容更新不仅加深了文化的印象，还有效节省了宣传成本。例如，"云游敦煌"的"今日画语"便是一项创新，设计者汇集了超过2 700幅壁画与彩塑资料，实现了对用户的个性化内容推送。它每天挑选一幅画作、分享一个相关故事和一段寓意深长的箴言，通过鼓励用户每天参与，不仅培育了潜在的消费需求，也让人们在家就能感受敦煌的文化魅力。这种互动方式因其广泛的传播和高效的普及性而受到欢迎，并且对博物馆的文化资源实现了数字化的存储和优化利用。

（2）满足社交需求。在现代的互联网社交环境中，消费者倾向于在新媒体平台上交流和分享。当公众吸收并分享文化内容时，他们参与了创意的多方面构建。在这个过程中，内容的生产者和消费者之间的界限变得模糊，他们相互作用推动文化的共同进步。这种文化的创造、传播、再创造形成了一个活跃的文化生态系统。例如，敦煌的动画剧计划就是通过五幅有代表性的壁画，向观众讲述这些艺术品背后的文化故事，不仅允许用户参与动画的配音过程，还能邀请朋友共同互动。这种结合了文化创意、数字技术与社交特征的产品，真实地丰富了人们的精神和文化生活。

（3）强化用户价值。在当今社会，消费者对精神文化的渴望并非单纯的物质消费，而是一种展示自我、实现个人价值的方式。个人在将自我价值观融入博物馆文化时，就超越了对产品和服务的基本需求，从而本质上认同并依恋博物馆文化的独特魅力。以敦煌研究院的"数字供养人"计划为例，消费者通过捐款成为莫高窟的保护者，与敦煌文化建立了牢固而愉快的联系。"云游敦煌"小程序里的"点亮莫高窟"活动正是这一概念的延伸。设计师通过数字化手段复现了敦煌记载中"一川星悬"的壮观景象，万众燃灯活动既是向文化遗产的致敬，也让现代"供养人"得以体验传统习俗。点亮仪式结束后，用户还可获得一张结合敦煌文化元素和区块链技术的"新年福卡"，它不仅拥有个性化特征，而且确保数字版权的永久性。这使得每一位参与者都成为敦煌文化保护史的一部分。

总之，精神层面的设计是感知文化的一扇窗，它通过科技和人文的结合，不仅实现了传统文化与现代生活的新型共生，还为参与者们创造了一个充满幸福与和谐的精神文化环境。这样的设计理念不仅满足了人们的内在精神需求，还强化了与博物馆文化的深层连接，使之成为生活的一部分，增强了参与者的文化认同感和归属感。

第二节　图书馆文化创意产品设计开发

图书馆是人类文化知识储存和传播的重要场所。图书馆的功能伴随历史发展在不断增加和完善。图书馆最初的功能是保存人类文化典籍，保存书籍是其基本功能。20世纪初的藏书楼就有类似于现代图书馆的功能。后来经过发展，信息资源的储存和传递成了重要功能。伴随高新技术的发展，信息传播技术带动了图书馆功能的新拓展。图书馆的信息挖掘、信息传播、发展文化教育的功能被开发出来。图书馆不仅仅是一个文化存储机构，更是社会文化的重要生产者，承载着传播社会文化，提升人类精神品位的重要功能。现代社会，图书馆发展文化创意和设计创意产品的道路逐渐被开拓出来，进一步弘扬了传统文化，发挥了馆藏的价值。各地图书馆开发探索新的产品，不仅增加了文化产品的数量，还推动了文化产品的创新，满足了人们的文化需求，促进了物质文明和精神文明的均衡发展，取得了良好的社会效果，并且实现了经济效益和社会效益的双赢，具有重要的实践价值。

一、图书馆文化创意产品概述

（一）图书馆文化创意产品的设计与开发

图书馆文化创意产品的设计主要基于馆藏资源，研发者通过设计提取艺术元素并与图书馆资源相结合，开发出满足广大消费者精神文化需求的产品或服务。资源与服务的共享性是各级图书馆文创产品研究与开发的重要基础，图书馆具备丰富的馆藏信息资源，为文创产品的开发工作提供了许多可利用的素材，它们也是各级图书馆及其相关部门所拥有的一种独特资源。[①]

图书馆的文创产品源于其独有的资料、历史背景、服务内容等宝贵元素。这些元素不仅为文创产品的设计提供了基础，而且成为传递文化价值的关键。虽然图书馆文创产品也寻求经济效益，但更加强调的是文化的交流与传播，体现了它们的文化资产属性。文化的传播在今天已转变为一种全新的形式，它需要与公众对多样文化需求的持续增长相适应。多样化的文化衍生品不仅扩大了图书馆的宣传渠道和影响范围，也为公众提供了丰富的附加价值服务。这样，图书馆引入社会各界力量共同推进文化创意等多元化产业的发展，可以优化产业结构，并促进社会经济的整体提升。

[①] 崔浩.云南省图书馆文化创意产品开发研究[D].昆明：云南大学，2019.

（二）图书馆文化创意产品的社会效益与经济效益

社会效益强调用有限的资源满足人们不断增长的物质和精神需求。图书馆不仅是文献的宝库，也是文化传播的中心。在这里，读者的阅读和借阅活动本身就是文化传播的一部分。图书馆应积极发挥自身优势，加速文创产品的研发。高质量的文创产品应当传递积极的能量和正确的价值观，它们在被消费和推广的过程中，能够潜移默化地向消费者传达正面的心理暗示和职业伦理，对社会风尚和价值取向产生良好影响。这样的产品不仅能满足人们对精神文化的追求，还能取得良好的社会效益。

经济效益是文化创意产品在市场营销和传播中所产生的价值。文化创意产品的经济价值在市场运作和传播过程中显现，它与社会效益互为支撑。宏观上，文创产业的蓬勃发展可以推动行业乃至国家经济的进步。以英国为例，在二十一世纪的经济低迷时期，作为创意产业的发源地，该国重视文化创意产业以促进经济的复苏和振兴，改变其日渐衰落的帝国形象。如今，中国也将文化创意产业的快速发展作为国策，致力于构筑一个健康、和谐、文明的可持续发展的社会。在微观层面，图书馆在知识经济时代开发文创产品是其履行社会职能的表现形式。这不仅能激活消费市场，也能在传播图书馆文化的过程中实现经济收益，所得利润又能支持更多文创活动的展开，增强品牌影响力。图书馆是文化创意产业不可或缺的一环，拥有独特的市场发展环境。因此，图书馆应利用丰富的馆藏资源，开发独具特色的文化艺术产品，以实现经济效益的最大化。这样的战略不仅为图书馆自身带来经济收益，也可助力文创产业的整体发展。

二、图书馆参与文化创意产品开发的意义

（一）延伸拓展图书馆职能

图书馆作为一个区域文化交流的中心，对人们文化素质的提高发挥了重要作用。《关于推动文化文物单位文化创意产品开发的若干意见》（以下简称《意见》）要求，社会要加快文创产业的发展，实现文创产业的社会效益和经济效益的双赢。各地的图书馆建设应该在保证其基本的社会公共服务的基础上，实现产品转型，与当前社会经济发展结合起来，通过创新发展，实现经济效益。

国家图书馆在近几年文创产品转型方面有了很多新发展。文创产品是图书馆实现社会价值的重要载体，它的主要作用是将传统文化发扬光大。现代社会图书馆的发展在保持最初储藏、研究功能的基础上，应注重其在文化传承方面的作用。图书馆可以利用其丰裕的文化资源禀赋，创造和生产一系列的文创产品，将文化内涵赋予文创产品，使消费者在文创产品的消费中学习、传承传统文化。同时，创意性文创产品会不断吸引消费者，使更多的消费者加入文创产品的思想传播过程中。这些文创产品在社会范围内能够促进文化资源的保护和文化社会作用的实现。因此，对图书馆的发展来讲，文创产品是发挥和实现其功能的非常重要的途径。因此，各图书馆应该对文创产品的作用和功能有一个正确的认识，重视开发体现自身特点的文创产品，重视文创产品的社会功能。开发文创产品，一方面能实现图书馆功能的扩大，另一方面能提高消费者文化消费的层次，促进社会文化水平的提高。图书馆的馆藏资源是社会的精神食粮，是对传统文化的保存和传承。图书馆依托丰富的馆藏资源，梳理自身资源的历史性和地域性特征，对资源进行技术创新、创意加工，研发出代表图书馆特色的文创产品，通过文创产品传承文化思想，传递到消费者的心中，实现经济价值和社会价值。这方面做得很好的代表便

是国家图书馆。它凭借丰富的馆藏资源，开发了多种文创产品，并利用现代技术和媒体手段进行传播，不仅使广大消费者学到了丰富的文化知识，还创造了巨大的经济效益。

（二）促进管理体制和运行机制改革

图书馆作为文化传播机构，长期为社会提供免费的文化传播服务。因此，其经费来源主要来自政府的财政支持，在管理体制上受相关管理制度的限制，这也限制了图书馆的市场化创新。在新的社会环境下，图书馆应该积极利用自身优势，参与文创产品的设计和开发，这样不仅能够创造经济效益，也能促进自身管理体制的改革。第一，在文化繁荣发展的时代背景下，图书馆管理机制应该进行探索改革，也应该引导社会资金注入公共文化服务体系，寻求图书馆与社会资金的合作，共同进行文化产品的创新和推广。第二，文创产品从创意、设计到生产，都需要先进的管理经验和高素质的研发人员，而传统的图书馆工作人员并不具备这方面的能力。因此，在创意产业发展的影响下，图书馆要实现其经济价值和社会价值的结合，必须从自身员工的组成结构上进行优化调整，引进创意型人才，加强文创产业人才的培养。第三，社会经营性企业必须依靠自身的竞争力获取经营利润，积极主动地在社会竞争中实现经济价值和社会价值。而对一些社会公益性文化单位而言，其主要的经费来源是政府的财政拨款，通常为社会提供免费的文化服务，是人民群众精神文化的社会提供者。文创产品能增加图书馆的经济收益，有利于转变对文化资源的管理和利用模式，对促进图书馆自身的发展和提高整个社会的公共文化服务水平都有重要意义。

（三）减少财政依赖，增加图书馆资金来源

文创产品能增加单位的经济收益，减少对财政支持的依赖，优化管理机制。在财政支持减少的情况下，图书馆如何实现社会公共服务，如

何实现自身发展，这就需要每一位文化工作者进行思考。通常图书馆的资金全部来源于拨款，图书馆并不会设计自身盈利模式。因此，图书馆内部没有完善的资金创收和资金利用政策措施。图书馆自身的文创产品实现的盈利，可以用于继续进行文创产品开发，用于相关人员的奖励。因此，加强文创产品的开发，创造经济效益能极大地调动员工的积极性。因此，文化事业单位在开发文创产品实现收益的同时，应该加强相关收益资金的分配管理和制度的制定，合理分配资金，才能实现文创产品的持续性发展。

（四）丰富图书馆服务内容

图书馆要依托现有馆藏资源，提升对资源的利用能力，拓宽资源的利用方式，对资源进行开发和利用，创造社会价值。图书馆参与文创产品的开发并不代表图书馆的核心业务出现了转移，而是图书馆在原有公共服务的基础上，利用现代化的技术手段，加入文化创意产业，形成一种具有较高价值的服务模式。因此，在市场经济下文创产业繁荣发展的时代，图书馆也应充分发挥自身的资源优势，利用信息技术，创新发展模式，开展多种形式的文创活动，促进图书馆服务的拓宽。例如，图书馆自身便具有馆藏优势，可以利用这一优势提供创意产品的思维空间，提供相关的创意资料服务，或者与企业合作开发创意产品。

图书馆开发文创产品并不是一个简单的过程。文创产品设计师需要深入理解和运用图书馆馆藏资源的文化内涵，通过加入新的创意和技术手段，为文创产品加入文化价值理念或赋予新的应用价值。图书馆在设计文创产品时，还要做好消费者定位工作，可针对自己文化资源的特点和所服务人群的特征，将文创产品定位为适应不同年龄、不同教育程度、不同收入等类型的消费者。例如，学生所需要的创意产品可能是具有和其教育背景相结合的学习用品；老年人喜欢的文创产品可能是具有储存功能的产品，且其具有一定的消费能力，消费的文创产品附加价值要求较高。除了直接进行文创产品设计外，图书馆还可以参与一些与文创相关的活动。

（五）加强交流合作，推进跨行业融合

图书馆可以凭借其资源优势进行资源支持，设计科技部门可以进行资源的创意设计，相关的电商等要对文创产品进行宣传和推广，使好的产品被广大消费者认知并认可。另外，图书馆也要不断加强和其他部门的融合式发展。《意见》中就表明了文化文物单位与旅游、新型城镇化、老少边穷地区文化遗产保护、演艺影视等四个方面的跨界融合。比如，拥有文化资源的部门可以和旅游等部门相结合，结合消费者的需求，开发能代表当地特色的文化产品，产生经济效益；也可以在城镇化建设中发挥作用，增加文化因素，使经济和文化双向发展。在一些革命老区，相关的传统文化建设可以结合要保护和传承的一些优良传统，发展成多种多样的文化产品，如影视、纪念品等。这样既促进了文创产品的开发，也促进了当地经济发展，从而为缩小各地区经济差距做出贡献。

三、图书馆文化创意产品开发的特征

（一）突出文化属性

图书馆文创产品的创作基础是其馆藏资源，能成为文创产品的资源包括图书馆的服务理念、服务资源等。文创产品能对图书馆的服务进行延伸，也能产生经济效益，但其主要功能是要体现无形的文化资源，更要发挥文化传播作用，满足消费者对多彩文化生活的需求。积极发展文创产品不仅可为图书馆自身发展拓宽道路，减少对财政的依赖，还可使图书馆成为文化展示和交流的重要渠道，引导消费者共同参与文创产品的设计，从而不断涌现出个性化和定制化的产品，促进整个社会文创产业的发展。图书馆从馆藏的文化资源中汲取文化设计理念，利用现代技术手段体现在文创产品中。文创产品的问世也使消费者了解到图书馆丰富的文创资源，加深消费者对图书馆的理解，提升整个社会群体对文化资源的认知程度。因此，图书馆的文创产品使馆藏文化资源以更新颖的方式流动和传播，在更深层次上促进了社会整体文化的发展。

图书馆的文创产品能带来经济和社会双重效益，但其性质和其他市场经济下的商品性质不同，普通商品以追求最大的经济利益为目标，而图书馆的文创产品重在文化的传播和学习，经济目标是其追求的次要目标。因此，图书馆在文创产品发展过程中要处理好经济价值和社会价值的轻重关系。图书馆的文创产品是将文化资源以更喜闻乐见的形式展现给大众，单纯的馆藏资源对大众来讲可能比较乏味，但是以文创产品的形式表现出来，就增添了趣味性和可观性，从而使人们不仅利用了图书馆的文化资源还记忆深刻。因此，文化创意产品也是图书馆传播文化的有效方式，是图书馆功能的重要实现途径。

（二）产品开发呈现多样性

图书馆的馆藏资源门类繁多，种类丰富，为文创产品的设计和开发提供了丰厚的文化基础。但是，文创产品的实现并不是简单的过程。这需要将文化资源中的深刻内涵抽取出来，并与现代技术相融合，形成符合消费者需求的产品形式。一个好的文创产品，不仅能满足消费者的需求，更是文化传播的载体，其文化内涵能深入消费者的内心。国家图书馆在文创产品的开发方面就起到了很好的模范带头作用。国家图书馆的馆藏资源丰富，这是其重要的资源禀赋。国家图书馆凭借资源优势，为文化内涵赋予创意思维，设计生产出符合消费市场的众多产品。这些产品门类丰富，从生活中的日常用品到学习的文化用具，涉及人们生活所需的方方面面。

(三) 产品开发跨界融合

文创产品的开发还可以走跨界融合的道路。"互联网+"是一个倡导跨界合作和融合发展的模式，与"互联网+"的融合发展，使图书馆的业务范围实现了扩展，图书馆的职能得到了进一步扩充，文创产品获得跨界融合式发展。文创产品开发的各个过程都可以实现跨界发展，如图书馆可以和旅游业相互融合，设计出符合旅游消费者需求的含有当地文化资源的文创产品；也可以和生产企业跨界融合，在产品的设计过程中添加文化元素，使产品增加附加价值，吸引消费者。同时，除了产品本身，相关的人员之间也可以实现融合，如图书馆员对馆藏资源比较熟悉，但是缺乏市场产品的创意设计知识；设计人员熟知市场的运作和设计原理，但是欠缺丰富的文化资源。因此，不同类型的人员的交流和融合能创造更符合市场的文创产品。

(四) 文创产品产生的经济效益不容小觑

文创产业作为新兴产业，经过不断发展实现了可观的经济效益。2013年，故宫首次开展文创产品创意征集活动，引起众多群众的关注和参与，很多好的设计灵感也被激发出来，涌现出一大批具有故宫文化内涵的创意产品。比如，"奉旨旅行"行李牌、每日故宫APP等成为人们追捧的产品。文创产品也吸引了许多知名企业的合作兴趣，这些企业中既有网络公司也有生产企业，包括一些知名大企业。文创产品在文化单位、网络媒体、生产企业的共同努力下，取得了可喜的销售业绩，经济效益和利润率显著高于其他产品。因此，文创产品是各级文化单位创收的重要途径，既拓展了文化单位的服务职能，又创造了良好的经济效益，还能更好地反馈到文创产品开发中。

四、图书馆文化创意产品的设计理念

（一）以人为本的设计理念

文创产品是传播文化知识的一种新形式，这种形式要注重文化和人的结合、自然和人的结合。文创产品设计时应该以消费者的使用为核心进行设计，为消费者使用的文化性和便利性着想。每一个文创产品应该是人和自然的完美结合，都在讲述着一个个文化故事。

（二）融入文化元素的设计理念

只有融入传统文化、地域文化、现代文化元素的创意产品，才能被消费者接受，才具有生命力。文创产品不是嫁接文化元素，而是要更好地融入，并达到创意、创新的目的。文创产品是将中国传统文化融入产品的设计中，消费者能从产品中感受到文化内涵和特色。设计师在设计过程中不是简单地将文化元素嫁接到产品上，造成文化和产品的脱节，这样是不可能达到创新的目的的。我国特有的传统文化是进行文创产品设计的丰富灵感源泉。设计师可以从中吸取适合现代社会发展的部分进行创意设计，融入产品中。例如，北京奥运会祥云火炬的设计灵感来自中国传统的文化符号和纸卷轴。中国特有的符号和纸卷轴相结合，加上现代化的理念，就形成了世界上独一无二的奥运火炬。又如，将中国传统的剪纸艺术应用于现代家居灯具罩的设计，别具一格，形成一种特殊的文化氛围，剪纸风格的其他产品也不断涌现。中国结也是一个非常成功的例子，这是中国传统的吉祥打结方式，也广泛出现在日常设计和传统节日中。此类相关的文化创意产品还有很多，这些都是传统文化产品根据现代消费特点进行改良后的产品。其设计融入了现代因素，用料和材质也比以前有了很大改进，既传承优秀的传统文化，又使消费者对传统文化有了深入理解。

（三）传统与现代结合的设计理念

图书馆文创产品既要蕴含传统文化资源的特色，又要结合时代特征，在表现形式上还要多种多样，引起消费者的兴趣。但是，其开发过程不能与文化环境脱节，要依托时代特征进行创意设计，这样的产品才符合现代人的消费观念。设计师在设计文创产品时，要找寻能引起消费者感受的设计元素，这样才能在刺激消费的同时实现文化传播。在媒体发达的现代社会，各种媒体传播形式成为文创产品重要的推广渠道。设计师要充分了解消费者的文化喜好，总结文化元素进行创新，这样才能创作出流行的产品。比如，在文创产品中，"萌"的特点和设计就深受消费者的喜爱。

（四）创意与实用相结合的理念

文创产品是根据文化资源创作的产品。研发部门将创意所需的文化资源与设计人员交流；设计人员对文化内涵、文化背景等进行了解，设计出具有文化内涵的产品，提升文化产品的创意。但是一个文创产品能否在市场站稳脚跟，不是有好的创意就可行的，而是要实现创意功能和实用性的融合。只有创意却并不实用的产品很难获得消费者的青睐。反之，如果产品只具备实用性，缺乏创意，那它和普通商品就没有实质性区别，不能满足消费者的文化需求。因此，设计师必须将创意和实用性都体现在创意商品上，这样的产品在市场上才符合消费者的预期，才能实现较好的市场反应。实用性与创意结合得较好的代表便是"朕知道了"胶带，它既可以满足消费者的文化需求，又具有实用性。这些畅销文创产品都是兼具创意和实用功能的。

五、图书馆文化创意产品的开发创新策略

（一）完善政策，吸引多方力量开发产品

1. 明确产品开发原则

在当前互联网和大数据的背景下，图书馆需将线上文创产品开发作为其未来发展的关键环节。我国应制定清晰的文创产品开发政策，积极支持图书馆通过电商模式开展文创产品的创新，以此加速图书馆的现代转型。在政策层面，国家应当权衡图书馆文创产品的教育和商业双重属性，既要保障其在教育上的使命得以实现，也要在商业开发和利润上找到均衡点。如此便能消除消费者对图书馆以非营利机构身份开发商业化衍生文创产品的顾虑，确保文创产品的发展既符合教育目标，又能在市场经济中持续繁荣。

2. 健全人才培养制度

图书馆在线文创事业的发展，核心在于吸引并培养具备竞争力的人才。这类人才不仅限于传统图书信息领域专家，还包括美学、设计学等相关专业人才，以满足文创产品的设计需求；同时，工艺制造方面的人才也至关重要，以实现创意的物化；而在产品推广至市场的阶段，电子商务和计算机专业人才的参与则尤为关键。此外，图书馆急需综合型人才，以统筹文创产品的全局发展。

图书馆应拓宽人才引进的视野，建立和完善人才培养和发展制度，为不同类别的人才提供量身定制的管理和培养策略。同时，通过组织研讨会、邀请跨领域专家分享见解和经验，图书馆工作人员能提升专业技能，促进知识的交流与更新。开展专业培训班对团队成员进行系统培训，将有助于全员对在线文创工作流程有更深入的理解，有助于掌握整体发展战略。最终目标是培育一支既具备专业知识，又懂得运营管理和市场开发的复合型人才队伍，为图书馆在线文创事业注入创新活力，推动行

业的持续进步和繁荣。

3. 共建共享形成合力

互联网的飞速发展，为各个行业带来了前所未有的变革，传统领域，如图书馆文化创意产业亦面临着转型的必然性。尽管政府已经实施了一系列支持文化创意机构，如图书馆、博物馆发展的政策，而且这些单位在线下文创产品方面已经取得了显著成就，但线上文创产品的发展却相对滞后。现代零售业的演进，特别是在新零售时代背景下，不再仅仅是电子商务这个单一模式，而是要懂得如何为顾客提供更优质的服务。在新零售模式中，基于移动互联网的线上体验与线下服务相结合，成为创新发展的趋势。图书馆应积极融入这一趋势，运用互联网思维拓宽销售渠道。例如，利用淘宝、京东等成熟的电商平台，同时利用微信公众号、小红书等社交媒体进行内容营销，以实现线上线下销售的无缝对接。通过这样的策略，图书馆可以建立一个立体化的营销网络，推动资源的有效整合，逐渐构建起强有力的行业文创发展合力。此外，图书馆必须建立起产业化的经营理念，打造一个加工、优化、市场化的运营平台，针对网络资源进行精准化运营。在互联网的框架下，图书馆应加强创意设计、内容管理、用户互动及跨界合作这四个核心能力的构建，从而提高自身在数字时代的竞争力，开创图书馆文化创意产业的新篇章。

（二）以需求为导向，创新产品开发经营方式与过程

1. 扩大产品开发经营方式

除自主研发、项目众包、产品众筹、IP 授权几种开发经营方式之外，图书馆文化创意产品开发经营的方式还包括以下几个方面。

（1）设计师联名。苏州博物馆通过其线上旗舰店打造了一系列与顶级设计师合作的文创产品，极大地丰富了商品的吸引力。店内的"设计师联名"区域展出了各种由知名设计师魏航帅、何方、马荆棘、王沁等人倾力打造的创意作品，包括杯具、胸针、耳饰和笔架等商品。以魏航

帅设计的"青瓷莲花杯"为例，该设计受五代秘色瓷莲花碗的启发，复刻了古董文物的精致莲花纹样。而马荆棘这位著名的中式珠宝设计师则创作了"烟云过眼眼镜链"，寄托了对女性独立与坚强的美好祝愿，该作品源自冯桂芬"过云楼"匾额的灵感。这些设计师的加入不仅提升了产品的艺术价值，也注入了深刻的精神内涵，表达了一种生活的哲学和态度。我国图书馆线上文创产品的开发应借鉴该方式，实现文创产品开发与名人效应的双赢；也可与当地本土设计师合作，联合开发具有地方特色的文创产品。[①]

（2）品牌合作。品牌合作是图书馆在线文创产品开发的一个有效途径。通过与知名品牌的合作，图书馆能够减轻自身的开发负担，并且利用品牌的影响力增加销售量和提升产品知名度，实现互利共赢。这种合作还有助于增强消费者的整体印象和购买欲望，提高产品的市场竞争力，还可以降低促销的成本，节约产品上市的时间及费用。

（3）外包经营。外包经营也是一个可行的策略。图书馆可以将非核心业务外包给专业的管理团队，这不仅能减少运营成本，还能提升产品质量和服务满意度。

（4）仓配一体。仓储与配送一体化也是电子商务领域的一大发展趋势。这种服务旨在为广大客户提供及时的、全方位的、一站式的商品仓储及物流配送。它主要是将前台电子商务的服务范围扩展到后台终端的物流配送，专注于解决商家送货和客户收货的问题。尽管图书馆建立自己的文创产品仓储设施需要巨大投资且当前难度较大，但朝着这个方向发展，为未来的线上文创产品打下基础是必要的。图书馆应当逐步考虑这种模式，以便为将来的在线业务奠定坚实的基础。

2. 结合市场开发产品

在当今这个市场导向的时代，图书馆线上文创产品的营销策略应深

---

① 袁红军．"互联网+"背景下图书馆文化创意产品营销策略研究[J]．图书馆工作与研究，2018（1）：52-55.

植于关系营销的理念之中,重视与消费者之间的长期互动关系,并着力于培养顾客的忠诚度。在面向市场的同时,图书馆需要与顾客建立长久的联系,这种共赢的合作关系有利于提高产品的市场接受度,促进产品的可持续发展。图书馆的在线产品要以精准的目标群体定位为前提,力求产品设计与消费者期望保持一致,以此满足他们的内在需求。例如,图书馆可捕捉市场动向,有针对性地将女性定义为主要消费者,并根据她们的特定喜好来设计产品。另外,关注流行文化,如美容、时尚以及流行综艺节目等,能够为图书馆文创产品带来新的灵感和方向。此外,图书馆在线文创产品应涵盖消费者的不同身份和角色。

这样的多角度拓展和细分市场策略,不仅能满足不同顾客群体的需求,也能紧跟市场潮流,为产品赢得更多的关注和流量。这种策略将有助于图书馆文创产品在竞争激烈的市场中脱颖而出,也有助于与消费者建立更紧密的联系。

3.结合用户开发产品

在产品营销的过程中,用户的需求应当被放在优先考虑的位置。图书馆在开发线上文创产品时,要从用户的实际需求出发,确保产品的定价策略能与用户的购买力相匹配,并且在产品设计上追求简洁与用户体验的舒适性。与此同时,产品营销还需要通过有效沟通来及时捕捉并响应用户的反馈和需求。图书馆文创产品的核心在于将文化元素商品化,以实体的形态呈现文化的独特魅力。为此,考虑消费者的期望与购买意愿,就成为产品成功的关键。这包括以下几个方面的策略。

(1)考虑用户购买力,合理定价。产品价格需基于市场情况和用户的支付能力来设定,确保价格合理;既要体现出产品的价值,又要考虑到顾客的经济承受能力。像一些博物馆那样,图书馆可以通过综合考虑用户类型、产品成本、品牌价值和销售动态来决定每件文创产品的价格。

(2)提升产品质量,满足用户的品质需求。产品的质量同样至关重要,它是区分文创产品与一般纪念品的关键因素。文创产品的文化内涵需深刻，品质需上乘。在电子商务的环境下，只有那些在文化表现和使用品质上均达到高标准的产品，才能从众多同质化产品中脱颖而出。因此，图书馆在推出文创产品时，除了重视其文化和美学价值外，更应注重其实用价值的提升，这样才能在市场竞争中取得优势，赢得消费者的青睐。

（3）提供顾问式服务，增强用户参与感。对于图书馆线上文创产品的销售而言，提供类似顾问的个性化服务能显著增强顾客的购物体验。通过实施一对一的服务，结合大数据分析顾客的浏览和购买历史，图书馆能够更深入地理解顾客的消费心理和偏好。针对显示出购买兴趣的顾客，图书馆可以积极地与他们沟通，探讨他们对产品的看法，并邀请他们参与产品的设计和生产过程，从而提供真正个性化的定制服务。同时，良好的售后服务体系也是线上销售不可或缺的一环。由于顾客无法在购买前亲眼看到产品，图书馆必须通过可靠的服务来建立和维护顾客的信任。例如，提供"七天无理由退换货""货到付款"以及"运费险"等保障措施，以确保用户在购买后能够得到充分的售后保障。

（4）产品开发前后及时收集用户反馈意见。在产品开发的各个阶段，及时收集并分析用户反馈同样至关重要。在产品设计前，广泛的市场调研是必不可少的，以便深入了解顾客的消费心理和购买习惯。产品上市后，利用电子商务平台的评价系统，如淘宝的评价功能，图书馆可以直接了解顾客的使用感受和对产品的具体反馈。此外，通过微博、知乎、贴吧、微信、小红书等社交媒体平台的活跃互动，图书馆能够更快捷地收集顾客的意见和建议，不断优化产品，以更好地满足用户的需求。

（三）立足图书馆馆藏，优化完善产品设计思维

1. 创新产品设计思维

图书馆线上文创产品的设计可从以下几个方面进行。

（1）与图书馆特色元素结合。图书馆的文创产品开发可以巧妙融入

图书馆自身的独特元素，如建筑风格、标志性徽章或馆训等，从而创造出独一无二的商品。以图书馆的建筑为例，它们往往是城市或学府的象征，承载着丰富的文化和历史故事。例如，纽约公共图书馆利用其著名建筑和门前标志性的石狮子形象，开发出了书签、镇纸以及以天花板花纹为设计灵感的首饰和服饰配件。[①] 这样的文创产品不仅增强了图书馆的品牌形象，而且对于那些与图书馆有情感联系的人来说，具有特殊的纪念价值和审美意义。因此，结合图书馆的特色进行产品设计，既是一种有效的推广手段，也赋予了产品更深层的文化价值。

（2）古典与现代结合。图书馆的线上文创产品在致力于传承和展现中国丰富的传统文化时，同样需要紧跟时代潮流，融入现代设计元素，以符合快速变化的市场需求。通过这种方式，文创产品既能讲述传统文化的故事，也能与现代消费者的生活方式和审美相契合。

（3）与"阅读推广"主题结合。图书馆文创产品的设计不仅应突出文化韵味，更应与阅读推广的宗旨紧密结合，以促进阅读文化的普及。美国国会图书馆就曾推出以《哈利·波特》中的赫敏·格兰杰为灵感的"请去图书馆"文化衫，引用其标志性的语录，激励人们走进图书馆。这类以阅读推广为主题的产品，不仅展现了图书馆的独特魅力，还有力地支持了图书馆品牌形象的塑造，通过创意与文化的结合，在宣传和推广活动中树立图书馆的独特形象，更有效地传播阅读文化。

（4）对馆藏图书的元素进行深挖。图书资源的广博和深奥，能反映一个时代的特色与发展脉络。现代图书馆不再满足于单一的、被动的服务方式，而是积极地做知识的传递者和文化的推广者，从而引导消费者理解并欣赏文化产品的价值。图书馆在文创产品的设计与制作中，不断挖掘和讲述背后的故事，将消费者从简单的购买者转变为文化的传承者和推广者，从而实现从单纯的产品销售到文化价值传播的转变。这样的

---

① 盛怡瑾. 国外图书馆文化创意产品研究及启示[J]. 图书馆杂志，2019（12）：98-104.

策略不仅能满足公众的需求，还能在推动社会文化发展的同时，增强图书馆在服务社会中的作用和价值。

2. 增加产品种类

当前图书馆线上文创产品的种类主要聚焦于文具、生活日用品和服饰等领域，这与博物馆的文创产品相比显得种类较为有限。为此，图书馆应深入探究用户的深层需求，从多个角度出发，创新性地扩展产品线。例如，模仿苏州博物馆和敦煌研究院的做法，图书馆可以考虑推出文创食品系列，融合地域文化和食品工艺，如以苏州人对茉莉花的喜爱为创意推出茉莉花酒等。

同时，图书馆还可以探索将创新项目与文创产品相结合，如铜陵图书馆创建的"图书馆+文化创客空间"模式，利用其公益文献资源，不仅提升了图书馆对读者的吸引力，也促进了读者间的互动与创新合作，还推动了相关软件的开发。此外，河南省图书馆则是依托自身的文化资源推出了以图书馆为中心的研学旅游项目；国家图书馆在这方面也进行了许多尝试，如开展"海淀区研学旅游季活动"。图书馆在发展线上文创产品时，可以参考这些成功案例，结合图书馆独有的文化元素，拓展产品范畴至美食、娱乐、美妆等多个维度，并结合本地文化特色，创新推出特色文创产品。通过这样的探索与创新，图书馆不仅能够丰富文创产品的种类，还能够更好地满足用户需求，提升其文化价值和市场竞争力。

（四）利用互联网电商思维，增加产品营销策略

1. 拓宽产品销售渠道

利用电子商务平台的高流量和便利性，图书馆可以在线上市场开设自己的文创产品商店。通过微信公众号、自家官网以及与淘宝、拼多多、京东等电商巨头合作的方式，建立适应移动端用户的商业展示平台，这一策略已经被南京图书馆、广东省立中山图书馆和北京大学图书馆等采纳。尽管图书馆在电商平台如天猫上的影响尚不明显，但这正表明其拓

展电商渠道的巨大潜力和必要性。

此外，虽然目前许多图书馆的 APP 主要被用作游客的线上导游工具，对于文创产品的销售并未充分重视。例如，国家数字图书馆的 APP 主要支持游览功能。图书馆应该开发自己的 APP，以此利用庞大的用户基础、强大的即时信息推送功能和良好的用户体验实现文创产品的精准营销，从而提升图书馆文创产品的市场份额和知名度。通过这种方式，图书馆不仅能更有效地推广自己的品牌和产品，也能更紧密地与用户互动，增加用户的参与度和购买意愿。①

2. 增强产品推广力度

在当今互联网时代，一件产品的成功销售不仅依赖其创意设计和良好的产品质量，还依赖高效的推广策略。以下是几种适合图书馆文创产品推广的有效方法。

（1）软文推广。随着知识付费时代的来临，图书馆可以通过软文营销的方式在新兴社交平台上进行推广。例如，图书馆可以在小红书和抖音这样的平台上，付费邀请拥有大量粉丝的用户，通过发布包含高质量图片和文案的帖子，介绍文创产品的设计特色和用户体验。这样的帖子能够吸引用户的注意，并直接链接到产品购买页面，实现从内容到购买的无缝衔接。此外，这些平台的商店功能还能让用户在浏览内容的同时方便地购物。

（2）KOL 推广。KOL（关键意见领袖）营销也是一个不可忽视的推广手段。随着电商平台的流行，像小红书这样的社区电商平台上，许多用户通过分享生活经验吸引了大量粉丝。图书馆可以与这些 KOL 合作，利用他们在美妆、旅行、美食等领域的影响力，推广文创产品。这些 KOL 通常拥有大量粉丝，能够对其粉丝的购买行为产生显著影响。

（3）直播推广。直播销售正成为一种新兴且有效的销售渠道。在这

---

① 陈畅.公共图书馆文创产品的开发与推广研究[J].图书馆学研究，2017（11）：74-78.

个全民直播的时代,消费者可以通过观看直播了解产品的特点并进行购买。许多在线商城,如淘宝、抖音、小红书、京东等都开通了直播功能。例如,国家图书馆出版社在2020年"双11"期间,与国家图书馆合作进行了直播推广,有效地提高了产品的曝光率和销量。其他图书馆完全可以借鉴这种模式,通过直播带货的方式增加用户的互动性和购买的可能性。

3. 增加产品营销策略

在网络日益成为商业推广的主战场时,图书馆的线上文创产品营销策略同样需要多方位展开。具体策略包括以下两个主要方面。

(1)品牌营销。品牌不仅仅是一个标识,更是消费者对于产品质量、服务体验的信任和认同。一个强有力的品牌可以在消费者心目中构建起独一无二的形象,并带来持续的经济效益。对于图书馆而言,其文创产品携带着独特的文化价值,这为品牌建设提供了得天独厚的条件。通过有效的品牌传播,图书馆的文创产品可以深入人心,成为市场的宠儿。

(2)口碑营销。口碑营销也是图书馆不可忽视的营销策略。在网络营销的世界里,"感染力"决定了营销活动的成功与否。在信息量巨大的今天,图书馆线上文创产品想要突出重围,必须通过创造性的内容和新闻事件来吸引公众的注意力。图书馆可以通过各种创新策略,如聘请知名人士代言、制造热点事件等,引发媒体和公众的广泛讨论,从而形成正面的网络口碑。这种策略要求图书馆在产品定位时必须精准,选择市场上受欢迎的产品进行宣传,以确保营销活动能够产生积极的反响。

第三节 高校文化创意产品设计开发

一、高校文化创意产品概述

(一)高校文化创意产品的内涵

高校的校园文化是在高校历史洪流中孕育出的独特文化沉淀,它不仅蕴含着丰富的人文精神,还指引着价值方向,涉及精神、体制、行为及环境等多方面。这种文化是开发和设计校园文化创意产品的根本。这些产品无不映射和记录了校园的文化特色、追求目标和精神本质。

校园文创产品的核心在于创新与创意,它们不仅注重文化深度,更强调艺术之美。通过物化校园文化,这些产品不仅展现了学校的历史和价值观念,还呈现了校园的风貌。对学校而言,它们是展示独有文化和价值观念、彰显学校品牌和形象的工具。对师生而言,这些创意产品是校园生活的集中体现,留存了他们的青春足迹和难忘记忆。而对游客来说,这些产品浓缩了校园的风情,让他们的访校经历成为持久的记忆。

因此,要设计并开发出卓越的校园文化创意产品,开发者需要深入理解和体验高校的历史进程、人文故事、四季变化和标志性象征,这样才能真正做到创意与文化的完美结合。

(二)高校文化创意产品的主要类别

我国高等院校针对校园文化创意产品的开发,依据其设计意图、目标用户群体和实用功能,大致可划分为以下四大类。

第一类是实用型日用品。这类产品以满足校内师生的日常生活需求为核心,包括但不限于衣物、食品、住宿和交通等方面。以北京大学为例,其从师生日常生活中汲取灵感,推出了如竹制尺套装、校园风棒球服等既实用又带有校园特色的物品,既实用又提升了使用者的精神享受。

第二类是校园装饰用品。这些产品主要在校园的办公区和宿舍中发挥装点美化的作用。设计师在设计这类产品时需要考虑与所处空间的匹配度,注重产品的造型设计、材料质感及适宜尺寸。

第三类是具有纪念意义的礼品,如收藏品和交流赠送物。这些产品通常设计精美、携带方便,常见的包括邮票、信封、纪念币、徽章等。

第四类是娱乐性产品。这些产品在设计时融合了学生的生活习惯和情感元素,通过创意呈现校园文化的深层内涵。

(三)高校文化创意产品的设计原则

高校校园文创产品在设计与开发中,必须遵循以下几项基本原则,确保产品不仅能够代表校园文化的独特性,还能满足使用者的实际需求,并带有创新性和艺术性。

第一是纪念性原则。这一原则确保了校园文创产品能够传达学校的核心文化和精神理念,使得这些产品成为文化传播和情感共鸣的桥梁。一件成功的校园文创产品应该能引起消费者的共鸣,促使他们内心认同产品背后的文化意义。对于消费者而言,尽管购买这些产品的动机可能千差万别,但他们往往倾向于选择那些能够唤起强烈记忆和情感联系的纪念性物品。

第二是实用性原则。随着时代的进步,人们不仅仅是单纯地追求纪念价值,同样重视产品的实用性。因此,设计师在设计校园文创产品时,必须兼顾纪念性与实用性,确保产品在纪念意义之外,也能够满足使用者的功能需求,这样的产品才能保持其持久吸引力。

第三是创新性原则。创新要求设计师深入洞察市场的需求和缺口,结合用户的实际需求进行前瞻性思维和创意设计。创新不是没有边界的想象,而是在既有的设计框架内对产品的方案、材料、工艺进行优化组合,以及对产品元素进行精心的筛选、组合、重构和补充,从而创造出既新颖又符合产业趋势的文创产品。

第四是艺术性原则。校园文创产品设计必须遵循美学原则，赋予产品高度的艺术价值。这意味着产品设计应该吸纳多样的感性元素，以艺术化的手法和规律性的组合营造独特的艺术风格和形式美感。产品应触动人的视觉、听觉和触觉感官，通过其外观和特征提供独一无二的审美体验。美学元素的融合不仅仅是表面工作，而是应该巧妙地融入产品的整个设计过程和规格之中。创意的想法、新材料的使用和特别的组合方法都将极大地增强文创产品的艺术感染力。

二、高校文化创意产品的定位与属性

（一）高校文化创意产品的定位

高等院校在打造校园文化创意产品时，需精准识别和满足目标消费群体的具体需求，同时彰显产品自身的特性和识别度。正如日本设计师大智浩所言："设计产品时首先必须考虑的是，产品是为了满足什么目的。换句话说，是要求怎么样的机能。"[①] 这一观点说明高校文创产品必须兼顾受众的需求和产品的实用功能。

对于校园文化创意产品的设计而言，理解并满足不同受众群体的个性化需求至关重要。比如，新生、即将毕业的学生、教职工、校友以及校外游客，他们对产品的功能需求和情感寄托各不相同。在校师生作为文创产品的主体消费者，产品的设计开发不仅需要表达纪念价值，还应深入挖掘并满足他们的具体需求。例如，在新生入学季或毕业季，文创产品的需求尤为显著，学校应针对他们在情感层面的特殊需求，定制具有纪念意义的文创产品礼包。

---

① 大智浩，佐口七朗.设计概论[M].张福昌，译.杭州：浙江人民美术出版社，1991：66.

另外，校园文创产品的设计必须实现其使用功能和审美价值的融合。不同场合、不同时间以及不同环境要求文创产品具备不同的属性。这意味着，设计和开发过程必须全面考虑受众的喜好、使用场合及产品的工艺风格等因素。一方面，校园文创产品需要依托其物质特性，确保能够适应校园内各种正式场合的使用需求，如学校的纪念和交流活动。另一方面，产品还需要富含艺术性，以满足人们的收藏习惯和审美需求。学校应根据不同受众的审美品位和情感联系，为文创产品注入各种艺术风格。例如，对于游客来说，可通过简洁明快的设计手法展示校园风光；而对于毕业生和校友，则可利用富含回忆的设计元素唤起对校园生活的美好记忆。

（二）高校文化创意产品的属性

高校文化创意产品独具地域特色，不仅是对特定时代主题的体现，也是对所在地理环境的一种展现。这类产品在多个层面具备深厚的文化价值：它们不仅代表着校园所在地的传统和习俗，反映出学校的人文精神和办学理念，还兼具艺术性与传播力。这种代表性能够吸引受众的注意力，让人们倾向于选择那些能够代表学校精神的文创产品作为纪念品。随着公众审美水平的日益提升，校园文创产品的艺术性变得越来越重要，其形式之美直接关系产品的吸引力和认可度。同时，校园文创产品的传播性是其设计与开发的核心目的之一。一件优秀的文创产品能够承载丰富的文化内涵，给予人们持久而新鲜的记忆体验，并在其传播与使用中不断增强高校的社会影响力，塑造积极的校园形象。

三、高校文化创意产品的符号提取

（一）浅层物质文化的提取方式

校园文化的浅层符号，如校园的建筑、文献资料和文化设施等，大都是可直接感知的显性符号。这些符号的呈现方式有以下两种：一是直接提取法，即通过照片或印刷等方式将其原貌表现出来，让用户可以直观识别其所代表的文化含义，如印有学校标志性建筑的明信片；二是抽象提取法，这种方法是选取符号中的特定元素放大处理，并结合产品的实用特性进行创意设计，从而创造出设计感更强的文化产品。

（二）中层制度文化的提取方式

校园的中层制度文化主要由校训、校徽等文化符号和各种校园规章制度构成，其中既包括直观易见的显性符号，也涵盖隐性符号。设计师在将这些符号转化为文创产品时，直接提取是一种方法，即直接在产品上呈现这些符号，但在设计时要特别注意符号的展示方式和它们在产品上的占比和布局。

此外，对于中层制度文化的提取，演绎提取法是另一种手段。这种方法考虑到全校师生对学校的规章制度有着个性化的看法和理解。在文化产品的消费过程中，受众对产品意义的解读是主观的，这种解读既自由又多变，反映了他们自己的思考。[①] 例如，可以通过漫画或幽默的方式提取并展现那些对师生生活影响深远的校规校纪。由于师生既是文创产品的创作者又是消费者，这样的提取方法能够迅速缩短他们与产品之间的距离，并建立起一种情感联系。

（三）动态行为文化的提取方式

在学校文化中，动态行为文化，如社团活动、学生会活动和科研活动等是一种亚文化形式。提取这些文化的方法往往涉及设计 LOGO 和制作专属服装，如团体和会议的制服。这些活动文化的特点是目标受众群

---

① 苗国厚，钱磊.参与式文化视域下大众主流意识形态认同的效果评价[J].今古文创，2021（4）：73-74.

体明确,但通常这些群体的规模较小,不易产生较大的集体影响力。

(四)深层精神文化的提取方式

高校的深层精神文化富含学校所提倡的核心价值观和宗旨、学校精神等要素。这些精神文化的传达往往依赖于可以承载大量信息的媒介,如吉祥物设计。吉祥物的外观和表情设计反映了学校的价值观和世界观等深层文化理念。

四、高校文化创意产品的创作理论与设计表达

(一)在设计中以"美"为导向

在产品设计中,"美"的实现是综合多个因素的结果,是当用户需求得到满足、创意理念得以合理实施、结构设计变得可行、市场推广展开顺畅之后自然显现的状态。美感在设计中占据着至关重要的地位,一款设计优良的产品能够在第一时间捕获用户的目光和心,激发起所谓的"一见钟情"。产品的外表需要迎合公众审美,与时代趋势保持同步。这种公众审美来源于特定时期和社会环境下对美的普遍认同与心理反应,而这些审美观又不断地与社会的整体意识形态相互作用、相互影响。

产品的美不仅仅体现在外观设计上,更体现在造型的精致、色彩搭配的和谐、材质触感的舒适以及新技术的应用上,这些因素共同作用于产品美的整体表现。

设计的艺术性和审美性,首先是以一种美的形态呈现的"造型艺术"或"视觉艺术"。设计美学的研究内容与视觉美学、造型艺术紧密相关。从应用的角度来看,设计是通过视觉语言把规划、构想和解决方案等传递的过程,而这种视觉语言的艺术性则进一步凸显了设计作为美的一种表现形式的特质。因此,除了满足功能性要求之外,审美性成为现代设计领域必须关注的核心要素。设计师的价值不仅体现在其提供满意产品

的能力上，更在于其能够引领时代的美学和生活方式，成为美的趋势的指向标。因此，高校文化创意产品在设计过程中，以"美"为核心的导向至关重要，以创作出既具有艺术性又满足审美性需求的作品，这样的产品不仅能够满足功能性需求，还能引领美的趋势和塑造美的生活态度。

（二）在设计中体现文化内涵

文化创意产品在某种程度上是纪念品的进化版。传统的纪念品作为保持记忆的载体，具有长久保存的特性，常被用来回忆和怀念过去的美好时光。同时，在人际交流中，它们也能够增进情感联系和文化理解。以旅游纪念品为例，这类商品往往明确地带有某地的文化印记。然而，相比于传统纪念品，文化创意产品更加强调专业性、文化性和创意性。一件文创产品能够赋予用户超出预期的文化艺术和智慧创新价值，这种独到的创意是其受欢迎的关键。当产品与学校历史相融合，它们不仅仅是物品，更是文化的载体，引导消费者深入了解背后的校园故事。

高校的文创产品设计，应立足于该高校独有的历史和文化特色。这类产品的设计面向的是高校内的学生、教师、家长和学者等群体。设计师在创作时应从这些用户的需求和兴趣出发，思考对他们有吸引力的元素。高校文创产品常被用于开学和毕业典礼、日常校园生活、纪念活动以及校际交流等场合，因此，它们需要满足这些场合的特定要求。

在设计这类产品时，设计师需要细致考虑哪些设计适合校园环境和氛围，哪些可能不适合。设计的目标是创造出既体现高校独特历史文化又能引起公众兴趣和认同的文创产品。只有这样，这些文创品才能够在市场上脱颖而出，不仅作为商品被购买，更作为文化的桥梁连接着校园与大众，传递着独特的教育精神和历史内涵。

为了更深入地展示高校各学院的发展历史，如美术学院，设计师不仅可以在明信片上印制学院的建筑外观，为了丰富文化内涵还可以在明信片的一角加入一个二维码。当用户扫描这个二维码时，他们可以了解学院的详细历史、杰出人物等信息。这样，用户不只是获得了一个校园风景的留念，还能深入了解学院的文化和历史，使有限的平面空间蕴含更多的文化价值。

高校学生有一些特有的称呼，如"学霸""学渣"和"学酥"。设计师可以为这些称呼设计卡通形象，通过手绘插画的方式展现学生的青春活力和幽默感。这些卡通形象不仅可以体现学生的个性，还可以用于设计学生的一卡通卡套或书包，增加学生用品的趣味性和个性化。

高校的文化创意产品充分体现了对"母校"文化的尊重和对大学生活的深情。它们将校园的日常生活转化为诗意的画面。通过对学校元素的创意演绎，设计师可以深化对校园文化的理解，挖掘其独特性，并展现出学校的文化氛围。这样的文创产品不仅具有实际功能，还融入了丰富的文化内涵，引导人们探索其背后的故事。

（三）在设计中增强用户体验

用户体验描述了用户与产品互动时所产生的感受，这种感受是基于触觉、视觉和其他感官的主观体验。随着生活水平的提升，消费者越来越重视产品带给他们的体验，而这种体验在购买决策中起着关键作用。因此，强调以用户为中心和人性化的设计理念变得至关重要。在高校文化创意产品设计中，设计师需要注重增强用户体验，使每一个产品都充满生命力，吸引用户，激发他们的购买欲望。例如，为平面设计带来立体感，为静态元素注入活力。在这个高速发展的时代，人们更喜欢直观的动态内容，而不是纯文字。流行的视频平台，如快手、火山小视频和抖音，都证明了这一点。设计师应当根据时代趋势和新技术来开发更具吸引力和优质用户体验的产品。

1. 情感体验——用户联想

情感体验体现在用户与高校文创产品之间产生的情感联系上。这种联系往往基于用户的过往经验和记忆由于某些产品特性而产生的联想。

情感体验可以看作通过感性激发心理的体验过程。它是由个体与外部环境互动产生的一种独特的感觉，既可以是正面的，也可以是负面的。比如，美景图片加入充满诗意和深情的句子，更加能够打动人心。这种设计使人回忆起过去的经历，唤起对人、事、景的深深怀念，让人微笑或感慨，为用户带来更为深沉的情感体验。至于明信片的制作，设计师可以尝试使用如木或竹等材料，相比传统的纸质，这些材料更具纪念价值并且更加耐久。

2. 趣味体验——互动设计

随着我国文化创意产业的不断壮大，越来越多的文创产品走入人们的视野，其中许多产品都成为成功的代表。要使文创产品更具吸引力，增强其互动性是关键。一款产品的趣味性往往来源于它与用户之间的互动体验。

以北京大学的"燕园·风物手指画贺卡"为例，这款纪念品鼓励用户进行手工DIY制作，用户可以通过自己的指纹来创造独特的手指画，这种方式既增强了产品的独特性，又大大提高了其趣味性。用户在制作的过程中与产品产生深厚的情感联系，也能享受创作的乐趣。又如，"北大梦"系列益智玩具中的"旋转北大梦——主题魔方"。这款玩具将北京大学的标志性风景融入魔方的六个面，用户在玩耍的过程中可以不断拼凑出完整的风景图片。这种设计将传统的魔方玩具和北京大学的文化特色巧妙结合，既简单又充满创意，同时具有很强的互动性。

这些例子充分证明，增强文创产品的互动性不仅可以提升其趣味性，还可以使用户更加深入地了解和感受产品背后的文化内涵。当产品和用户之间形成这样的互动联系时，它将不再是一个简单的物品，而是一种情感的载体、一种文化的传承。

第四节　动漫文化创意产品设计开发

一、媒体变革推动文创与动漫的跨领域融合

(一) 动漫产业的内涵界定

"动漫"这一词语由"动画"和"漫画"两个词组合而成。初看似乎仅仅是两者的简单组合,但实际上,动漫已经超越了这两个独立的领域,渗透到了游戏、cosplay等多个方面。

动漫产业作为文化产业的一部分,其实并不仅仅是动画和漫画两个产业的简单融合。2006年,动漫和动漫产业的概念首次被明确提出,并得到了深入的探讨。动漫产业被定义为以"创意"为核心,以动画和漫画为主要表现形式,涵盖动漫图书、报刊、电影、电视、音像制品、舞台剧,以及基于现代信息技术的新型动漫产品的整个生产、发行和销售过程的产业。此外,这个产业还包括与动漫形象相关的服装、玩具、电子游戏等衍生产品。

因此,动漫产业并不是一个孤立的部门,而是一个由多个部门组成的产业集群。它代表了一整套复杂的产业链。这个产业链包含动画、漫画、游戏、出版、制造等多个领域,并且由于其具有广泛的消费群体和巨大的市场需求,因此动漫产业在现代社会中显得尤为重要。

动漫产业的这种多元性和复杂性,使其不仅仅是提供娱乐内容的工具,更是一种文化传播的方式,是一个将创意转化为实际价值的产业。动漫产业不仅满足了人们的娱乐需求,还为社会创造了大量的经济价值,推动了多个相关产业的发展。

（二）数字网络传播新格局

动漫产业，从其起初的模式开始便面临了制播分离的困境。在那个时代，制作和播放的关系模糊，播出制度不够完善，且信息传播渠道相对有限。但随着数字技术和新媒体的崛起，这一格局得到了深刻的改变。据 2018 年的中国动漫行业研究报告显示，自 2012 年起，动漫内容的在线规模持续增长，到 2018 年已经达到了惊人的 141.6 亿元。这一跃升得益于动漫与互联网的完美结合。

过去，动漫的传播受限于传统的媒体渠道，但为了适应现代社会的快速变迁，动漫产业必须进行深刻的转型。在互联网技术的助推下，动漫的传播渠道得到了极大的拓展。国家也在这一过程中提出了"互联网+"的战略，使得动漫产业能够享受到更多的政策支持和优惠，为其未来的繁荣创造了条件。

大数据在其中发挥了至关重要的作用。它为动漫产业的决策提供了坚实的数据支撑，使得产业链的优化和产品传播渠道的选择更加科学。多媒体的整合也因此变得更为高效。从纸质杂志到数字化的平台，动漫产品的传播方式经历了一次巨大的转变。如今，随着科技的日新月异，数字化和动态化已经成为主要的传播方式。

在这样的背景下，大众的消费习惯也发生了改变。智能设备已深入人们的日常生活、工作和学习中，成为不可或缺的一部分。利用这些设备，动漫产业为观众带来了震撼的视觉体验。同时，新媒体也为动漫品牌的传播提供了新的途径，使得受众能够更加深入地参与其中，大大提高了动漫产业的商业价值。

（三）动漫文创产业的新契机

动漫产业作为现代社会中的新兴艺术形式，凭借其独特的视觉造型和丰富的创意元素，逐渐成为一种新的审美趋势。在当代文化背景下，

第四章 新媒体背景下文化创意产品设计开发主要涉及的领域

动漫艺术不仅满足了人们文化精神的需求，还推动了大众文化消费的变革。这种由动漫创造的拟人风格与故事情节所引领的审美模式，使其在视觉艺术领域占据了独特的地位。相较于其他艺术形式，动漫形象更具有辨识度和亲和力，从而更容易吸引消费者的关注，成为具有深厚文化价值的符号。

在当今这个高度融合的时代背景下，文化创意市场的潜能被持续激活，动漫文化创意产品也逐渐从单一的商品转变为一个复杂的产业链。这种产业链中的丰富创意资源，有助于推动市场经济的多层次发展，进一步彰显了动漫产业在经济领域的价值。随着社会的进步，动漫文化创意产品的授权交易也成了一个新的热点领域。例如，上海国际品牌授权展已经成为一个重要的行业活动，吸引了来自全球的动漫品牌参与。

互联网作为一个开放、包容的平台，为动漫产业提供了无尽的可能性。它不仅促进了动漫与其他创意产业的高度融合，还为动漫产业链的完善和动漫品牌的价值提升提供了有力的支持。在国家相关政策的引导下，动漫与数字文化之间的关系变得更为紧密，实现了动漫表现手法的多样化。这种多样化不仅表现在形式上，还表现在动漫衍生品的多维价值上——无论是政治、经济还是文化，动漫都为现代社会带来了独特的贡献。可以预见，在未来，动漫文化创意产业将会继续繁荣，为社会带来更多的文化和经济价值。

二、动漫文化创意产品的商业模式创新

（一）以"超级IP"构造价值核心

在新媒体的影响下，动漫文创产业实现了创新的飞跃。为了适应这种变革，动漫文创产品的研发不仅仅需要以大数据和互联网为背景，更需重视以内容为核心的驱动，依赖技术来支撑产品的创新，并推动产品的多样化发展。随着时间的推移，动漫文创产业的商业模式也必须进行

相应的调整。在当前文创产业的演进中，品牌经营、文化IP构建及其衍生设计成为发展的核心要素，这为人们提供了一个探索动漫文创产业新模式的方向。利用互联网技术对动漫产业进行数字化信息的收集、整合以及之后的IP开发和授权等策略，都为企业带来了持续发展的可能性。

1. 优化内容结构

在当代文化产业发展的背景下，大数据不仅仅成为文化产品消费和分析的基石，更具有指导文化产品内容优化的功能。近年来，尽管中国动漫产业经历了迅猛的增长，使国内的动画产量居于世界之首，但在作品的质量方面仍面临挑战。这种现象部分原因在于国内过于强调产量而忽视了作品的质量，导致众多作品在精致度和深度上存在不足。为了跳出这一困境，中国动漫产业急需进行内部转型，从而提高其内容制作的质量和深度。中国拥有丰富的文化资源，这为动漫创作提供了无尽的灵感。但要将这些文化资源真正转化为高质量的动漫作品，就需要对这些资源进行深入的挖掘和创新性的改造。

在智能化和数据化日益显著的今天，利用大数据进行文化资源的筛选、解构和重组成为不二之选。大数据为动漫产业提供了宝贵的信息和洞察，帮助创作者寻找和挖掘那些能够引发共鸣的文化元素，并将它们融入动漫作品中。动漫作品的内容实质上是其IP的核心和基础，而通过对这些内容的授权和变现，动漫产业可以获得经济效益。通过充分利用互联网平台，动漫作品可以更好地传达其所想要表达的文化信息，同时将这些信息与动漫形象完美结合，使其更加生动和立体。

动漫IP的内容创意和创新是其成功的关键。将动漫艺术与传统文化进行深度结合，可以构建一个富有多元价值的文化体系。值得注意的是，尽管中国拥有丰富的文化资源，但许多资源已被外国创作者用于自己的作品创作。例如，美国、日本等外国的动漫制作公司都曾根据中国的历史和文化创作了一系列成功的动漫作品，如《花木兰》《功夫熊猫》《西游记》和《中华小子》。这些作品的成功部分归功于其背后的数据化分析，这也证明了大数据在动漫产业中的重要性。

2. 塑造差异化人格

动漫产业在其发展轨迹中，呈现出对个性化和人格化越来越高的要求，这主要得益于其独特的双重特质——内容和人格。从宏观的产业视角看，内容构成了 IP 形象的内核，是其存在的基石；而人格属性则赋予 IP 形象生命力和魅力，使其区别于其他竞争者，从而在市场中占有一席之地。这种差异化的人格塑造不仅仅回应了市场的多样化需求，更是在当前的竞争环境中，为 IP 赋予了核心竞争力。

当代社会呈现出一种趋势，即个性化的崛起，这对于动漫产业来说，意味着其商业价值不再仅限于大众的审美趣味。更为深层的价值体现在亚文化粉丝经济和社群经济的崛起。这两种经济模式在某种程度上都是基于个性化的需求，代表着消费者不再满足于单一、大众化的产品和服务，而是追求与自己价值观、生活方式、审美取向高度匹配的内容。

动漫产业作为一种文化产业，其核心价值在于创意和表达。与传统的电影和电视剧相比，动漫更具有跨文化、跨地域的交流潜力。这得益于其轻松的氛围、简单而富有象征意义的元素，以及开放包容的创作环境。这些特质使得动漫能够更容易地与全球观众建立联系，进而形成了一种独特的输出体系。以日本动画大师宫崎骏为例，他所创造的动漫 IP 人物，不仅具有鲜明的人格特质，也是正义的化身。这些富有深度的人物形象与现代消费者的价值观、生活方式和审美取向产生了强烈的共鸣，进而吸引了大量的粉丝，使其动画作品和衍生产品在市场上获得了巨大的成功。

对于企业来说，成功地运营动漫 IP 不仅需要对其内容和人格有深入的了解，也需要对目标消费群体进行深入的研究，包括其心理、行为习惯等方面。这是因为在新的商业环境下，企业需要通过内容定制、人格标签等手段，直接与小众群体建立联系，从而实现动漫 IP 的有效传播和价值实现。

值得强调的是，动漫 IP 的魅力不仅仅体现在其内容和人格上，更重要的是它所承载的"温度"。这种"温度"是基于其创意、故事和情感的综合体现，它使得消费者与动漫产品之间建立起一种新的"相融"关系，从而使消费者对其产生深厚的情感。这种情感不仅仅基于消费者的实际需求，更是基于其内心的深层次的"想要"，这也是动漫产业未来的发展方向和核心竞争力所在。

3. 塑造品牌价值

动漫品牌价值的形成是一个多元化和综合的过程，涉及生产企业、供应商、推广平台以及消费者之间的有机连接和协同作用。在当下的媒体环境中，由于信息的碎片化和消费环境的多元化，传统的营销策略和手段往往难以达到预期的效果。品牌间的竞争愈发激烈，缺乏个性和差异化的产品在市场中难以获得关注，从而导致其传播效果受到限制。

面对这样的市场环境，动漫 IP 形象的塑造显得尤为关键。品牌开始寻求与消费者更为亲近的连接，产品的发展趋向于娱乐化，目标市场也逐渐年轻化，而营销手段则呈现出多样化的趋势。典型的例子是北京故宫。近年来，故宫走上 IP 化道路，通过创新的方式将传统的历史文化与现代的设计理念相结合，推出了一系列富有创意和文化内涵的动漫 IP 产品。这些产品不仅在设计上融合了清代的文化元素，还加入了现代简约的设计风格，从而使其在市场上获得了广泛的关注和喜爱。

在当前的共享经济背景下，IP 的营销策略也发生了深刻的变化。它不再单纯依赖于传统媒体的广告效应，而是通过自身的魅力和内容价值，吸引并聚合大量的粉丝和消费者，从而实现自我传播和推广。动漫 IP 形象在市场中成为自带流量的"人气网红"，其背后的价值不仅仅是内容和人格，更是与消费者之间建立起的深厚情感连接。企业通过建立这样的 IP 形象，不仅能够获得消费者的认同和喜爱，还能够实现品牌价值的持续增长和积累。

故宫的动漫 IP 是一个很好的例子，它不仅拥有丰富的内容和深厚的文化底蕴，还具有强大的市场号召力。通过对这些IP形象的二次开发和创意设计，企业可以实现全产业链的延伸和拓展，从而形成一个完整的产品体系和产业链。这不仅可以扩大文化传播的影响力，还能够深挖品牌的潜在价值，实现品牌的长远发展。动漫产业链的完善和成熟，不仅可以衍生出多种产业形式，如游戏、玩具、电影和电视等，还代表了动漫IP资源价值的最大化，这也是动漫产业未来发展的关键所在。

（二）大数据背景下动漫文创产品的营销模式

大数据具有指导性，不只是文化产品消费和分析的产物，在公司的运营管理过程中也起到了关键作用。在当前的动漫产业的营销策略中，在营销管理上利用大数据技术可以显著降低交易成本，实现资源的优化配置，进而促进资本的集中和提升经济回报。得益于大数据资源的有效配置，消费者现在可以更容易地获取所需信息，进一步减少交易的障碍。在互联网时代，产业的进步意味着对传统动漫产业价值链的延伸和整合，实现其全面的扩展。

1. 数据驱动动漫产业的跨界模式

在动漫产业的发展中，大数据技术逐渐成为商业模式创新的核心工具。这主要得益于大数据能够提供的庞大数据量和对数据进行高度价值化的分析服务。在大数据的推动下，动漫文创产业不仅开始注重流量的运营，也激发了其跨界融合的潜力。此种跨界融合主要以动漫的创意和技术作为基础，通过形象授权与技术应用，与相关产业深度融合，超越了传统动漫产业的界限。在此背景下，动漫产业开始与多个行业进行跨界合作，如与教育、科普、旅游、会展和广告等领域的融合，为动漫产业开创了更广阔的发展领域。在新的创意指导下，技术创新被视为连接动漫产业与其他产业的桥梁。在当前的商业环境下，由于市场竞争激烈，营销信息容易被淹没，因此，众多企业开始探索与其他行业的跨界合作，期望获得更有效的市场响应。随着互联网的普及，所有产业都开始融入大数据时代,产业间开始相互融合、交叉和重组,构建了一个更为开放、互通的产业生态。

随着大数据时代的兴起,动漫产业获得了一个更为宽广、包容的多维网络文化空间,逐渐超越了其传统的界限。在大数据资源共享及数据驱动的作用下,动漫产业与看似不相关的行业也实现了功能上的互补,进而促进了内容创新。这种整合策略使得众多看似与动漫无关的行业通过资源整合与动漫产业碰撞,促进了动漫形式和展现方式的多样化及其衍生形态的丰富。

与此同时,随着经济发展,旅游逐渐成为公众常态化的娱乐活动。动漫与旅游结合,不仅能够推广动漫文化,培育动漫IP,更为重要的是,还可以共同推进两个产业的共同发展。以河南省许昌市为例,该市通过挖掘和整合当地独特的文化元素,设计出了结合"曹魏文化"的动漫IP形象——"大瞒"与"小瞒"。这些IP形象不仅加强了与游客的互动,还整合了旅游的各个环节,如食宿、交通、购物和娱乐,进一步强化了游客对许昌三国文化特色的认知和体验。这种动漫与旅游的融合是基于大数据的行业扩张和跨界融合的典型示例,数据驱动的旅游IP不仅促进了许昌的经济增长,还在更大范围内传播了当地的独特文化。

2. "动漫文创+X"的商业模式

在大数据背景下,动漫文创产业呈现出前所未有的发展潜力。随着动漫产业链的日益丰富和扩展,直接产出,如动漫图书、报刊、音像制品、舞台剧以及基于先进信息传播技术的新动漫形式日益增多;而其间接产出,如与动漫形象关联的服装、玩具、电子游戏等衍生品也逐渐成为产业链中的重要组成部分。这种产业发展模式通常被称为"动漫+X",其中"X"代表各种可以与动漫产业相结合的其他行业或领域。这种模式不仅为动漫产业本身提供了更广阔的发展空间,也为其创造了更多经济价值。

以迪士尼为例,其商业模式可以说是"动漫+X"的经典代表。迪士尼在产业链的上游拥有诸如皮克斯、漫威、卢卡斯等知名子公司,其影视播映渠道则涵盖了大量受众。而在产业链的下游,迪士尼则通过其遍布全球的主题公园和度假区,以及备受欢迎的衍生产品,实现了对动漫IP的全面开发和利用。迪士尼动画公司通过整合其内部资源,确保了整个产业链的完整性,进而使其动漫知识产权的经济价值最大化。

与此同时,国内的动漫公司,如奥飞娱乐,也在探索与迪士尼类似的商业模式。奥飞娱乐通过数据化分析国内外的动漫产业链,为自己的发展找到了独特的路径。其产品形式根据消费者的不同需求进行了细分,如快消品、软件产品、硬件产品和主题产品等。此外,奥飞娱乐还将动漫文创与其他文化创意形式相结合,推动了IP产业的边界拓展。其线上与线下的完美结合,为动漫文创产品提供了更为广阔的市场空间。实际上,奥飞娱乐的动漫衍生产品的生产和销售,都是基于"动漫文创+X"的商业模式进行的。

三、动漫文创产业的发展

(一)产业链延伸与拓展

在产业链中,每个参与经济活动的主体都构成了该链的一个关键环节。每当这些环节得到延伸,都标志着新的市场机会和产品的诞生。动漫产业链的延伸关乎产业深度的增长,目的在于确保产业链的持续发展;而产业链的拓展则涉及产业宽度的全方位扩张,目标是实现与多个行业和领域的融合。利用动画技术,不仅能够扩大传统动画产业的范围,还能进一步降低成本,满足市场需求,并有可能形成市场的相对垄断和细分市场的壮大。这种产业链的延伸和拓展为动漫企业创造了更大的收益空间。

动漫文创产业的价值构成复杂,包括动漫内容的价值、衍生品的价值,以及通过授权而产生的市场价值。将动漫IP授权给其他企业或领域不仅能够提高动漫的附加价值，还能进一步开发动漫 IP 的内在价值，从而拓展产业链，促使更多的动漫相关产品涌现。此外，这种授权还能为相关产业注入新的艺术活力和市场潜力。动漫衍生品不仅为企业带来直接利润，还能通过宣传和销售活动加强动漫形象的市场影响力，从而进一步发挥品牌效应。

产业链的延伸和拓宽需要探索新的产业结构、商业策略和销售渠道。例如，迪士尼公司通过其持续的产品创新，成功地从单一产品转向了多元化的产品组合，进而创造了巨大的经济价值。该公司不仅对动漫内容进行创意开发，还重视动漫形象 IP 的设计与推广。所有的产品和业务策略都围绕 IP 进行。借助于 IP，迪士尼与其他产业建立了紧密的联系，从而寻找到了多种收益来源以弥补其生产和营销的成本。迪士尼充分利用其广大的受众群体，结合创新和高科技，将其动漫 IP 和动画元素塑造成一个充满魔法的动画王国。迪士尼只需进行一次性的投入，便可在多个市场领域获得长期的回报。产业链的延伸和拓展策略也被许多其他动漫公司所采纳，目标是与其他产业进行合作，实现共同的盈利。例如，白茶创作的漫画角色"吾皇"和"巴扎黑"因其独特的性格和形象在网络上广受欢迎。这两个动漫 IP 形象被授权给各种商家，从而开发出了一系列与其相关的动漫产品。从漫画、动画到各种衍生品，这些产品不仅增加了市场的覆盖面，还通过与其他行业的合作，加大了市场推广力度。

（二）产业链良性循环

在当今时代，大数据不仅仅是一种资源，更是产业发展的有效工具。特别是在动漫文创产业中，这一产业常常被视为高投入、高风险的领域，其投入与产出往往无法呈现线性关系。由于动漫产品经常存在于单一的投资实体中，如何实现动漫产品的多样化发展以及扩大融资渠道无疑是制约其进一步发展的关键因素。人们深入了解资源的不规范使用和浪费后，很容易发现产业链的"断裂"和不完整性已成为阻碍中国动漫产业化进程的主要问题。在大数据的环境下，动漫产业的发展得到了积极的推动。这不仅仅是因为有了大量的数据支撑作为决策的依据，更重要的是，大数据所处的网络环境优势为动漫产业提供了更为广泛的媒体传播渠道。此外，大数据还扮演着推动产业发展的角色，诞生了一系列具有高流量的 IP，从而促进了产业链的良性循环式增长。

以奥飞娱乐为例，该公司通过逐步完善产业链，实现了从"玩具+动漫"策略构想的实施，到引进国外 IP 配合玩具销售，再到自主生产动漫 IP 的全过程。知识产权的引导对玩具销售起到了积极的推动作用，形成的良性循环更使得玩具销售收入能反哺其 IP，从而实现了产业链的生态化发展。在这一产业链中，上游的 IP 原创产业、中游的大数据驱动的媒介传播平台，以及下游的衍生产品产业，均有其独特的地位和作用。从理论上讲，这三个环节的优势和资源相结合，可以实现横向和纵向的产业价值链拓展，从而推动动漫企业在多个方面的发展。尤其是在动漫产业前期和中期，制作周期较长，资金投入较大，产品尚未上市，没有资金回流。如果在前期，企业基于大数据的预测对动漫形象 IP 进行衍生和开发，不仅可以加长产业链，还可以提前实现盈利。这样的策略可以为动漫的再创作提供经济基础，助力动漫产业链的良性运转。对动漫 IP 的商业化运作，可以实现产业的联动和资源共享，有望完善整个动漫文创产业的价值链，确保其持续、健康的发展。

四、大数据背景下动漫文化创意产品设计思维的创新

（一）基于网络应用思维的方法创新

1. 网络资源的整合

在互联网时代的背景下，动漫产业经历了深刻的变革，其中文创产品的创作模式也经历了根本性的转变。消费者的审美取向以及动漫企业的创作逻辑都在互联网的浪潮中得到了重新塑造。在此背景下，产品的

影响力和销售业绩与其在网络中的流量正相关，动漫作品的成败越来越受到其在互联网上粉丝基础的决定。随着互联网信息资源的急剧增长，动漫产品的研发和设计越来越依赖于对网络资源的有效整合。与此同时，传统的商业模式在现代社会中显得过于狭隘，需求逐步转向更为先进、灵活的模式以适应市场的变化。互联网为动漫文化创意产业带来了前所未有的技术进步和销售渠道，为动漫市场的拓展打开了新的视野。在这样的转型中，互联网思维变得至关重要。这不仅仅意味着技术上的创新，更多的是对传统思维模式的颠覆和重塑，从而更好地适应和利用互联网时代所带来的机遇和挑战。

随着移动互联网的广泛应用，智能手机逐渐成为人们消磨碎片时间的主要工具，而网络动漫与网络游戏应运而生，逐渐成为大众的主要休闲娱乐选择。视频平台，如爱奇艺、优酷、哔哩哔哩等为网络动漫提供了重要的展示舞台，也逐步塑造成为年轻一代追求的流行文化娱乐中心。以2018年的网络动漫《请吃红小豆吧！》为例，它在哔哩哔哩上获得了9.8的高分评价，简洁而感人的故事情节赢得了众多粉丝的喜爱。网络动漫得益于互联网的快速扩展而迅速崭露头角，其形式多样，能够迎合广泛的网络用户需求。在这个数字时代，要想在动漫市场中占有一席之地，企业必须深化对网络的了解，确保市场研究的准确性并及时响应市场变化。无疑，互联网的思维方式不仅引起了人们对传统市场经济观念的反思，而且为当前的商业环境重塑和商业模式创新提供了动力。网络资源的综合利用为动漫文化创意产业开辟了新的销售通道，连接了各种传播媒介，使网络动漫成为动漫公司争夺的焦点和创作的核心。

2. 多元审美体系的构建

在当今瞬息万变的社会背景下，动漫艺术受到人类审美观念的演变和制作技术的革新驱动，呈现出丰富的多样性。社会的审美观念不再是单一固定的，而是呈现出多元化的特点，随着时间的推移，逐渐包容以前被视为非主流的审美元素。这种多元化的审美趋势不仅体现在全球范围内，而且影响到了动漫消费者，使他们的审美观念越来越国际化。动漫产业不仅走向了产业化的发展路径，其技术进步也日趋明显。从初期的手绘动漫和 flash 动画到现在的 3D 动画，技术的进步使得动漫作品越来越注重形态的真实性，这种技术同样被广泛应用于动漫相关的产品中。随着技术的发展，现代观众对于沉浸式感官体验的追求也日益加强。例如，2003 年备受欢迎的 QQ 秀，如今也应时代要求进行了技术和审美的调整，以满足现代人的审美需求。而随着 AR 和 VR 技术的出现，科技发展的速度进一步加快，不仅仅为观众带来三维的体验，更为他们提供了全方位的体验。新媒体技术为动漫用户创造了可以与其互动的虚拟化身，从而形成了一种流动性的艺术作品，将他们引入一个多维的虚拟世界中。对于动漫产业而言，为了提高经济效益，动漫企业需要确保其作品覆盖的人群足够广泛，作品种类足够丰富，并充分发掘其 IP 的泛娱乐价值。在当前的技术背景下，大数据和互联网平台正在培养消费者的多元化审美能力。海量的作品和丰富的题材使得公众的选择更为挑剔。从最初针对低龄儿童的精准用户定位，动漫产业已经发展到涵盖全龄段的用户，产品分类也变得越来越细致，产品风格和审美标准随之发生变化。随着"90 后"和"00 后"的成长，二次元群体的消费潜力将得到进一步的释放，新的一代将推动文化和消费的进一步变革。

（二）大数据背景下动漫文化创意产品的设计新目标

1. 研发过程交互式进行

交互设计涉及沟通和参与两个方面。在产品研发阶段，对设计主体、其所在环境以及其目标进行深入理解和分析至关重要。这种以人为中心的设计方法依赖创新技术，并通过数据分析将之前无法实现的构想转化为现实，从而创造出真正满足用户内在需求的产品。在大数据背景下，产品设计需要深入理解用户的需求和期望，以确保设计更加符合用户的心理和需求。动漫文创产品的设计和研发过程应采用交互式方法。对于设计师来说，这意味着他们需要结合用户思维、产品思维和逻辑思维进行工作。

在传统的商业模式中，消费者的选择受到很大的限制，主要是受制于生产者生产的产品。但在现代社会中，随着技术和市场的发展，企业越来越注重从消费者的视角出发。大数据技术使得企业能够更加深入地了解消费者的需求和行为，从而为消费者提供更为贴心的服务。这不仅可以帮助企业更精确地定位消费者的需求，还可以实时调整策略，为消费者推荐他们可能感兴趣的产品，进而激发其购买欲望。这种以数据驱动的策略不仅提高了消费者的满意度，也提升了设计师的工作效率。在这样的背景下，消费者的角色逐渐从被动的"消费者"转变为主动的"参与者"，他们的选择和需求直接影响产品的设计、功能和上市策略。因此，在动漫文创产品设计过程中，交互式设计成为关键，它不仅能满足消费者的需求，也使企业受益。

在大数据时代，动漫文创产品的开发过程越来越注重以消费者为中心。通过对消费者行为、兴趣和习惯的深入分析，企业可以构建精确的用户画像，为产品设计提供更为具体和有针对性的指导。用户画像不仅能够提高设计的针对性和效率，还有助于实现更为精细化的市场营销策略，深入了解潜在消费者的需求，进行业务趋势预测以及竞争对手分析等。借助大数据技术，从各种通信工具如社交媒体平台中收集用户数据，企业能够更准确地了解消费者的喜好和需求。这种"个性化"设计，将文化创意与动漫艺术完美结合，不仅能够满足消费者的需求，还能开拓更广阔的商业市场。以"拼音派对"这款儿童学习 APP 为例，它采用了孩子们喜欢的卡通形象，提供了一种互动式的学习体验。它通过有趣的游戏和故事引导，帮助孩子们学习拼音。为了更好地适应儿童用户，这一产品在设计中避免了复杂的操作，而是采用了简单且有趣的交互方式，如问答、吹气、拍手等，同时结合吸引人的音效、动效和触感设计，确保能够迅速吸引并保持儿童的注意力。

2. 产品体系生态化发展

产业结构生态化强调依据生态经济学原理和生态规律，构建一个高效、和谐的产业体系。这种体系注重各个组成部分之间的紧密耦合，以及物质和能量的高效循环利用，旨在实现资源和环境的可持续利用。与其他产业结构模式相比，生态化产业结构展现出更为稳定、健康和科学的特点。在动漫文创产业生态系统内，各个平台都被视为具有独特功能和特性的独立实体。这些平台在整体系统中都扮演着特定的角色，并相互依赖，共同促进整体生态系统的繁荣。随着动漫产业向生态化方向发展，每个参与者的功能都会更加明确，产品平台的影响力也会不断扩大，从而吸引更多的资源和关注。在这样一个生态化的环境中，动漫产品将不断探索和扩展其生态边界，同时创新和衍生出各种新的产品形态。

传统的动漫产业模式往往采用线性、单向的发展路径，从剧本到漫画，再到动画，最后根据市场反馈选择热门角色进行周边产品的开发。在这种模式下，每位设计师或生产人员的角色更像是一个流水线上的组件，独立而有限。这种线性的结构限制了产业的综合经济效益。然而，随着新技术的出现以及互联网思维的渗透，动漫产业开始转型，其产业链得到了进一步的强化和完善。在明确的国家政策和市场策略的双重驱动下，动漫文创产业开始更多地关注原创性、版权保护以及产业链的多元化拓展。

动漫产业正在促进传统产业的转型并推动相关上下游产业的协同发展，成为一个创新驱动的新兴产业。随着"大动漫"生态体系的逐渐建立，动漫产业已经形成了自己的引力，产生独特的影响力。在此背景下，动漫文化创意产业展现出系统化、专业化的发展趋势，促进了动漫文创产品多元化的拓展。以中国知名的动漫形象张小盒为例，经过深入的市场调研与用户反馈分析，该形象被设计为体现中国上班族的生活压力和困境，具有高度的代入感并能引起共鸣。其独特的方头、西装形象在网络上迅速走红。广州盒玩商贸公司是一家专注于动漫产品生产的企业，它利用大数据技术深入挖掘消费者需求，根据消费者的行为、偏好和习惯为产品研发提供方向。最终，该公司以张小盒为原型，推出了一系列为上班族设计的办公用品，如张小盒手机壳、办公纸盒、手表等，为上班族的日常工作、生活带来了创意与便利。

（三）大数据背景下动漫文化创意产品的设计来源创新

1. 网络动漫符号元素

在当前信息化快速发展的背景下，网络动漫的符号和语言元素已经深入人们的日常生活，逐渐从曾经的次文化边缘走向主流。这些动漫符号结合现代感的元素和思维方式，与人们的日常生活息息相关，为人们带来了新颖的表意体验。它们不仅拥有鲜明的个性，也成为影响当代网络流行语的关键因素，深受年轻一代的喜爱。例如，"恶趣味""萌"和"宅"等词起源于动漫文化，如今已经成为日常交流中常用的表达用语，为人们的审美和文化沟通注入了新的活力。

2. 人工智能技术的开拓

随着计算机技术的飞速发展，动漫产业也逐渐进入了一个技术革新的纪元。现代化的技术和软件为动漫制作带来了效率与质量的双重提升，为其未来的创新与拓展打下了坚实基础。动漫不再仅仅是二维的表现，而是逐渐拓展到虚拟现实领域，新的技术与媒介为动漫产品提供了更为多元和丰富的形态选择。互动性和沉浸感也因为技术的进步而得到了显著增强。例如，ZEPETO这类社交软件利用人脸识别技术，允许用户创造自己的三维动漫角色，并与他人进行实时的互动交流。在教育领域，先进的AR、VR技术也被广泛应用，如奥飞娱乐推出的AR"萌鸡小队"通过移动设备的摄像头与实物图书结合，创造了一个富有互动性的虚拟学习环境，使孩子们能够更为直观地感知和学习，同时培养其双语能力。这样的技术与内容的结合不仅丰富了教学方式，还为孩子们提供了全新、生动的学习体验。

在大数据的背景下,用户需求得到了更为精确的捕捉,为动漫文化创意产业提供了更有针对性的发展方向,使其进入了一个前所未有的创新阶段。然而,除了满足市场需求,创作者同样需要关注动画艺术本身的深化与进步。艺术创新是持续不断的,需要创作者持续地投入激情,为观众带来更多的艺术佳作。动漫的创新与创意不仅是来源,还是其灵魂,它通过将艺术与现代科技、智能产品的结合,为人们的生活注入更多的色彩和想象力。

(四)大数据背景下动漫文化创意产品的设计流程创新

1. 大数据背景下的形象设计

(1)设计前期大数据科学调研与分析。在形象设计的前期,有了海量的历史数据样本为支撑,大数据技术被广泛应用于用户需求调研中。这种调研方式不仅能够进行高效的预测性分析,还可以在必要时进行适当的人工干预,从而提高调研效率并降低成本。例如,小猪佩奇这一形象在全球范围内收获了大量的粉丝,无论是幼儿园的孩子还是成年人都为之倾倒。在 eOne 公司决定将《小猪佩奇》引入中国市场之前,他们已经借助大数据进行了深入的市场调研,从而确保了产品在市场上的成功推广。小猪佩奇的设计成功之处在于其简约而不简单、高辨识度的造型。这种设计能够迅速传达其既可爱又亲切的特性,使其在瞬间被广大消费者接受并记住。这种看似简单的儿童画风,实则蕴含了对现代消费者心理的深入理解。无论是儿童还是成年人,面对这样的设计都会有一种深深的共鸣。产品的创意设计在整个产品开发过程中起着至关重要的作用,它能够满足消费者日益增长的对产品质量和新鲜度的需求。在动漫文创产品的设计中,设计师应当全面考虑消费者的生理和心理需求,并结合现代的互联网思维,使设计不断地进行创新和拓展。这种设计思维不仅要满足消费者当前的需求,还要预见未来的市场趋势,从而确保产品的持续竞争力。

（2）数据分析指导产品设计。在动漫产业链中，衍生品的利润占据了绝大部分，高达70%到80%。要进一步推动动漫产业的发展，关键在于深入研究文化创意产品的设计与发展方向，并注入创新性的研发设计思路。目前，国内动漫衍生品在原创设计与开发中遭遇的主要问题，是产品缺少创新以及对市场和消费者的深入分析。在进行商业动漫IP形象设计的过程中，设计师需要追求简化的原则，确保所设计的形象能够迎合各个年龄段的审美。简洁的造型不仅更易于受众接受，而且更便于进行表情包设计、动画创作和实物生产等后续工作。因此，在设计初期，动漫企业应对动漫文创产品进行深入而全面的分析，涉及形象设计的目标受众、功能划分等方面。借助网络技术收集的信息，动漫企业可以对消费者进行更为精准的定位，根据其身份、职业和年龄等特点，为其量身定制产品的风格和功能，也可以预测产品的潜在销售范围和推广渠道，为产品上市后的市场运作提供有力的数据支持。

2. 网络化的IP形象设计过程与呈现

（1）IP初步设计。2017年，基于当地对鸭文化的独特情感，如盐水鸭、烤鸭等深受欢迎的美食，南京一家公司设计出了"喜鸭鸭"这一IP形象。它不是一只普通的"鸭"，而是具有南京特色、说南京话的"鸭"，它将南京的日常风情、文化和生活细节娓娓道来。"喜鸭鸭"的设计理念重在简约，旨在使其轻松融入人们的记忆。这一形象简约至极，主要由几何图形组成，这种设计旨在确保消费者在公共空间或短暂的广告视频中能迅速捕捉并记住它。此外，圆形在设计中具有独特的吸引力，能够唤起人们的喜好和亲近感。这种设计思想在"喜鸭鸭"身上得到了充分体现：它有圆圆的眼睛、圆形的帽子，以及由两个圆组成的梨形身体，使得整体形象呈现出一种愚钝而可爱的外观。在色彩选择上，设计师选用了白色和淡黄色两种基调，这两种颜色的对比既鲜明又和谐，给人带来宁静、舒适的视觉体验。此外，它还具有生活化、场景化和应用化的特点，使得这一形象能够被广泛应用在各种场合和环境中。

但仅仅拥有一个独特的形象并不足以使一个 IP 形象真正活跃起来。一个充满活力的 IP 形象应该是多面的，拥有自己的职业、朋友、爱好和生活圈。这就是为什么设计师需要给予 IP 形象一个完整的世界观，让它们在一个构建的世界中学习、交友和生活。通过这种方式，设计师为 IP 形象赋予了情感和故事，使其成为一个真正的、生动的"人"，能够与消费者产生深厚的情感联系。

（2）形象表情包设定。在当前的数字社交环境中，表情包已逐渐成为人们交流中不可或缺的组成部分，为日常对话注入了更多情感和色彩。这种动态、生动的 IP 形象展示了角色的丰富情感和个性，为角色赋予了更饱满的生命力。一个没有表情的角色就如同一个没有生命的玩偶，缺乏与观众的情感互动。而表情包作为一种富有创意的形式，不仅在社交平台上发挥着重要作用，还有助于增强消费者对品牌和相关衍生产品的认知和记忆。在这个多媒体互动的时代，商业品牌需要跳出传统的设计思维，将角色设定、插画、动画等多种形式进行综合考虑和整合，以最大化地挖掘和利用 IP 的潜在价值。

（3）系列插画、视频。2018 年，电子竞技 IG 战队荣获德玛西亚杯全球总决赛冠军。"喜鸭鸭"迅速地捕捉到这一时刻，创作了一系列与英雄联盟主题相关的插画。为纪念 IG 战队的这一辉煌成就，相应的短视频也随之制作并发布。利用抖音这一广受欢迎的视频平台，其内容迅速在网络上传播，同时结合南京的本土节日和风俗进行线下推广。作为代表南京的 IP 形象，"喜鸭鸭"通过其独具特色的短视频，展示了南京人的日常风情和本地旅游景点，不仅成功地展现了南京深厚的文化底蕴，还为推动南京的旅游产业发展做出了贡献。

（4）全数据模式的"喜鸭鸭"产品设计。在大数据背景下，"喜鸭鸭"的产品设计采用了全数据模式。这种模式能够深入挖掘和分析不同年龄层用户的喜好和行为习惯，为企业在设计阶段提供精准的数据参考。大数据的共享使得企业内部各部门之间的协同工作更为流畅，进而提高工作效率。特别是设计部门，它可以依托其他部门收集和分析的数据，为不同的目标用户群设计出更符合他们生理和心理需求的产品。借助于大数据，产品的设计和优化变得更为科学和人性化，确保产品特性与数据洞察相匹配，进一步提高产品与用户的契合度。这不仅能够提高用户满意度，还有助于增加企业的经济效益。

3.在产品设计中科学利用大数据技术

随着互联网的不断进步，大数据技术已成为时代的产物。在当前的信息化社会中，数据信息经过大数据技术的分析和处理，为决策提供了关键的依据。受益于国家政策的支持，大数据在我国得到了迅速的发展，标志着我国从互联网时代迈向了大数据时代。大数据技术不只是推进了商业领域的细化，还广泛地渗透到了人们的日常生活中。各种社交平台和购物网站为大数据提供了丰富的信息来源。这些巨大的数据池已转化为有商业潜力的资产。企业能够基于大数据的分析，做出更为明智和科学的商业决策。在产品设计领域，大数据技术使得市场趋势和消费者需求的掌握变得更为迅速和准确，从而有助于设计师创作更为出色的作品。

（1）动漫文创产业中大数据存在的误导。在当代动漫文创产业中，大数据技术已经成为一个重要的参考工具，为产品设计带来了更多的革新和创意元素，同时提升了产品的品质和用户体验。这种技术改变了传统的设计思维，让企业能够更加精准地捕捉到消费者的真实需求。然而，尽管大数据为人们带来了众多的便利，但也必须意识到它的某些局限性和潜在的误导。

大数据的来源主要基于互联网上的信息汇总，它能够捕捉到大量的在线数据，但对于未上线的作品或信息资源，其统计和评估能力是有限的。这意味着，人们在依赖大数据进行决策时，必须清楚它所呈现的只是一部分的真实情况，而非全部。同时，大数据提供的是对过去和现在情境的反映，对于未来的预测和设计创意，它并不能提供直接的指导。

因此，在使用大数据进行设计时，人们需要保持一种批判性的思维，不应过分依赖而忽视了创意和创新的重要性。

虽然大数据的一个核心优势是能够通过海量数据为人们呈现事物的真实面貌，但这并不意味着它所提供的数据永远是准确和可靠的。在实际应用中，数据的真实性和准确性受到多种因素的影响。例如，网络上的虚假信息、企业发布的不实数据，或者其他形式的数据操纵，都可能导致大数据分析的结果出现偏差。这种情况下，如果设计师或决策者盲目地依赖错误的数据，那么所做的决策可能会与市场真实需求严重脱节，从而导致产品失败、公司亏损，甚至浪费大量的资源。

（2）减少对大数据技术的过度依赖。在当下的动漫文创产业中，大数据技术已成为一个重要的决策工具，为产品设计提供了有力的参考依据。这种技术可以捕捉消费者的行为趋势，帮助设计师预测未来的市场需求，从而进行更有针对性的产品优化和调整。然而，依赖大数据技术并不意味着忽略人的主观判断和创新思维。动漫文创产业的魅力和核心价值在于其富有创意和文化内涵。纯粹依赖数据驱动的设计方法可能会导致产品失去其独特性和文化深度。年轻人和儿童，作为动漫文创产品的主要消费者，不仅关注产品的功能和外观，更注重产品所传达的情感和文化信息。因此，设计师在利用大数据进行决策时，还需深入挖掘和理解消费者的真实需求和情感，以确保产品设计更加人性化和产生更多的情感连接。此外，设计师的创新思维和敏锐的洞察力是动漫文创产业持续繁荣的关键。过分依赖大数据可能会导致设计思路固化，失去创新的活力。设计师应维持自己的独立思考，结合数据分析与自身的经验和直觉进行综合判断，从而创造出既符合市场需求又具有独特魅力的产品。

第五章　新媒体背景下文化创意产品的设计思维与方法

第一节　基于消费心理的文化创意产品设计

体验消费的兴起带来消费者偏好的根本转变，他们不仅在内容和形态上展现出不同的需求，也推动了核心消费的转型。当前，消费者倾向于满足情感与精神层面的需求，由此产生了对独特性和体验性服务的渴望，这不可避免地使其消费行为多样化。消费者的购买差异性反映了其心理预期的演变。因此，文化创意产品要在实体产品的基础上传播文化遗产，并满足消费者的精神与文化需求。因此，设计师不得不将消费心理纳入文化创意产品市场发展的核心策略之中。随着物质生活水平的提升和个人需求的多元化，文化创意产品的进步与消费心态的演化必将引发新一轮的变革，而这种变化不断促进着两者在激烈的市场环境中的适应与成长。

第五章　新媒体背景下文化创意产品的设计思维与方法

一、消费心理影响下的文创产品

（一）针对不同年龄层的文创产品

每个年龄层次的个体都展示出独有的特点，尤其在面对问题和审视世界时，不同消费者的思维和采取的应对策略各异。在消费行为和心态方面，年龄差异导致了各自独特的消费习惯。

1. 未成年阶段的消费群体

未成年阶段的消费群体不仅人数众多，而且对市场的潜在影响力巨大。小学阶段的消费者初涉世事，开始建立对文化的初步认识；到了中学阶段，他们进入青春期，不仅价值判断能力提升，个人偏好亦开始形成，这个阶段的消费特征和偏好趋向明显，并随着成长而发生显著变化。

（1）在小学阶段，消费者对生活消费的主动性和意识开始增强，不再只接受家长安排的消费模式。虽然其日常生活和教育支出大部分仍由家长掌控，但小学生也开始拥有一定的零花钱。这一时期，他们对客观世界的理解日益深入，形成了独特的个人喜好、认知态度、知识基础以及兴趣爱好，他们的情感和意志力也逐渐显现。随着年龄的增长，他们的思想变得更加丰富，能够独立解决简单问题，并在行为上由被动接受向主动选择转变。当涉及文创产品时，这些未成年消费者通常关注产品的本质特征和外观，如五彩斑斓的文具盒和印有卡通人物的书包等。富有视觉吸引力且与他们的日常生活紧密相关的商品特别能捕获他们的注意力。

（2）中学生阶段是青少年成长的关键时期，这一时期他们在心理发展上经历显著变化。受到更高层次教育以及社会文化的多重影响，这些年轻人的自尊心与自我主张逐步增强，他们的思维、分析及判断能力均得到提升。然而，他们的思想观念和性格形成尚处于一个相对简单或未成熟的阶段，经常表现出主动与被动需求交错的特点。这些青少年可能会主动向父母表达购物需求,希望自行支配由父母提供的资金,与家长的意见相对立时,矛盾便会产生。随着对社会的认识日益加深,知识结构不断丰富,他们感知和判别消费品的能力逐步增强。他们的消费行为开始趋向于形成稳定的习惯,购买动机和偏好也逐渐明确。面对文创产品,中学生开始注重产品所承载的文化含义,对其所表达的文化信息有了一定程度的认识。他们偏好那些能够反映个人风格,以及具有独特图案和设计的产品。这个年龄段的消费者也普遍存在着冲动购买的行为,由于他们大多未具备赚取收入的能力,主要依靠父母提供经济支持,因此在消费时往往不会过多考虑金钱因素,且容易受到同龄人的影响和好奇心的驱动。

2. 青年阶段的消费群体

青年消费者拥有强大的购买力,并在消费市场中扮演着引领者的角色,他们会对其他年龄层的消费模式产生显著影响。在整个消费领域内,青年占据了核心的位置,对市场趋势的变动和发展具有关键的影响力。在这一生命阶段的人们需求多样且综合,同时拥有一定的经济基础,这造就了他们独立而坚定的购买决策能力。青年群体的感知敏锐,拥有成熟的抽象思考力、分析能力及对周遭环境的高度适应性,他们掌握的科技与文化知识水平较高。他们能敏感地察觉社会变革、文化发展、价值观的演进以及市场需求的波动和消费模式的更新,并往往在这些领域走在前列。

当涉及消费选择时,青年倾向于追寻新奇、时尚和能展示自我风格的产品。他们对文创产品的兴趣尤为浓厚,特别偏爱那些体现个性的文化元素和具有设计感的物品,并极度重视产品的审美价值。相比价格实惠,他们更倾向于产品的创新性和独特性。这种消费行为不仅反映了他们对个性化和审美的追求,也对市场上的产品设计和创新趋势产生深远影响。

青年群体正处于从青涩走向成熟的关键期,这个时期他们的自我认同感急剧上升，消费习惯也开始从浮动不定转向稳固成熟。在选择产品时，他们追求的是品质、实用性及设计的高标准，对普遍和平庸的产品毫无兴趣，特别注重文创产品能否彰显独特个性与时代精神。尽管青年具备较强的思考与决策能力，但由于情感冲动且强烈，其消费行为常被个人喜好和情绪左右，有时候会表现出冲动购物的倾向。

3.中老年阶段的消费群体

步入中老年的消费者往往经历了明显的生理和心理转变。在生理方面，他们的身体功能不断减弱；在心理方面，他们对于名利的追求也逐渐变得淡漠。此外，由于一些人进入退休或者离休生活，他们的消费能力通常低于其他年龄层。在消费方面，他们倾向于注重实用性和价值，与年轻消费者相比显得更为保守，属于较为传统、承袭旧俗，并重视后代的消费者类型。中老年消费者在消费水平、文化认知及个性方面的差异促使其消费理念多样化。在退休或离休生活中，许多人投身于各种爱好，如书法、绘画、唱歌等。尽管他们对于文化创意产品的热情可能不及其他年龄段，但仍会关注并选购那些能满足他们精神需求或使用需求，且能引起他们兴趣、设计传统而价格合理的产品。

（二）不同消费动机中的文创产品

消费动机是驱动个体参与各种活动的内在力量，源于满足特定需求或目标的渴望。不同的目标和需求孕育出不同的消费动力。人们的消费行动取决于动机的强度和诱因；即便是相似的行为，其背后可能激发的动机亦各不相同。根据心理学理论，需要是形成动机的原动力，而动机则驱使人们采取行动以实现自身的需要。在行为的连锁反应中，动机充当着连接需求与行动的桥梁，正是这一过程构成了人类行为的核心。

文化创意产业的蓬勃发展近年愈加明显，引起消费者和行业内部人士的高度关注。人们之所以踊跃前往文创店铺选购相关产品，根本原因可以归结为以下几个方面：第一，文创产品激发了消费者对文化的深厚感情，尤其是在选购与本地文化或红色旅游景点相关的物品时，文创产品通过融入特定人文景观的设计元素，唤起人们对地方特色的怀旧赞美之情。显而易见，这类产品之所以贵重，是因为它们所承载的故事和文化情感激发出消费者对产品的情绪性需求。第二，文化市场的兴盛催生了行业内竞争的激烈，许多业内人士为了洞悉竞争对手的动态，常通过实地考察或购入对方产品，以期从对手那里汲取教训和进行自我提升，这种消费动机属于基于逻辑推断的理性购买。第三，驱动消费的因素并非完全源于消费者个人的内在需求，社会环境的影响同样起到了不可忽视的作用。

在当代社会，网络和电视等媒体渠道已成为大众获取信息的主要手段，它们被广泛用于掌握市场动态、新闻时事和广告宣传。企业亦利用这些渠道推广品牌及其产品，同时，消费者也借此了解各类商品。口碑营销因此成为企业推广策略与消费者购买行为中的关键手段，以激发消费者的购买欲望。特别是文创产品，作为承载消费者精神文化需求的消费选项，其传播力和社会影响力的提升，无疑能在消费者心中引起强烈共鸣。以《上新了·故宫》为例，该节目通过展现文物背后的故事，推广了一系列文创产品，不仅吸引了众多观众的关注，也刺激了他们的购买兴趣。这样的营销方式，既普及了文化知识，也为文创产品打开了市场之门。笔者认为，消费动机的触发不单纯由个人需求引发，文化市场的营销策略也是一个不可忽视的动因。而最终无论消费动机的来源为何，其背后都应当是积极正面、能够传递正能量的目标。

（三）不同文化认知中的文创产品

每个人的生活背景、教育水平、职业等个人因素的不同造就了各异的文化理解能力，这种能力的差异影响了人们对文创产品的评价和态度。最初，文创产品设计的核心受众是那些具有较高文化理解水平的消费者，旨在为他们提供审美价值和实用价值。但随着时间的推移，人们接受新鲜事物的能力日益增强，这类产品也开始迎合那些文化理解能力相对较低的消费者。

消费者的文化理解水平不同，其对文创产品的看法和消费态度也不同。在面对文创产品时，不同文化理解水平背景下的消费者会展现出各自独特的购买心理和行为模式。

对于文化企业和产品设计师来说，设计出能够与消费者心灵契合的文创产品至关重要。如果产品无法与消费者产生共鸣，那么无论产品本身多么出色，或企业如何努力营销，产品仍可能面临销售上的挑战。因此，了解并设计出既能触及消费者心灵又能体现文化深意的产品，需要设计师深入考虑消费者不同的文化认知水平。

二、消费心理在文创产品设计中的表现

（一）文创产品设计中的感知系统

消费者对购买产品的反馈通常是多元而复杂的，其受众体验的影响因素既包括个体外在因素，也涉及设计师与制造者的决策。从创造者的角度分析，文创产品设计可以分解为本能层次、行为层次和反思层次这三个维度。这三个维度在设计过程中各司其职，彼此重要性不相上下，且设计师们需要通过采用各种不同的方法来发挥每一层次的作用。

1. 本能层次中的设计传播

文创产品的进步植根于深厚的文化底蕴。文化作为人类精神生活及其产物的总和，其核心不掺杂任何功利性。因此，文创产品的设计和研发，应排除功利性的考量，而应深入挖掘并传递文物的真实、善良和美好，激发人们对文创产品的深层次思考，进而培育消费者对于"新奇"审美和偏好的升华。

从定义上看，本能层次指的是产品外观所激发的直觉反应，这种感受根源于人的先天感知。当设计师和生产者从这个角度审视时，他们会

明确地认识到,产品外观的审美确实能给予消费者强烈的视觉吸引和感官震撼。然而,在笔者看来,这种本能反应并非恒定不变的;它可以通过设计所传递的信息以及文化和艺术的深层体验来转化,从而塑造新的直觉响应。在设计过程中,本能层次的关注点并非单纯在于外观的美感,更重要的是产品是否能够符合公众利益,是否能通过其设计满足大众需求。它旨在引导大众将通过后天培养的偏好转化为先天的直觉。在这一层面,设计超越了功利性,而功利性则贯穿于行为层次和反思层次。

2. 行为层次中功能化的创新表现

文化创意产品设计在行为层次上突出三个关键要素:产品功能的实用性、创新的原创性和对这两者深层次的解读与应用。优质的文创作品不仅要让消费者理解其使用价值,而且要将这些使用价值与文化创意融为一体。在行为层次的设计实践中,无论文化内涵如何定义,无论产品形态如何变化,其实用功能总是需求解析的起点。对于设计师而言,如果一个产品在功能上无法引起关注,那么再精美的外形也是舍本逐末。即使追求审美价值到了极致,也不能牺牲实用性。此外,设计文创产品的核心在于满足人们的物质与精神需求。如何基于公众需求出发,并通过设计创新满足这些需求,是设计师在行为层次需深入考虑的课题。尤其是在现实生活中,人们的需求满足往往是一个无止境的过程,当一种需求得到满足,新的潜在需求又会浮现,这些隐性需求缺乏明确的标准,不像显性需求那样容易辨识。

3. 反思层次中传统文化的可持续发展

在设计的框架内,若将本能层次视为设计的感觉体验,那么反思层次则转向设计的深度思考——一种朝着长期和现实目标的思考过程。反思层次的设计类似个人成长旅程。在成长过程中,个人会面临无数问题,通过对问题的观察、分析和总结,人们学会规避相似问题的再次发生。文创产品设计也遵循这一路径。消费者在选购产品之后,经常会就颜色、材料、功能、成本等方面进行思考,有时候会因为产品与自身需求不匹配而感到懊悔。设计师也会遇到类似的反思过程。设计师通常需要根据产品的质量、销量和消费者反馈等因素评估自己的设计是否到位。设计本质上是围绕"问题"的一系列解答，而这些"问题"通常是设计的各个要素相互交织产生的矛盾。因此，设计师在产品设计中遇到的难题需通过深思熟虑找到解决之道。

在文化创意产品设计领域，传统文化的韵味为设计师提供了源源不断的创造力。设计师的每一次创作，都似乎是一次向着文化深处的探索，寻找那扎根于过去、由祖先勤劳和智慧凝结而成的精髓。在弘扬民族文化的道路上，设计师不断追求，借助文化交流等途径，让文化创意产品通过全新的视角和思路展现传统的魅力。保持并加强传统文化的生命力，成为设计师肩负的任务。在文创产品的设计与开发过程中，把握住时代脉搏、市场需求与创新思维之间的平衡至关重要。只有这样，设计师才能使其作品既传承文化精神又满足现代生活的需要，实现文化与实用的完美结合。

（二）文创产品设计中的消费美学

探究美学体验即探讨人类与世界之间的审美关系，这是一场针对意象世界的精神体验，亦是一项关乎精神文化的研究。文化创意产品则是精神文化消费的承载体，它们将文化主题经由创新思维转化成同时具备实用性、美感、文化内涵和市场潜力的物品。在这其中，美学的价值不仅反映了一个时代的审美标准，还显现了一个民族艺术成就的高度。文创设计师需先洞察文化之美，进而提炼出艺术的表达形式，通过融合传统美学与现代审美观，不断创新，才能生产出顺应时代潮流的文创产品，进而提高消费者对这些产品的兴趣和购买意愿。

1.产品设计中文化元素的时尚消费

在现代市场经济的竞争态势下，产品趋同化已变得尤为明显，单纯地模仿文化元素无法满足消费者对文化创意产品的复杂需求。消费者的审美意识不断提高，他们对文创产品的外观设计提出了更高的要求，希望这些产品能够符合个人的审美偏好，这样的趋势无疑对产品的生命力产生了深远影响。在设计文化创意产品时，设计师必须考虑如何将丰富的文化资源转化为拥有现代气息的商品，这一点尤为重要。

时尚是流行趋势与社会文化的反映，展示着时代的风貌。文化创意产品的发展不应仅局限于某一时代或风潮，毕竟能够传承至今的传统文化自有其值得尊崇和汲取的精髓。设计师应该以传统为底蕴，寻求文化价值与产品形态的创新。建立在传统文化传承的基础之上，设计师要将现代的潮流元素与之相结合，让文化创意产品为传统文化装扮出适应现代审美的"新装"。

2. 购买欲中设计创意的表现

在文化创意产品的设计过程中，创意是吸引消费者并促进产品销售的核心要素。对于这类产品来说，一件杰出的作品必须既符合消费者的预期，又能触动他们的情感。

笔者认为，文创产品设计的根本在于其承载的文化意义。这种文化表达犹如讲述一个个独特的故事，将历史与感悟融合，以独有的形式加以保留或展示，旨在启发人们，丰富其精神生活。随着社会进步与时光流逝，设计师需借鉴文化智慧，结合当代社会背景和时代氛围，重新诠释这些知识，以鼓舞更多人，并让文化持续散发其活力。

要让文创产品传递深厚的文化内涵，创新的创意展现至关重要。产品中创意的深度不仅反映了产品的文化价值，也显现了消费者的购买动机与心理。

（三）从设计的角度谈产品的生命周期

商品的生命周期描述了其从面市至最终被淘汰的整个过程。在文化创意产品的发展阶段，持久性、成本效益分析，及其对社会、市场和消费者的影响都是关键因素。设计师需要确保产品在功能、原创性和审美

第五章 新媒体背景下文化创意产品的设计思维与方法

方面的更新能够延长其市场存在时间。同时,基于市场反馈对文创产品进行必要的改良,以及对生产成本的精确管理,也是保持产品竞争力和生命周期的重要战略。

1. 以质变延长产品生命周期

在激烈的行业竞争中,文化创意产品同样面临着生存的考验。要想在文化市场中占据一席之地,这类产品不仅需要紧跟时代的步伐,还得密切关注其生命周期的进程。文化创意产品通过独特的方式将文化内容呈现于世,为了保持其文化内容的持续鲜活必须不断更新和改良。互联网产业采用的是从无到有,再从有到多的增量发展模式,持续通过迭代更新来维持产品的生命力。相对于互联网产业的发展方式,文化创意产品的刷新更像是在前人智慧的基础上迈向更深一层的扩展,从而实现从质的飞跃到更高境界的发展。

在文化创意产品的设计阶段,设计师必须深入考量产品的长远前景,充分评估样式、功能及实用性等关键要素。若一件产品在投入市场接受消费者检验的过程中始终未作任何改变,它可能因市场对新鲜事物的渴望而被淘汰,或者由于其设计和功能不再满足用户需求而导致使用频率的下降。设计师在产品问世后,必须积极搜集市场反馈和消费者建议,这些反馈和建议对产品的迭代更新至关重要。产品和设计的终极目标是服务公众,设计师的工作重心应集中在公众需求上。要延长文化创意产品的市场寿命,其设计和制造必须立足于满足人们对产品的广泛期待。

2. 设计师角度下的成本意识

设计领域不仅仅局限于传统的绘图、制图,实际上,它更涉及成本和预算等实质性问题。在文化创意产品从概念到成品的转化过程中,设计费用、样品费和生产服务费等均计入产品成本。这部分成本不可避免地会反映在最终产品的售价上,这是文创产品价格高于普通产品的因素之一。设计师在创作过程中可能因为成本限制或预算压力而不得不修改原有设计方案,因此,他们在设计时具备成本控制意识是至关重要的。

这种成本意识主要体现在以下三个方面。

首先，材质选择和制作工艺是文化创意产品质量的双重保障，它们在产品定价时占据着核心地位。对于设计师而言，完成一件作品远超过设计图纸的完成，他们必须与生产和销售部门保持密切沟通。如果所选材料优质或工艺精细，生产过程便需要更多的费用和资源，包括但不限于更高的人工成本和物料开支，从而导致成本上升。相对地，次级材料或低质工艺的产品很难在市场上取得好价格。与常规产品不同，文创产品不能简单地采用低价销售策略，这样会削弱产品的价值和意义。因此，在材料选取和工艺标准设定上，设计师通常会格外慎重。他们经常会为了寻找最适宜的材料和生产合作方走遍各地，这不仅确保了产品的高标准质量，也维持了生产成本的平衡。在与生产商的交涉过程中，设计师经常需要在材料品质和工艺精度之间做出选择，但即便如此，他们也有一个不容妥协的质量底线。在这个基础上，打样就显得至关重要，因为它是制作流程的一个关键步骤，它能够确保最终产品能够满足既定的质量和成本要求。

其次，在产品设计与生产的初期，设计师需对成本投入做出合理预估，确保资金的充足性以应对细微的设计调整或者二次打样的需求。为避免不必要的费用支出，如过多的打样费和人工成本，设计师必须在每次修改设计或请求样品生产前，深思熟虑其对成本的影响。经常性的修改和打样虽能改善产品效果，但也意味着巨大的时间与财务成本的投入，有时这种投入甚至会超出最初的预算计划。因此，在设计与生产过程中，设计师需要特别注意审慎决策，这是确保成本控制和产品质量的关键环节。

最后，在确定最终产品批量时，小型文创企业行事非常慎重。考虑到生产商通常会设定最小生产批量以避免亏损，并根据订购量调整报价，这对于小企业而言无疑是一大考验。因此，这些公司往往会选择对那些畅销且有较长销售周期的产品进行批量生产，以此优化库存和成本效率。

与此同时，对于成本高昂或者市场周期短的物品，它们则倾向于减少生产量，或者根本不投入生产。这样的策略旨在避免资金的过度积压和经济风险。

第二节　基于地域文化的文化创意产品设计

深厚的历史文化积淀，让中国成为学术界探讨地域文化热点的宝库。中国丰富多样的地域性文化宝藏，不仅是特定地域向全球亮出的独有风采名片，也为设计师的创新设计注入了源源不断的灵感。

一、地域文化对文化创意产品形成的影响

（一）文化创意产品的地域文化解读

文化无处不在，它并非一个孤立的实体，而是一切事物的表现形式。文化的形态多种多样，受地理位置的影响而有所差异。古代由于交通条件的限制以及行政区划的隔离，文化的交流与传播显得相对封闭。但随着时间的推移，各地逐步孕育出具有本地特色和风情的文化特征。地域文化作为文化的一个重要分支，涵盖语言、生活习惯、道德准则、社会制度、风土人情及居民的世界观、价值观和审美观等各个方面。中国的地域文化丰富多彩，随着时代的变迁持续发展和演化，成为创意设计不可或缺的珍贵元素。

设计师在开发以地域文化为主题的文化创意产品时，需要对地域文化进行深入了解和分析，洞悉其传播途径与核心要素。筛选、挖掘文化原型，提取其精髓，并在此基础上进行创意表达，有助于文化的传承和创新复兴。高效获取和运用设计元素，需要设计师从设计的视角出发，系统整理和吸收地域文化的精华，使其在设计实践中得以充分运用。这样的设计不仅满足了人们对文化的需求，还是推动地域文化传播和发展

的动力。

(二)地域文化与文化创意产品的关系

1. 地域文化赋予文化创意产品精神内涵

在全球化的潮流中,追求文化创意产品设计的独特性变得尤其关键。地域文化激发创新,并为文化创意产品注入精神和灵感。尽管国际化的设计风格能满足不同用户的基础需求,但在跨文化的环境下,用户的特殊功能要求、审美倾向以及心理预期常常各异,某些偏好差异巨大。设计的本质,特别是文化创意产品设计,始终与文化紧密相连,与消费者所处的地域文化有着直接的联系。

如果文化创意产品设计忽视了地域文化的深层挖掘,它们便失去了独特魅力,导致市场上充斥着千篇一律的产品。每个区域的独特风情、传统工艺、设计理念和典型色彩,都是创造与众不同产品的宝贵资源。要制作具有区域文化特征的创意作品,关键是要凸显地方的独特风格。文化创意产品若植根于地域文化的精髓,便能吸引更多目光,尤其是那些反映地方民族特色的产品,它们不仅仅具有纪念意义,也具备收藏的价值,同时反映了地域文化为文化创意产品所增添的核心价值。

文化创意产品的设计从概念的萌芽阶段起,就应植入地域文化的价值观。设计师把握文化多样性的原则,深入研究本土的传统工艺、审美取向等方面,可以创造出真正独一无二的作品。这些作品不仅展示了独有的地方风采,而且因地域文化的深层次内涵而价值非凡。设计师提炼并运用这一文化精粹到文化创意产品中,不仅提升了其艺术和文化的价值,也使产品本身在市场上的地位得以提升。这一转化过程是创意设计工作的一个重要研究方向。

2. 文化创意产品承载地域文化物化成果

面对外来文化的涌入,加强本地传统文化的软实力变得十分重要。培养公众的审美品位和文化自信,激发社会各界对文化产业的兴趣,是确保本国文化在全球舞台上的重要地位和影响力的有效手段。文化创意产品融合了民俗、艺术等多个层面，不仅为地域文化的展示提供了丰富而有活力的窗口，而且推动了当地经济和旅游业的繁荣，这对于地域文化的持续传承与发展具有重大意义。

植根于中国"物质承载思想"的传统，文化创意产品不仅兼具实用性和文化深度，而且通过其装饰性和形态特色，巧妙地映射出地域的文化象征。这种通过物化形式表现主体文化的方式，实现了文化的复兴和活化。挖掘地域文化精髓来设计高品质的文化创意产品，能够吸引消费者的注意，打动他们的情感，从而加深他们对本土文化价值的理解和认同，增强民族文化的自豪感和地域文化自信。

3. 地域文化在文化创意产品中的物化体现

在产品设计中，物态文化的运用通常集中在其外在层面。所谓物态文化，是一个地区历史沉淀的具体物质表现，它以有形的物理形态存在，如自然风光、建筑遗迹、古代文物等。这种文化形态在文化创意产品设计上的体现，主要是可视、可触的表面特性。例如，传统器物的形状、装饰图案等元素经过精炼可转化为现代产品设计中的色彩图案、表面材质、构型以及触感细节等。

地域文化在文化创意产品的主题选定、材料采集、生产工艺以及市场销售等方面扮演关键角色。开发特定主题的文化创意产品时，设计师常常从当地的标志性视觉元素汲取灵感，而各地博物馆收藏的珍贵文物正是物态文化的重要载体。文化创意产业起步阶段，将这些物态文化元素原封不动地印制到各种媒介上是一种普遍做法，如质量低劣的仿古文物或博物馆藏品照片印制的钥匙链等。然而，随着设计水平的提升和时代的演进，单一、缺乏创意的设计已经无法满足人们日益提升的审美要求。例如，敦煌博物馆以其壁画中的飞天形象作为设计元素创造出的丝路文创产品，将物态文化图案精心印制在文件夹和笔记本等实用物品上，并非简单地复制粘贴。设计师通过协调色彩与版式，虽采用平面设计手法，仍旧实现了审美与功能的和谐统一，为产品赋予了额外的价值。

产品设计的中层反映的是行为文化的多样性。行为文化，随着人类社会互动及生产习惯的发展而形成，囊括了语言、特殊的饮食习惯、传统工艺以及地区风俗等，它不仅塑造了各地独有的社会风情，而且成为区分地域特征的重要因素。在文化创意产品的设计过程中，行为文化对产品的外观、色彩选择、结构材料乃至功能实现等都具有潜在的影响力。设计师在挖掘这些文化元素时，应注重它们的形成背景和表现方式，从而在产品设计中融入地域文化的深层内涵。举例来说，本地的民俗不仅给产品赋予了独特性，还影响了用户对产品的实际应用方式和情境体验，设计出来的产品在功能性、便捷性及使用过程中的情感体验上，因地制宜，各具特色。

4. 地域精神文化在文化创意产品中的深层映射

精神文化由宗教信念、民族精神和传奇故事构成，是个体在社会活动和思维活动中所形成的独有的精神状态和意识形态。它的象征性作用赋予文化创意产品设计深远的意义，让特定群体可以在这些产品中引起文化的共鸣。精神文化的复苏与传播体现在如何将传统文化要素转化为设计灵感。它不仅给产品设计提供了故事性的背景，也可能会对人们的生活方式产生指导作用，这是因为其内含的宗教信条或许涉及生活中的某些偏好和忌讳。同样，民族情感也会在美学选择和消费习惯上留下烙印。精神文化的力量无所不在，不仅仅是在可见的层面上更在不可见的深层中塑造着人的行为和认知，它是个体解读自身、自然界以及社会结构的关键。

例如，以曾国藩、左宗棠等历史人物为代表的湘军文化，铸就了湖南人坚韧不拔、吃苦耐劳的性格特点。基于湘军将士的形象开发的文化创意产品，以其卡通的造型和明亮的色彩赢得了市场的青睐，同时传递了湖南人民经历时代变迁而形成的坚毅精神。随着时间的推移，地域精神文化亦在不断演进，正如格罗皮乌斯所说："美的观念随着思想与技术的进步而改变。谁要是以为自己发现了'永恒之美',他就必然会陷入模仿和停滞不前的境地。"① 只有能迎合当下时代特征的产品才能被消费者所选择。因此,设计师在设计文化创意产品时,需要适应现代传达方式,将地域精神文化的继承与创新相结合,避免固守传统,将目光限制在过去。

二、地域文化元素在文化创意产品设计中的转换模式

(一)地域文化元素转化的提炼方法与手段

文化创意产品的设计思路与常规产品相比较,显现出独特的差异性。常规产品在设计初期的目标定位和受众群体往往是明确的,设计师依据这些前提进行创作。而文化创意产品则从另一视角出发,其核心不仅在于满足消费需求,还在于深入挖掘和呈现文化价值。设计这类产品时,设计师对文化深意的理解与提炼成为首要任务,以确保产品能够与其承载的文化紧密相连。地域文化特色被巧妙地融入产品设计之中,不仅能够极大地丰富产品的文化层次,也能有效地促进文化创意产业的蓬勃发展。

1. 地域文化元素的选择

地域文化的构建与形成是一个复杂的过程,它不仅仅是自然条件、民族遗风和居民日常生活方式的简单叠加,更是这些元素相互作用、综合影响的结果。当地文化要素在商品的创造与展示中应以一个统一整体亮相。设计师在挑选地域文化特征进行商品设计前,需进行彻底的信息搜集与深入的分析,以对地域文化的多个层面有一个周密的评估。地域文化表现形式多样,常见的包括但不限于建筑风格、美食佳肴和时尚服饰等。调研过程中,设计师应全方位开展,拓展研究视野与思考维度,

---

① 冷益虎. 历久弥新的包豪斯设计理念探析[J]. 大观,2019(10):9-10.

着重从以下几个方面进行深入探索。

首先是自然条件。自然环境作为生态中生物存在的背景，对当地的文化具有显著的塑造作用。

其次是历史与人文。历史进程与人文交汇，在地域文化中镌刻下深深的印记。中华民族几千年的历史孕育出的文化，犹如江河之水，源远流长，且交相辉映。这包含了从书籍到日用器皿等实物文化遗存，以及习俗、手艺等无形文化传统。

最后是资源文化。这指的是区域特有的自然资源和人工制品，它们可以大致分为自然资源和手工艺品两大类。不同地域因自然环境和生产条件的差异，孕育出独具一格的物质文化。

2. 地域文化元素的提炼

地域文化的符号普遍源于日常生活中的常见事物。在文化创意产品的设计过程中，将这些物质化的事物转换成具有一定抽象性的事物是关键。太具象的产品设计往往给人一种工艺感而缺失文化深度，且这样的设计难以契合快速变化的现代审美，很可能只会是昙花一现的流行。

在提炼地域文化元素时，恪守以下两条基本准则是十分重要的：第一，必须敬重各地的人文背景。不同地域的历史、习俗、信仰、观念共同织成了丰富的人文环境，这些是历史的积淀、现状的反映，亦是未来发展的重要指标。要打造出真正属于某地的文创产品，设计师必须深刻理解并敬重当地的人文环境。在设计时，设计师应不断回顾当地人文，确保产品定位的准确性，精选那些能呼应当地历史并迎合居民审美的文化要素。第二，必须聚焦特色，确保设计基于地域文化元素的产品具备显著的地域辨识度，能让人一眼认出其来源的地区。这就要求设计师确保产品的地域特色鲜明，能够让人一眼认出其地域属性。这样的典型性意味着文创产品设计所选元素应在更广泛的范围内具有代表性和普遍的认知度。而识别性则关系到所选元素是否能直观且迅速地引发对特定地区的联想，不引起误解或含糊。

3.地域文化元素提炼方法

在设计领域，解决方案是多元的，不受限于单一答案，尤其是在处理地域元素时，提炼的方法数不胜数。以下是一些主要的策略。

（1）外轮廓的提取是认识任何物体的初步方式。通过勾勒出物体的外轮廓，设计师能够捕捉其基础形态。然而，过分关注细节可能会牺牲设计的整体审美。因此，在提取轮廓时，细节可以适当省略，保留大体的、最关键的轮廓线条就足够了。

（2）简化物体的结构可以在一定程度上提炼出其抽象形式。对于线条简单的物体，设计师只使用基本的轮廓线条和形状可能会使设计显得单调，不利于深化设计。例如，不同地区的建筑如果仅提取外轮廓，很可能都是相似的矩形，缺乏特色。在这种情况下，设计师更应关注的是建筑的独特结构。提取轮廓之后，进一步提炼出物体的关键线条和结构支点，并将它们组合成一个协调的比例，最大限度地反映原始物体的特性，就显得尤为重要。

（3）物体间的相互关联性可以用来进行象征性的借贷。当某个物体难以直接提炼时，寻找与其有内在联系的物体进行代表是一个有效的方法。这种关联性在人们的认知中构建了逻辑联系，提及一个自然能引发对另一个的联想，这样的设计手法利用了借代的技巧。

（4）材质。《周礼·考工记》记载："天有时，地有气，材有美，工有巧。合此四者，然后可以为良。"其中对于材料美学的阐述，昭示了古代设计师深知原料优劣对作品质量的影响重大。在选择材料时，设计师不仅需要评价其本质特性和品质，还需考量其审美与文化价值。不同地理环境孕育了各自的特色材料，遵循自然选择的法则，这些材料的地域特性为展现本土文化提供了助力。

（二）地域文化元素在文化创意产品设计中的转化思路

旅游纪念品作为以地域特色为主题的文化创意产品，在市场上占有一席之地。与此同时，能够满足日常生活和工作需要的文创用品并不多。因此，开发既实用又能满足人们精神追求的文创产品，成为未来发展的一大趋势。①

地域文化元素的呈现手法众多，其中直观的表现形式较为普遍，即直接在产品设计中融入具象的文化符号。这种方式使得消费者在使用过程中能够深切体验到产品寓意的文化深度，从而对地域文化产生共鸣。正是这样的产品，对于推广和发扬某一地域的文化具有不可小觑的作用，它们通过引发消费者对地域文化的联想，起到了传播文化的积极作用。

很多文化创意产品具有鲜明的地域文化特点，这是文化创意产品的一大亮点，这类产品设计的关键在于从地域文化的宝库中提炼恰当的设计元素。通过这种方式，地域文化的精髓和价值得以借助符号的形式在产品中得到展现，进而实现产品审美价值与其所承载的文化价值的互补。地域文化的精髓在于其多样性，而将其转化应用至文创产品的方法主要有两种路径：一是具象化，即直接引用文化元素；二是抽象化，即传递更深层次的意境。这两种路径既可独立运用，也可交织配合，共同构建独特的文化创意产品。

1. 基于传统元素提取的具象转化

中国的传统文化悠久且深邃，重视以符号传递深层含义，各类设计细节皆蕴含着特定的象征。设计师能够从日用品、建筑风格、色彩搭配、手工艺术以及传统服装等各个方面汲取灵感，以此丰富文化内涵并表达国家精神。在产品多样化的今天，消费者的需求已超越实用性，趋向于追寻精神层面的满足，渴望体验独有的审美与多元文化的深度。

2. 基于精神内涵传达的抽象转化

精神内涵都是抽象的，各种观念和信仰都没有具象的形态，它们存

---

① 蔡萌. 文创设计不能只是"萌萌哒"[N]. 中国文化报, 2015-07-29（5）.

在于人的思想中，只能通过语言表达、行为方式才能看出。设计必须从生活出发。满足生活需求，使人类有更好的生存方式，是产品设计的终极目标。学者唐林涛等提出，产品设计和生活需求这两者是相互影响的关系，设计来源于生活，也影响着生活。①

（三）地域文化元素在文化创意产品设计中的转化手段

1. 拼贴

拼贴艺术就是将一个物体上具有代表性的符号或特征迁移到另一个物体上的创作行为。这种艺术形式在外显上既合乎逻辑也顺应情感。以故宫博物院推出的紫禁城主题杯垫为例，设计师巧妙地精简了蝙蝠、鹿、鹤等动物的形象，并在此基础上重新构思，以拼贴的手法赋予了杯垫传统文化的深层含义，把"福禄寿"这一吉祥寓意巧妙地融入产品之中。在这套杯垫系列中，动物轮廓的简约线条与传统祥纹的底色相结合，不仅彰显丰富的审美情趣，还兼具实用性。在日常使用之时，它们同样能向人们传递中国特有的祝福文化。

2. 嫁接

嫁接在设计领域中，指通过创新的技巧建立起原本无关联事物之间的联系。设计师常常筛选与产品息息相关的元素，并将之巧妙地整合到产品设计之中，使得消费者在使用产品时能够感知并思索设计师想要传达的概念。这种设计过程本质上是一种沟通，其中产品作为设计师表意的媒介，传递的细节涵盖了材质、功能与工艺等各个层面，其传递的文化价值与地域文化紧密相连。文化创意产品的创制也是为了通过产品传递的文化符号展示某一地区的文化风貌。消费者的日常生活模式、习惯以及历史背景，都是这一地区文化特色的关键要素。

---

① 唐林涛，李平.设计的文脉[J].装饰，2002（11）：8-9.

3. 结合

结合指的是应用古老传统的素材、手工技艺及设计风格,创造出满足现代生活需要的产品。比如,故宫博物院推出的鼠标垫,其设计概念源于馆藏的"香色绸缎八团五彩云金龙女袍"中的团龙纹,它由丝绸制成,图案采用传统刺绣技艺精心制作。设计师将古老的工艺、素材与现代产品设计巧妙融合,形成了鲜明的视觉冲击。

手工艺源于人民的日常需求,与当地自然资源、居民的生活方式和文化传统密切相关。尽管传统工艺相较于快速发展的现代技术没有显著优势,但它承载的传统文化和精神价值不应被技术所替代。现代性与传统并不是严格的时间概念上的对立,而是相互渗透的。融合古老传统不是简单的复制或回归,而是需要在吸纳传统的基础上加入科技创新的元素。这种结合不仅是对传统的致敬,也是对创新的追求。

第三节 基于情境整合的文化创意产品设计

一、文化创意产品的情境分析

(一)文化创意产品情境空间

由于文化创意内容所带来的特殊性,文化创意产品情境在产品要素和环境要素上都具有双重性。文化创意产品包含两个相互依存的部分:文化内容和硬件载体。文化内容对应产品所蕴含的文化内涵,给使用者带来情感、记忆等体验。[①] 硬件载体对应产品的使用功能,在生活中为使用者带来方便。文化创意产品还具有文化价值和经济价值的双重属性特征,具有物质和非物质的双重评价标准。

---

① 魏鹏举. 文化创意产品的属性与特征[J]. 文化月刊, 2010(8): 51-53.

1. 人的要素

文化创意产品的使用者是生活在当下的人们，因此其生活方式、消费理念等都带着时代的印记。他们或多或少都是认同文化创意产品中所包含的文化价值的人，且在生活或工作中有一定的精神追求。

2. 环境要素

从广义上说，文化创意产品所处"环境"就是当下的社会环境，如互联网环境、文化创意产业环境等，它蕴含当下的人文气息、技术水平等当下社会的一些共性特征。具体来说，文化创意产品所处的"环境"就是用户在使用产品时的环境状况。它包括现实的、动态或静态的环境特征，也包括用户使用文化创意产品时从精神意识上所进入的传统文化情境。因而，文化创意产品的环境也具有双重性。

3. 关系要素

现代人在现代社会环境中产生具体的需求，这些需求包括物质层面的需求也包括精神层面的需求，它们受到传统文化环境与现实使用环境的双重影响，且包含实用与内涵双重功能。

（二）文化创意产品情境分解

相对于一般产品，文化创意产品的设计问题相对复杂。一方面是因为文化创意产品本身具有文化价值属性和经济价值属性双重属性特征。另一方面，现阶段我国文化创意产品设计命题具有高度的开放性。文化创意产品的最终形式是由文化创意内容和硬件载体两部分组成。设计问题的不确定性使得设计活动变得更具挑战性。

从情境设计的观点来看，复杂问题的求解很大程度是由于情境的复杂性造成的。心理学相关的研究表明，知识蕴含在记忆被提取和产生时的情境之中。[①] 对于复杂情况下的设计问题求解，人们需要将情境划分

---

① 李日阳．基于情境的产品设计方法探究[J]．大众文艺，2018（16）：102-103．

为不同的类别,并对不同的场景进行系统的分析,从而对情境进行重新构建,并竭力还原产品所处真实环境。只有将目标产品在每个情境的不同状态下进行分类和比较,才能真正地做到以用户为中心,才能为目标用户带来良好的用户体验。

设计师通过对文化情境进行分析,对文化内容进行解读,对文化元素进行获取产生相应的一些概念构思;通过对现代生活情境分析,从人们的生活习惯中发现一些困境并成为产品载体的机会点,并针对具体的使用环境形成解决问题的具体产品构思。这些前期分析得出的情境信息都将储存在设计师的大脑里,以便在后续重构文化创意产品情境过程中随时提取。

二、情境整合的相关知识

(一)设计的可整合性

整合本质上是多个组元通过特定的模式和界面联结,从而形成一个有机的统一体。这一过程赋予了整体新的特性和功能。因此,整合既是构建系统的哲学思想,也是应对复杂系统问题、增强系统整体性能的有效手段。构成整合体的基本单元,既是整体形成的必要条件,同时每个组原本身也可能是一个独立的系统。[①] 可被整合的整合组元具有以下特性和条件。

1.边界性

在逻辑层面,由多个组成元素构建而成的整体,必然会展现出明确的界限。这些组成元素之间的内部联系(如各自的功能和相互的优势补充)使它们能够联结并共存。这种能力至关重要,因为它是整合现象发生的基础。

---

① 侯合银.整合理论若干问题研究[J].系统科学学报,2009,17(1):38-42,75.

2. 界面选择性

在形成一个整合体的过程中，组成元素表现出对界面的选择性。这些界面的功能可以概括为物质交换、能量转移、信息流通，以及维持整体有序性。在所有功能中，信息流通是最基础的，它如同黏合剂一样，把组成元素结合为一个整体。

3. 功能涌现性

整合的核心在于其功能的涌现性，即当组成元素互相作用、聚合重组时新的总体功能自然显现。这是整合时功能涌现的基本规则。

在产品开发设计的实践中，设计师通常采用以问题解决为导向的整合设计策略。他们综合技术、文化、艺术、知识、信息、生态等设计资源，全面考虑并吸纳新技术、消费文化、创新知识、生活方式、产业模式等优势因素。这样的设计不仅仅是功能的聚合，更是人文、科技与社会价值的融合，展示了设计过程中整合的必要性和可能性。[1]

（二）空间整合理论

1. 空间整合理论的含义

空间整合理论又叫"概念整合理论"或"概念融合论"。它是认知语言学中一种十分重要的理论，并日渐成为交叉学科研究的热点。

空间整合理论框架下的"空间"并非物理学或数学中的概念，而是人在交流与思考时，为了理解和采取行动而在脑中暂时形成的概念性存储单元。这些"概念包"作为临时的认知仓库，储存着人们为理解环境而整合的信息片段。

人们从不同的信息源中选择并提取特定的意义，并将这些片段综合形成一个全新的概念，这个认知过程被称作"概念整合"。实际上，人们

---

[1] 王效杰.产品整合设计模式及其应用研究[J].艺术探索，2009，23（2）：102-103.

在与世界互动中遇到的所有信息，无论是知识、物理环境还是其他，都被认为是带有特定属性的概念和空间的输入。人类心智能够将这些来自不同知识领域的输入通过跨领域的选择性匹配，映射到一个动态的、更加复杂的解释空间内。这一过程不仅涉及信息的筛选与重组，也关系这些信息在心智中的再激活。每一个概念的生成，本质上是心智空间对这些输入信息进行加工与整合的过程，这个过程本身也反映了输入信息对心智空间依存信息的触发和活化作用。

概念整合的核心在于建立联系，将不同的信息输入空间通过关系网联结，进而构筑起一个综合的认知体系。整合过程依赖于各种关系的桥接，如因果、时序、同一性、部分与整体的联系，以及特性、类别、目的的关联等。这些关系是认知网络形成的基础。在概念整合中，一个关键的操作是压缩，即将分散的元素集成到一个统一的网络中，这一过程增强了各元素之间的联系，使得从多元信息中提炼出单一、有凝聚力的观点或解决方案成为可能。[1]

2. 空间整合的基础：情境

由于人类对世界的认知是按范畴将所认知的事物进行本质的提取，人的大脑是按事物类别范畴认识事物的，所以概念的形成以认知范畴为基础，概念是人类的思维单位。

情境单位不仅是体验的、认知的，也是可交互的。在概念整合过程中，情境是整合的基础，整合过程也是对情境的重新认知。所以输入概念信息在进行整合时有时需要拆开，有时需要合并，在重新认知的层面上可以创造出新的词语结构。情境单位提供了整合的参考意向，这些参考意向使得意义以新的形式重新出现成为可能。概念整合不仅是对情境单位的体验，而且会把情境单位分为整体环境和局部环境，情境整体就可以是一个心智空间。

---

[1] 王正元. 概念整合理论及其应用研究[M]. 北京：高等教育出版社，2009：188.

概念是人的思维单位，情境会影响概念的形成，情境也是概念整合的基础。情境也具有可拆分性和可整合性。情境的整合同样遵循空间整合理论。因此，从设计师设计情境的角度来看，设计师在脑海中形成产品概念方案就是设计师脑海中的不同情境（心智空间）整合作用的结果，各个情境之间的映射关系遵循空间整合理论，整合过程也要经过组合、完善、拓展三个步骤。

3. 空间整合的应用

空间整合理论是认知语言学的进一步发展，它提出的语言概念生成和理解的心智复合空间模式，对于许多语言现象都具有深刻的阐释力。概念整合不仅是语言学的问题，也是人类的思维方法，它解释了人们是如何发挥想象进行创新思维的。事实上，空间整合理论在其发展的初期就已经广泛地应用于文学、艺术和文体学的研究之中。

三、文化创意产品设计情境整合

（一）文化创意产品设计的情境整合过程

设计师分别从文化情境与现代生活情境中发现和收集相关的情境信息，为重构新的情境做准备，新情境的构建又是为了指引设计师的设计创新过程，这个过程本身就是概念整合的一个过程。因此，用概念整合理论解释设计师是如何重构情境从而发挥想象展开创新的，这是合情合理的。设计师在设计之前对现代生活情境与文化情境进行充分调研，于是，设计师对两个情境的体验、记忆都储存在认知空间中。在进行设计方案构思时，这些情境空间又重新被激活，具有相似性或相关性的情境信息相互映射，被抽象成某些特征投射到类属情境，再同文化情境与现代生活情境信息中的部分元素共同映射到整合情境中，整合情境中的信息经过不断组合、完善、拓展形成较完善的产品方案。具体过程如下。

1. 组合

设计师将在现代生活情境中产生的具有某些使用功能的产品载体构思与文化情境中采集到的文化元素形态相匹配。两者若在造型、材质、色彩上具有相似性或可替换性，就会投射到整合情境中，产生超出原本各自空间分离的关系，这时产品创意就初步形成了。

2. 完善

现代生活情境与文化情境映射的相互关系会激发设计师脑海中的一些案例情境，并且激活双方情境中特定的产品情境细节，设计师借助草图与自身的设计经验、文化背景使创意进一步完善。这个时候，设计师在心智空间中重新构建的整合情境开始发挥作用。

3. 拓展

拓展其实是对产品创意的进一步完善，设计师在这一步可以借助草图或数字化建模，将细节进行进一步推敲，并不断将产品置于虚拟情境之中，根据环境对产品产生的约束条件对新产品反复修改、验证。

根据空间整合理论，空间整合涉及两个或多个输入空间部分结构的投射及第三个空间的信息整合，当一个输入空间的信息同其他信息明显不同时，这时概念整合会产生新创意义。相比文化创意产品设计过程，整合情境中新创意义的出现，就是创意产生的开始。基于概念整合理论的产品创意产生过程，是心理空间基于现有情境进行的一种基本的认知操作。新的产品创意是在认知模式中经过类推、递归等认知操作不断动态构建的，它具有即时性与动态性特征。

（二）文化创意产品设计的创意产生

文化创意产品的生成需要创意为其提供源头性的内容和形式。文化创意产品能否被广泛传播并被消费者接受，主要取决于文化创意产品的内容及传播形式是否新颖独特，是否能抓住消费者的眼球，而内容与形式创新的核心关键在于创意。创意也是生产作品的能力，这些作品既新颖（具有原创性，是不可预期的），又适当（符合用途，适合目标所给予的限制）。① 创意思维是以独特新颖的方式解决问题的认知过程，通过个体强烈创新意识的指导，突破旧思路把现存的信息重新整合，使旧元素组合、扩展与升华，从而得出新概念、新理论、新技术、新产品的高级思维活动。② 文化创意产品设计的创意思维方式包括形象的思维方式、转换的思维方式、联想的思维方式等。

1. 形象的思维方式

在创意形成过程中，以形象思维为特征的想象将各类因素、观念进行自由的结合，艺术设计的创造性便可以得到发挥。它包括对形象的典型提炼、对形象的拓展繁衍（类似于图案中的写生变化）、变异的创造。

2. 转换的思维方式

突破传统思维，意味着超越对事物属性的常规理解，抛弃事物只有唯一含义和定义的旧观念。这样的思维转换不仅是一种自我觉醒的过程，而且为产品开辟了新的可能性。

3. 联想思维方式

在日常生活中，事物间的联系往往隐藏在现象背后，呈现出一种内在的必然性。这种隐秘的联系是启发联想的基石，也是识别物品特性的关键。当人们观察事物的外形、构造、属性、材料、含义、观念或功能的共通之处时，这些相似点可以激发创新思维，引领人们产生更具创造性的表达方式。

（三）文化创意产品设计情境整合下的多重约束条件

1. 传达性约束

在文化产品设计中，传达性约束源于文化本质与环境间的相互作用。

---

① 赖声川. 赖声川的创意学[M]. 北京：中信出版社，2006：12.
② 金定海，郑欢. 广告创意学[M]. 北京：高等教育出版社，2008：120-220.

这要求文化创意产品精确体现文化精髓，以便消费者能在使用过程中轻松分享与传递文化意义。传达性约束影响产品设计的总体和细节，它要求设计师在深入理解文化的前提下，筛选恰当的文化元素，从中提炼出能代表文化特色的形状、色彩或材料，并应用于产品设计，使文化的精神层面得以通过产品的外观、工艺及深层含义显现。

2. 功能性约束

现代生活产品的功能性约束产生自产品与日常生活场景的互动中。这促使创意产品在功能上顺应用户在当代生活中遇到的挑战，致力于满足他们的基本使用需求。设计师在此过程中需要全面考虑使用环境（比如空间大小和布局）以及用户的习惯和操作流程，以优化产品的实用性。随着用户问题的解决，产品的构造及其存在方式亦相应调整。

3. 创意性约束

创意性约束则源于现代生活产品与文化氛围的相互作用。它激励设计师借助现代设计语言和思维，为文化内容寻找与现代生活风格相契合的全新展现形式。只有深植于生活，创意才能生根发芽，突破创新的边界。高质量的文化创意产品会在外观、功能、结构和语境上寻找文化元素与产品特性之间的完美结合点。这样的创意性限制让文化元素穿梭时空，给现代生活带来幽默与深思，为文化创意产品赋予额外的光芒。

4. 审美性约束

文化创意产品在与当代生活环境互动中所产生的审美性约束是多变的，它伴随时代演进和人类发展而演化。历史上的每个社会发展阶段都孕育了独有的审美标准。在设计文化创意产品时，设计师被期待不仅复制传统文化元素，而且应该融合对当前审美趋势的解读和理解，对这些元素进行更新和创新。这样的处理能确保产品的整体风格迎合现代消费者的审美倾向，并在保留丰富文化特质的同时呈现出符合现代生活背景的时尚感。

设计师在设计文化创意产品时，多重约束条件要求他们对设计的问题和背景有一个明确而清楚的认识。这种方法确保了设计过程的稳定性和有序性，并且更有可能引导出充实的设计方案。这样的方案旨在在物质和精神层面上触发消费者的购买欲望，从而有效地传递产品的文化价值和经济价值。

第六章 传统元素在文化创意产品中的创新应用

第一节 传统书画元素在文化创意产品中的应用

随着经济的快速发展,商品的设计美学和文化寓意已成为消费者购买行为的关键因素。在生活的各个层面,中国的传统元素,特别是书画艺术,已被广泛采纳。经历了数代艺术家的创作和演绎,中国书画已孕育出独特而丰富的图案样式,这些样式不仅在雕刻艺术等领域得到了应用,也成为文化传承的珍贵资源。中国书画艺术作为中国传统文化的精髓之一,它的艺术与审美价值不言而喻。文化创意设计师若欲深度挖掘这些元素,需要先从根本上理解其文化意义,不断吸收并更新他们的设计哲学和技巧。只有深刻领会书画艺术的精神实质,寻找它与当代生活的契合点,设计师才能将这些文化精华巧妙地融入新产品之中。这不仅扩大了中国书画元素的应用空间,还赋予了它们新的时代意义和审美艺术价值。

一、传统书画元素分析及其在文化创意产品中的设计原则

（一）传统书画元素分析

1. 传统书画四大元素

在中国传统书画艺术中，诗、书、画、印被视为四大精髓，它们的巧妙融合可以产生视觉上的协同增效。这一组合不仅增添了画作的层次，还提升了艺术作品的内在境界，带给观赏者深刻的美学享受。

2. 传统书画元素的应用

书画艺术的造型与布局一直是艺术界研究和关注的焦点，还是文化创意设计师的灵感源泉。设计师汲取中国书画的元素，融合现代设计理念，打造既具有艺术品位又实用的文创产品，以此传承和弘扬书画元素。举例来说，2013年，中国邮政与汤加王国合作，后者发行的邮票便采用了汉代《四神云气图》的壁画作为设计蓝本。这标志着中国书画元素首次为国际邮票设计所采纳。通过这种跨文化的设计实践，这枚邮票不仅向世界传播了中国书画艺术的精髓，也让中国文化的魅力得以在全球范围内被更多人感知和赞赏。

（二）传统书画元素在文创产品中的设计原则

为了在传递中华文化精髓的同时促进社会经济进步，文化创意产品的开发展现了巨大的潜力。文创产业的兴起带来了挑战与机遇，而在设计文创产品的过程中，关注以下四个核心原则显得尤为关键。

1. 实用性原则

文创产品的设计首要考虑的是其实用性。产品的设计不仅要迎合消费者的物质和心理期望，更应确保产品具备相应的使用价值。在此基础上，设计师需要以市场需求为向导，准确把握文创产品的市场位置，创造出既实用又符合消费者期待的产品，以满足广大用户群体对实用性和

文化韵味并重的追求。

2. 审美性原则

文化创意产品的设计要遵循审美性原则，设计师可通过提升产品的视觉吸引力引起消费者的兴趣，为消费者提供美的享受。大多数产品用于满足消费者的具体需求，深入理解他们的审美偏好是实现文创产品审美性原则的关键。这种审美性在实现产品实用性的同时，避免过分复杂和无意义的装饰，而是通过巧思和设计增加产品的审美价值。以蓝莲系列为例，它是从甘肃省博物馆的馆藏"莲花形玻璃托盏"汲取灵感，创作出一系列产品，融合了莲花元素的方巾、雨伞、胶带、笔记本等，使它们在日常生活中也展示出美学特性。这一系列的设计风格协调统一，独特新颖，在第九届杭州文博会上一亮相即引起关注，并在市场上取得了良好的销售成绩。

3. 文化传承性原则

文化传承性原则是文创产品设计不可或缺的原则。在以北京故宫博物院为代表的博物馆体系的推动下，文创研发成为潮流，公众对这些产品的认可度日益提升，吸引了众多设计师投身于文创产品的研究与创作。这些设计师致力于将传统文化元素以创新的方法融入文创产品，打造出承载文化遗产韵味的作品，让消费者在使用中轻松领略其深厚的文化内涵，并由此展示一种积极向上的生活风貌。北京故宫博物院的"《海错图》书本灯"就体现了这一理念。该产品源自清康熙年间的画家聂璜所绘制的《海错图》，其中记录了沿海地区丰富多样的生物，虽然其描述不乏夸张之处，却富含趣味，深得人们喜爱。现代设计师通过将这类图书的元素与台灯相结合，创做出了植根于文化的优秀作品，为文创产品注入了新的活力。这种传统与现代的巧妙融合，也正是文创产品区别于其他创意产品的核心所在。

4. 趣味性原则

趣味性原则要求文创产品在借鉴传统文化元素的基础上不断进行创

新。例如,传统的书画艺术经过巧思转化为文创产品,不仅增添了乐趣,而且能够提高消费者的购物兴趣。北京故宫博物院便是这一原则的践行者,他们致力于挖掘和再现中国的历史文化符号。比如,"故宫猫"摆件等产品,以其趣味性把历史文化的魅力呈现于世人眼前,并提升了消费者的购物体验。

二、传统书画元素应用于文化创意产品的设计方式

(一)截图式设计

传统书画元素应用于文创产品可以采用截图式设计。中国古代经典艺术品的历史沉淀与艺术价值为其注入了无尽的生命力,使得它们在现代仍然散发迷人的艺术光芒。正因为其传世的典雅,此类设计特别适宜于开发成系列产品。以台北故宫博物院所珍藏的《自叙帖》为例,该作品被誉为"天下第一草书",无论是其大字浓翠风骨,还是字里行间的流畅生动,都是草书艺术的巅峰之作。据此,台北故宫博物院开发出了51种不同的衍生产品,覆盖从卧室床品到生活小物的广泛领域。[①] 在提炼设计元素时,设计师们确保了图案与产品的和谐统一,满足了现代消费者的审美和实用需求。例如,印有《自叙帖》的床品,将64行文字巧妙地重新排列,采用高档真丝材质,从而在纺织品中重现流动的书法之美。而另一款书签产品,则聚焦于《自叙帖》中某一笔迹的片段,其简洁的设计既展示了书法的韵律美感,又不失现代风格。尽管两款产品在价格上有着显著的差异,但它们都体现了独具匠心的创新设计。

---

① 徐亚慧,杨修红.两岸博物馆藏书画艺术类文创产品开发比较研究[J].艺术百家,2018,34(6):65-71,189.

（二）意境诠释设计

该设计方法着眼于文化深意的符号性提炼，如色调、纹路、质地、形态及艺术境界等，并将之与现代设计哲学相融合，从而突出展示中国古代书画的独特风貌。举例而言，上海博物馆为庆祝董其昌展览特别推出了"画禅文房随行包"。这个包含书写工具的便携套装灵感来源于董其昌的《画禅室随笔》，包内配备了细小楷笔、字帖、竹制墨池、便携式墨水、毛毡以及描红用纸和练习用宣纸。套装融入了董其昌"五经一论"字帖、小楷描红的书法元素，不仅便于携带，也极适合书法入门者使用。使用者挥毫泼墨，其实也在体验作品的艺术意境和古人的艺术生活哲思。

古代的书画艺术扎根于其时代背景和文化土壤之中。因此，文创设计师们在创作时亦会注入地域文化的精髓，展现出该地的独特文化印记。例如，这款随行包使用了松江区传统的蓝印花土布作为包裹材料。松江自古以来便是棉布生产重镇，设计师对当地手工布匹采用的图案稍作调整以适应现代审美和流行趋势，既延续了传统工艺，也顺应了现代风尚。①

作为松江本地人，董其昌的艺术遗产并不限于书法和绘画。上海博物馆还推出了与其名字相关联的美食文创，如米糕和"山水绿豆糕"。这种绿豆糕以山水间倒影的形象设计，并从董其昌的个人印章中选取"玄赏"字样印刻于糕点之上，允许品尝者通过味觉来感受书画艺术的美妙。这样的设计不仅是对传统的一种传承，还是对文化的一种全新解读。

（三）内容演绎设计

中国的古典绘画常以特定题材表达深层意蕴。譬如，文人墨客偏爱以梅、兰、竹、菊为绘画对象，象征着刚毅、清高、谦让等品德，映射

---

① 缪慧玲.销售"董其昌"：以"丹青宝筏：董其昌书画艺术大展"为例谈博物馆文创[J].文物天地，2019（8）：114-117.

出文人对这类美学人格的尊崇与憧憬。松树以其不惧严寒、挺立雪中的形象，被视为坚韧不拔的象征；而鹿则寓意长寿和富贵。这些吉祥的象征，在人们心中同新年祝福的"恭喜发财"一般，承载着对美好生活的期盼，因而在文创产品的设计中应用广泛，满足了人们对吉祥物品的心理期待。

鹤作为长寿和吉祥的标志，体现了一种超凡脱俗的高雅。例如，赵佶的《瑞鹤图》便是将彩云环绕的汴梁宣德门为背景，描绘出二十只仙鹤在空中飞翔和安静栖息的景象，传达出一种祥和与广阔的气氛。北京故宫博物院推出的仙鹤系列睡衣，其设计灵感来自此种富有吉祥含义的仙鹤图案，巧妙地融入了日常生活用品中，为寻常的睡衣注入了精神价值和文化内涵，使之成为穿戴者生活中的一份雅致享受。

（四）数字文创设计

数字文化创意产品融合了前沿科技，已经成为观众关注的新焦点。这类产品打破了传统文化传播的时空限制，更有效地促进了文化的普及和传承。例如，台北故宫博物院不仅推出了有形的文化商品，还开发了《古画动漫系列》《数位百骏图》《毛公鼎汉字互动桌》《唐宫狂想曲》以及《3D虚拟文物系统》等多个充满创意与具有教育价值的数字化互动项目。这些项目通过多媒体视频和交互式展览的方式，让参观者通过亲身体验加深对文化的理解和感知。[1]

在北京故宫，一个名为《我在故宫修文物》的节目成功地引起了公众对传统文化的广泛兴趣。此外，文化创意产品通过与动画、电影、音乐等领域的交叉结合，超越了传统实体商品的范畴，转化为包含各种形态的多元化产品，从而丰富了文化消费的维度。

---

[1] 杨宁.江苏省博物馆商店联盟发展模式研究[J].艺术百家，2017，33（S1）：148-151，166.

三、传统书画元素在文化创意产品设计中需要注意的问题

（一）系列化开发创意为先

当设计师在开发以经典藏品为灵感的文化创意产品时，他们已经认识到系列化可以带来巨大的市场影响。然而，一些国内的传统文化产品还停留在简单的图案印制上，这种方式往往难以激发消费者的购买热情。创新的设计理念才是文创产品吸引消费者的关键。例如，一款看似普通的文化创意产品——"朕知道了"纸胶带——因为其巧妙的设计而在短期内创造了销售佳绩。元代赵孟頫的《鹊华秋色图》传世至今经历了多位收藏家和艺术家的收藏，其上留下的印章痕迹见证了它的传承。一款《鹊华秋色图》为主题的冰箱贴则彰显了它的创新。作为一种装饰，它以微型画卷的形式，让人在忙碌的厨房中也能够欣赏到那份秋日济南鹊山的美景。这款冰箱贴不单单是对一件艺术品的缩小复制，而是台北故宫博物院设计理念"艺术与生活结合，在传统中创新"的一种体现。

（二）跨界合作，加强人才培养

传统书画元素所代表的不仅仅是艺术形式，更是一种文化和历史的传承。要将这些元素融入现代文化创意产品设计中，就需要具有跨学科、跨文化的视角和能力。跨界合作的核心在于汇聚不同领域的专家学者、艺术家和设计师，共同探索如何将传统艺术元素与现代设计理念相结合。例如，书画艺术家与设计师可以组织成立工作坊，让双方在实际操作中交流思想、技艺和创意。通过这种互动，设计师可以学习如何在产品设计中融入传统书画元素，同时保持其原有的文化内涵和美学价值。艺术家也能从设计师那里学习现代设计的新方法和新理念，从而实现传统书画艺术的创新发展。

跨界合作还需要重视人才的培养。这不仅仅意味着高等院校要开设

相关课程，更包括为在职人士提供继续教育和专业培训的机会。这些教育和培训项目应当注重实践和创新，鼓励学生和在职人士在深入了解传统艺术的同时学习现代设计理念和技术。例如，可以通过实践项目让学生参与真实的产品设计和制作，提高他们在实际工作中进行跨界合作的能力。另一方面，要实现有效的跨界合作还需要建立一个支持性的环境。这既包括创建一个开放的学术界和工业界交流平台，促进理论知识和实践经验的分享，也包括为艺术家和设计师提供必要的支持，如项目资金、工作空间等。此外，政府和企业的支持也是不可或缺的。例如，它们可以通过税收优惠、项目资助等方式鼓励更多的创新和合作。

（三）共享资源，走产业化道路

在博物馆界，在文创产品开发方面，除了那些规模较大的机构，许多中小型博物馆面临诸多挑战，包括漫长的开发周期、资金短缺及人手不足等，这些都限制了它们单独进行规模化的研发、营销和推广活动。在当前共享经济的浪潮中，互助合作成为积聚力量、实现资源整合的有效途径，有助于跨越个体努力难以突破的界限。江苏省在2012年成立了"江苏省博物馆商店联盟"，依托南京博物院、全省博物馆和江苏省博物馆学会，联盟成员为自愿加入的相关博物馆商店。联盟提供了统一的品牌形象，并协同研发、营销及推广文化衍生精品系列，各成员不仅销售自身的拳头产品，也代售其他城市的文物衍生品。这种协作模式的显著优势在于通过统一的管理，最大化地利用各成员的藏品和展览资源，以降低设计与开发成本，使产品更加亲民。

尽管如此，联盟的发展仍面临挑战。加盟的博物馆数量有限，目前只有30余家，其创新研发能力的局限性，难以完全满足观众日益增长的文化消费需求。这些问题提示着联盟需要进一步拓展其规模和能力，以更全面地服务于公众。

四、传统书画元素在文化创意产品中的创意应用举例

文化创意产品正渐渐渗透到人们的日常生活中,成为一种生活常态。这些产品强调独特性与个性化,与以北京故宫为代表的IP文创品牌不同,地方性的文创则更注重反映本土艺术的独有风貌。特别是书画艺术的丰富传统,为文创产品设计提供了源源不断的灵感。以黄山徽字号为例,它起始于竹雕工艺,后来文创产品的设计逐步融合了书画艺术的元素,其创作成果频获殊荣,受到各界人士的青睐,实现了社会价值与经济价值的双重成功。

(一)山水画在文创产品中的意向表达

中国山水画创作强调的是画作的"神似",超越了对自然形象的逼真描绘,更加注重对物象的精神表现。这种形与神的统一,不仅赋予作品以深切的情感和内在含义,也体现了中国山水画追求意境之美的独特魅力。该意境不只是画家追求的艺术境界,同样是社会大众在艺术欣赏上的基本准则,是中国山水画最显著的民族审美标准。[1]

文化创意产业的核心宗旨在于文化价值的传递和推广,其中选择恰当的文化元素尤为关键。

徽州文化,这一中华文明中独特的地方文化瑰宝,起源于歙县、黟县、休宁等原徽州府所辖的各县。它涵盖了广泛、典型且具有深厚学术价值的文化现象。新安画派以其山水画作为主题,构建了一种冷峻高远、气质高傲的艺术意境。正如《歙县志》所述:"新安画风,在明代作者林立,实可争衡吴下,溯其最初,乃导源于唐薛稷、僧贯休。至明而沈周、董玄宰辈,先后来游,吕纪、吴伟之迹,歙中最富,风尚薰习,蔚为大观。迨明清间,渐江上人出,宗法倪黄,始趋坚洁简淡,卓然成派。"画

---

[1] 席威. 中国山水画的意境美研究 [J]. 大众文艺,2020(6):57-58.

家们继承了前人的艺术审美理念,以自然为师,创作出具有鲜明个性的艺术作品,使新安画派的独特性历久弥新。

文化创意产品的设计应充分体现山水画的核心精神。设计师需巧妙地把山水画的深层意义融入创意构思中,并精心挑选能够展现文化艺术元素的合适媒介。作为传统雕刻艺术的代表之一,徽州竹雕与砖雕、木雕、石雕齐名,共同构成了徽州四大雕艺。这种艺术形式通常选用当地生产的毛竹作为材料,用刀作画笔,根据材质的特性发挥艺术创造力,通过线雕、浅浮雕、深浮雕等技艺,创作出各式各样的书画艺术品。作为一项非物质文化遗产,黄山徽字号以其精湛的竹雕工艺为基础,融入徽州山水的创新元素进行文创产品设计。

《石涛画语录·尊受章第四》云:"受与识,先受而后识也。识然后受,非受也。古今至明之士,借其识而发其所受,知其受而发其所识,不过一事之能,其小受小识也。未能识一画之权,扩而大之也。夫一画含万物于中。画受墨、墨受笔、笔受腕、腕受心,如天之造生,地之造成,此其所以受也。"文化创意产品还需营造一种体验与认知的动态对比,引导消费者在感知之后进行认识和接受。黄山的古松、奇石和云海为无数艺术创作者提供了丰富的创作素材和灵感。艺术家根据自己的偏好,挑选出能够突出个性特色的艺术语言和形式,探索多样化的表现技法。黄山徽字号的文化创意产品同样结合了松针和山水的元素,并与竹雕、木雕艺术相结合,创造出既满足消费者需求又具有徽州文化特色的产品形态。尽管黄山徽字号的以山水为主题的产品线相对较少,但在山水画特色的知识产权(IP)及艺术文化体验方面,还有巨大的空间进行创新与设计拓展。

(二)文房四宝在文创产品中的创意表现

"文房四宝"一词起源于徽州,宋时徽州兴建了四宝堂。《徽州府志》《歙县志》都在"古迹门"里列有四宝堂的名字,四宝堂"在府治,宋建,以郡出文房四宝为义"①。方晓阳教授在《光明日报》发表的文章《浅谈文房四宝的文化密码》中提到,"文房四宝"这个词第一次出现在北宋梅尧臣的《九月六日登舟再和潘歙州纸砚》一诗中:"文房四宝出二郡,迩来赏爱君与予。"宋代歙州的辖区与今黄山市歙县大体相同。这说明北宋时期安徽的文房四宝就已经非常有名了,像梅尧臣能在诗中特言"文房四宝出二郡",可见当时文人对安徽文房四宝的珍重与青睐。

自宋朝以降,徽州的纸和笔行业逐渐衰微,然而,得益于得天独厚的地理条件,徽墨与歙砚依旧繁荣,并与宣城生产的宣纸、宣笔齐名,共同构成了著名的"安徽文房四宝",在中国文房四宝之中享有盛名。1980年秋季,安徽省博物馆(即现今的安徽博物院)联合中国历史博物馆(现为中国国家博物馆)在首都北京成功举办了安徽文房四宝展,赢得了国内外观众的广泛赞誉。宣纸、宣笔、徽墨、歙砚这四样宝物为中华民族的传统文化继承与发扬做出了不凡的贡献。②

文房四宝之精华,蕴藏于每件作品的手艺与制作流程中,这些都是经历了长时间的筛选与岁月沉淀,由一代代技艺高超的工匠传递至今。文房四宝的深厚历史与其被认可的价值,让其在文化创意设计领域更容易孕育出艺术性与市场潜力兼备的作品。黄山徽字号将这些传统宝物纳入其文房类别之中,不仅包括文房四宝本身,更扩展到笔筒、镇纸、笔架、笔洗等相关文房雅物。例如,黄山徽字号推出的套装,汇集了精制狼毫、精选圆柱形墨、精工歙砚与精选宣纸。黄山徽字号还创新研发了书签、镇纸等系列产品,以迎合艺术爱好者的不同偏好,把笔墨的韵味延伸至多样的产品之中。

此外,黄山徽字号也致力于在全国范围内推广中小学生的研学课程,这些课程不仅将研学教育与文房四宝的学习相融合,还提供了手工印制书籍、徽州竹雕、版画、雕版印刷以及徽州剪纸等丰富多彩的课程体验。

---

① 鲍幼文.徽州的"文房四宝"[J].安徽史学,1959(Z1):160-166.
② 佳父.闻名遐迩的安徽文房四宝[J].东南文化,1991(2):49-54.

第六章　传统元素在文化创意产品中的创新应用

（三）徽州书画元素在文创产品中的深层创新

在当代社会，要让传统文化在日常生活中得以贯彻，关键是要推进文化创意产品的文化内涵与商业价值的高效融合。这包括对文化的崇敬价值、展示价值与互动体验价值之间的均衡配置与策略布局，从而促进传统文化的创新性改造与发展。文化创意产品的共生式创新是功能实用性与文化内涵相互兼备的结果。黄山徽字号把徽州的丰富文化传统转化为创新设计，赋予产品深厚的文化内涵；同时，它还注重产品的实用功能与现代数字技术融合，以满足不同消费者的文化消费需求。

1. 深入挖掘徽州书画艺术"软创新"

设计师将艺术作品中的象征、美学、人文理念以及文化特质作为创意源泉，重新诠释和构建原艺术品，根据自己对文化内涵的洞见，将艺术品的文化精髓融入创新的产品设计之中，打造出别具一格的文化创意产品。黄山徽字号的产品，为了与市场上其他文化同质化产品相区分，需要设计师进一步深化对徽州书画艺术的探索，旨在通过营造充满徽州风情的艺术载体，以展现其产品理念、风格特征、深层内涵和人文价值，同时满足市场需求和保持高品质。[1]

文化创意产品之所以动人，是因为它们承载着某一地区文化的生命力。黄山，这个享誉国际的旅游品牌，年年迎来无数海内外游人，成为传递徽州文化、塑造安徽形象的极佳窗口。旅游的延展产品和城市的文化特色商品，都应重视给予消费者深刻的文化体验，这可以通过产品内蕴的艺术意义和文化叙事来实现。黄山徽字号在文化和艺术体验上已取得初步成效，赢得了包括北京、上海在内的众多地区消费者的关注。向前看，设计师有必要更深入地探索徽州书画艺术，拓宽艺术叙事的边界。历史悠久的文化艺术需通过现代设计的简约与生活化，让消费者近距离

---

[1] 任成元. "徽州"文创产品设计的鲜活性对策研究[J]. 包装工程，2019，40（14）：197-203.

感知渐江、查士标、戴本孝等新安画派大师的艺术魅力。消费者的黄山之旅，不仅仅是一场目的地的游历，更能通过日常生活用品这一媒介，将黄山的画卷之美带入生活。此外，黄山徽字号还应结合当代的精神文化诉求，深度挖掘文房四宝的历史与故事，跳出传统文房思维的局限，创造以亲情、友情、感恩、爱情为核心主题的全新系列产品，以此营造更多元化的互动和情感连接，形成创意、设计、非物质文化遗产保护等多方力量的聚合，这样为消费者提供的不仅仅是物品，更是一段独特文化旅程的创意产品。

黄山徽字号正逐步将自身塑造为一个标志性品牌，深植于徽州的文化根脉中。在开发新产品时，紧密围绕徽州的文化精髓——无论是地区性的书画、独特的建筑风格，还是传统的文房四宝——确保其与市面上那些千篇一律的商品区分开来。它强调品牌的专业与独特性，倾力于揭示文创商品深厚的文化艺术价值。通过这种方式，黄山徽字号逐步塑造出一个与徽州文化同义的独特标识，将其打造成黄山旅游和城市文化创意的综合性品牌旗帜。

2. 充分发挥文创产品科技"硬创新"

随着5G和数字技术的不断进步，文化创意与科技领域的融合变得日益密切。北京故宫与腾讯的协作孕育出"数字文保计划"，以及Next Idea的创新挑战，这些都在国内的博物馆领域推动了"文化+科技"的创新融合。这包括对故宫的文化遗产实施数字化保护，以及监测和管理数字资源，还有利用VR、AR、激光扫描、摄影测量和全息投影等高科技手段进行展示和传播。通过这些技术，故宫举办了将传统文化与未来科技相结合的数字艺术展览，创造出一系列多样化的数字文创产品。[①]

黄山徽字号作为具有地域特色的文化企业，尽管不拥有像故宫文创那样的大IP品牌，却孕育了独有的安徽书画艺术IP。利用安徽的数字技

---

① 向勇.故宫文创：传承优秀传统文化的先锋实验[J].人民论坛，2019（9）：124-126.

术独特性，该品牌与中国科技大学、科大讯飞等高端科研机构联合，共同开发了融合徽州风貌的科技型文创产品。黄山徽字号隶属的竹艺轩公司，曾荣登2019—2020年度国家文化出口重点企业和项目榜单，为徽州文化艺术在国际舞台上的形象建设与企业成长奠定了坚实的基础。

在未来的发展道路上，黄山徽字号需重视利用科技创造沉浸式体验，采用现代科技手段呈现传统书画艺术。例如，应用AR技术让参与者深入体验临摹山水画的过程，感悟艺术家的创作意境。书画专业的学生可以通过数字技术辨识个人的技法优势与不足，而书画爱好者能够借助数字工具寻找符合个人喜好的书画主题。这样的创新设计不仅能让参与者领略传统书画的深厚底蕴和艺术魅力，还能带来个性化的数字沉浸式体验。

此外，文房四宝得以通过人工智能技术将消费者的心声植入其购置的文创礼品之中，使接收到礼物的消费者通过语音识别与永久保存，体验礼品的个性化与纪念意义。这种结合文房四宝传统收藏功能与个人情感的数字技术应用赋予了产品以特殊的纪念价值。借助于数字科技的强大研发潜力，只要深耕本土艺术特色、致力于技术革新与人性化设计，黄山徽字号便有望在市场上形成独特的IP产业链。

作为地域文化创新的具体实例，黄山徽字号反映了地方创意产品的发展现状。中国的书画艺术源远流长，每个地方都孕育出其独有的艺术风格。地方文创的兴盛需融合本地的艺术韵味，与顶尖的设计团队和制造商携手，并满足游客与当地居民对文化艺术的追求。企业应重视文化与数字化沉浸体验的融合，开发优质文创商品，使消费者能将具有地方特色的书画艺术作品带回家中。

第二节　传统文学元素在文化创意产品中的应用

一、《山海经》神话元素在文化创意产品中的应用

《山海经》中富含丰沛的情感、天马行空的想象和夸张怪诞的形象，哪怕单纯从形象设计的角度来审视，一样能从中获取设计灵感，此外，其神话思维从产生到应用，无不彰显了先民各种深层次意识的萌芽。就像现代社会的人越来越多地思考人与自然环境的关系一样，先民对当时生存环境的体验和理解内化于心，而后又外化于上古神话，先民对各种神话形象的创造与崇拜恰恰表达了其对美的追求。虽然彼时可能还没有美的概念，但出自人类本能的追求，审美意识的体现直接反映了其价值观中的美。同时，在《山海经》中，不管是象征各种能力的图腾崇拜，还是如"夸父追日"一般彰显某种精神内涵的英雄神话，都蕴藏了中国文化艺术的核心，这些东西对现代文化创意产业的发展都具有很高的价值。面对当今设计的困境，设计从业者急需提炼并且运用这些价值到现代文创产品设计之中。

（一）《山海经》神话思维对文创产品设计的启示

1.异形思维对文创产品设计的启示

人类内心对形式的需求最终决定了艺术现象。只有满足了某种心理诉求的艺术作品，才能真正具有顽强的生命力。《山海经》神话思维中异形思维是其一大特征，这一特征深深地影响了现代艺术设计。尽管《山海经》和现代文创产品设计两者表面上看似毫无关联，但有一种东西却把它们深切地关联起来，那就是生命力长久不衰的造型思维——异型思维。最直接的展现就是在现代设计中，许多设计师为了传达某种强烈的设计诉求而选用并设计独特的图形或形态。因此，要想从两者的关系之

中找到现实意义，就得从设计传承与创新的角度审视与探讨。

从传播学的角度来看，固定的某种形态更能传达相对稳定的信息，世间事物通常遵循某种自然规律和逻辑秩序。而同构异形巧妙地结合了两种不同的规律和逻辑，触碰到了设计的本质，也就是原始的创造。异形打破了固有的逻辑秩序，形成新的表达语言与视觉效果，超越了原有形态本身。它从奇特的角度展示了一个开放的精神世界，将蓬勃的生命力与视觉上的艺术性相结合，不再把追求真实的自然形态放在第一位，而用高级的审美意趣创造新的艺术作品。于是，人们可以看出，异形的造型思维是一种开放的思维，是一种创造性的思维，是一种充满生命律变的思维。

穿越时空的长河，人们可以发现创造者们对于异形思维的广泛应用。除了中国《山海经》中各种人兽同形，人们还可以在古印度神话的三大神、古埃及神话中的狮身人面像、古希腊神话中的半人马等诸多神话和形象之中窥见这一跨越时空的意识。把自己内心需求外化于某种形象是人作为神话的造物主最直接的体现。相同的文化因子可以看出人类各神话体系的相似之处，因为富含艺术感染力的设计方法与思维总是得以在历史的长河之中源远流长，只不过不同的时代和审美观念需要与其相融合，才能在各时代创造出符合时代审美观的作品。

2. 神话思维对文创产品设计的启示

《山海经》中的神话思维展示了先民的审美意识，富含神秘的品格，它满足了先民们的心理诉求，即对生存的渴望，它在极端恶劣的外部环境下迸发出了原始的设计基因，具有极强的生命力。在《山海经》的神话思维中，神作为原始先民崇拜、敬畏的对象，在其形象上寄托了原始先民的审美意识理想。《山海经》神话思维三个显著的特点是"以己观物""依靠形象"和"寄托情感"，这三个特点对现代文创产品的设计，都有各自的启示。"以己观物"代表了原始的思维模式，虽然时至今日已不符合现代人的思维模式，但依然有今人可借鉴之处。文创产品本质上仍需要与"人"产生联系，一件好的文创产品必然是为人所用、为人所赏的，面对当今时代钢筋水泥所构成的城市，虽然现今科学已经能给出较为科学的分析和解答，人们不再是简单的"人格化"自然万物，能做到人与自然万物的区分，认识到彼此的界限，但依然需要敬畏自然万物、尊重客观世界，承认自然万物的特性以及力量。同时，文创产品要借鉴自然万物的"灵"，这个"灵"是指天然的材质、形态、色彩等自然界所孕育的特性。近年来，越来越多的文创设计作品追求自然、和谐就是其体现。"依靠形象"告诫人们要能从具象的客观事物中发现规律，归纳并抽象化。先民因为其对世界和客观规律认识的不足，有其思维的局限性，只能依靠具象化的某种形态表达其内心诉求，但在当代设计的演进中，通过不断探索和大师们的辛勤劳作，人类对规律的洞察日益深入，思维的边界被推广到更为宽广的天地。将事物抽象化不仅展现了人类认知的提升，还映射出人们的精神信念和价值观，这些皆源于多样的心理动因。设计师在设计文化创意产品时，创造性思维的释放和想象力的激发是创新的必经之路。文创产品要能触动人心，必须植根于情感的土壤，"寄托情感"让其鲜活起来。然而，现代文创产品设计面临的一个挑战是，它在模仿和抄袭的风潮中逐渐失去了情感的深层投入，商业化浪潮让其缺失了人性的温度。原创设计的魂魄源自真挚的内在驱动，它的核心在于表达内心真实的渴望，而非仅仅追求外在的形式与表象，不可在虚幻的外壳中迷失了本真的灵魂。因此，文创产品设计师在构思作品时，只有执着于内在的真诚情感才能赋予作品以生命的力量，这正是推动现代文创产品设计向前演进的关键所在。

（二）《山海经》神话在文创产品中的具体应用实践

1.服装服饰类文化创意产品的应用

（1）Vivienne Tam2018春夏系列呈现了《山海经》的经典意象，这一系列的服装在设计上使用了如双头鹤和九尾狐等神秘生物作为主要元素。祥云和山峰的图案被巧妙地融合到蓝色的丝绸制成的服装上，而一只栩栩如生的双头鹤在衣服上展翅高飞。设计师谭燕玉亲手描绘的九尾狐在衬衫上跃然纸上，转化为灵动的山水图案，其鲜明的色彩和现代的剪裁设计完美诠释了中西合璧的设计理念。

（2）在 Angel Chen 2018 年春夏系列中，陈安琪如同建构了一座现代版的"诺亚方舟"。她巧妙地将各类动物——鳄鱼、蜻蜓、猎豹、仙鹤、老虎、螳螂及天牛——集合于设计之中，创造了一个全新的绮丽世界。她精选了印度与泰国的经典图案纹理，再融合中国传统的丝绸刺绣工艺，通过金银丝线把现代服装与东南亚的图腾文化巧妙连接。这一系列不仅展现了设计师陈安琪对世界文化的解读，而且以其独特、跃动的艺术表现力，造就了强烈的视觉冲击。

（3）在密扇 2018 年春夏系列中，韩雯设计提炼了"山海错"这一概念，塑造了一个无拘无束、超越现实框架的幻境，令人穿梭于历史的迷雾中，重新寻找对自然界神秘力量的尊重与崇敬。通过时光的门廊，一系列富含未来科技气息的时装跃然呈现。古籍中帝江、烛龙、陵鱼等神话元素地融入体现了一种"万物有灵"的信念，这些充满生机的神秘生物与反射光泽的激光材料相结合，在灯光下投射出独特的"山海错"世界剪影。

（4）黑猫白猫 2020 年春夏季系列的服装精选了《山海经》中的神奇生物图案，这些传统元素通过现代设计手法被重新演绎，与典雅的明亮橙色结合，在视觉上呈现出温馨而高贵的效果，以谐音"柿柿如意"表达了"事事顺利"的美好愿望，并巧妙地增强了这一内涵。

2.家纺装饰类文创产品的应用

艺术家黄薇以《山海经》为灵感源泉创作了一系列画作，并巧妙地将这些画面转印于抱枕上，使之成为艺术传达的载体。这样的抱枕装点在沙发上即刻将日常的居住空间转变为艺术品的展览场所，实现了与艺术的持续互动。

草木蓝兮工作室也从《山海经》中汲取灵感，选取了书中的奇异生物和神话故事，利用植物染色技艺与《山海经》的古典韵味融为一体，孕育出独具匠心的艺术作品。工作室选用了"鹌鹑"这一形象，并从《山海经》的帛画中提炼出该生物的线条美，进一步依据型染工艺的需要，对线条的连贯和中断进行精心设计，制成了风格独特的隔断帘和墙面装饰品。

3. 产业类纺织品文创产品的应用

产业类纺织品通常被设计成拥有特殊功能的产品，以适应特定的使用需求，如用于医疗防护的服装和口罩。这类产品因其专业性而衍生的文创产品相对较少。尽管目前尚未见到将吉祥动物等传统文化元素融入工业用纺织品的案例，但可以借鉴已有的工业用纺织品的文创产品开发经验，为将来设计的实践提供参考。

在时尚界，每件服饰都有可能被提升为独特的艺术作品。例如，口罩意外成了时尚配件的新宠。在 The Blonds 2020 秋冬纽约时装周上，设计师将口罩创造性地融入服装系列，成为模特展示时的焦点；同时，广受欢迎的无性别时尚品牌 Blindness 推出的珍珠装饰薄纱口罩，以其"中性魅力"和"璀璨风格"在时尚舞台上大放异彩。

二、古代诗词元素在文化创意产品中的应用

（一）古诗词文化的传承背景

1. 国家政策支持

2017 年初，《关于实施中华优秀传统文化传承发展工程的意见》发布，该文件强调要善于从中华文化资源宝库中提炼题材、获取灵感、汲取养分，把中华优秀传统文化的有益思想、艺术价值与时代特点和要求相结合，运用丰富多样的艺术形式进行当代表达。古典诗词作为一种特

殊的文体，是"六艺之一，群经之始"①，学习古典诗词是华人在启蒙、开智教育中至关重要的一环。

2. 个人成长更聚焦于"向内求"

随着电子商务平台频繁举行促销活动，消费者购物的次数明显加快，对于生活的品质和高端文化的追求也不断上升。马斯洛的需求层次理论揭示了人们从基本物质需求到精神文化需求转变的过程；哲学上从"向外追求"到"内在探求"的变迁同样表明，追求内在的成长能使生活更加丰富和有意义。当前，人们正从快节奏生活的表面追求转向内心深处的探索，愈发重视内在价值的提升。这种"内在探求"反映在大众对于"慢生活文化"的青睐上，古典诗词的欣赏已不再局限于文学专业人士，而成为更多寻常百姓精神共鸣的来源，通过这种方式来磨炼自我，实现知行合一。

3. "唯娱乐化"现象的反思

在最近几年，中国的娱乐综艺节目如雨后春笋般涌现，众多从海外引进的真人秀和选秀类节目充斥荧屏，这些节目往往缺乏原创性，且过度追求娱乐效应。这种同质化趋势逐渐削弱了电视的文化传递和教化作用，与社会主义文化发展的目标不相符。在这种背景下，央视站出来担当表率，推出了旨在弘扬国学知识的《中国诗词大会》等文化类节目。这些节目的问世，不仅为喜欢古典诗词的年轻群体提供了展示自我才华的平台，还点燃了公众对传统文化的热忱，唤起了对高雅文化的追求。更重要的是，它们使广大观众体会到了诗词之美，感受到了诗句背后的深意与魅力，有效地提高了人们的生活质量，同时丰富了他们的精神生活。

---

① 侯文慧.古典诗词文化传承与发展研究：以鞍山为例[J].大众文艺，2020（6）：20-21.

(二)古诗词元素在文化创意产品中的应用思路

1. 具象载物

王维《使至塞上》一诗中流传千古的名句"大漠孤烟直,长河落日圆",描绘了塞外大漠中壮阔雄奇的景象,气象雄浑,定格了读者对塞北沙漠和黄昏落日的想象。设计师可以借诗句中"大漠""孤烟""落日"等典型景物,进行初期产品品类调研和纹饰图形、色彩构思。

在设计的早期阶段,一场思维的风暴揭露了"孤烟"的设计潜能,激发了人们对不同产品类别的探究。由于香台拥有更深远的文化底蕴和更宽广的创造空间,故选定它作为文创产品的主体。在传统中,燃香常被视为精致生活的标志,其香气不仅振奋心神,还能净化心灵,并激发创意思维,与本产品的创意理念相契合。而沙漠与黄昏的景象则联想到了沙漠生灵——骆驼。深入的文化考察揭示了新疆"胡王锦"上那以人和骆驼为主的对称纹样,生动且意蕴丰富。在丝绸之路和图腾文化的衬托下,这些图案呼唤着正面的引导力,让人追忆那些载满丝绸,随着驼铃声前行的商队,历史气息犹存且引人深思。沙漠的自由与日落的圆融,通过点线结合,转化为动态的曲线和圆形,形成了视觉的焦点,同时赋予设计以流动的韵律和动感。

2. 意象传情

文艺美学中,意象承载了民族的智慧与文化底蕴,往往与民间传说紧密相连。[1]在诗歌之中,这些文化意象不仅逐步转化为文化的符号,而且被赋予了独有的文化寓意,营造出一种宁静的艺术氛围。香台设计采纳了电子商务数据分析,以"新中式"和"禅意"为关键词,这类香台的设计因迎合了公众的审美趋势,在意境传达上更加亲民,因而销量居高不下。

---

[1] 董成.跨文化交际视角下的汉英文化意象与翻译策略[J].东北师大学报(哲学社会科学版),2014(6):146-150.

设计师通过对"大漠孤烟直,长河落日圆"这一诗句文化元素的精心提炼,形成了圆形、自由曲线和牵驼图案的设计元素,与新中式风格及烟气的视觉特征相结合,进行文创产品的设计实践。在多轮设计迭代后,产品的意象和元素终于显现出寓意深远的艺术意境。

3. "大漠·落日"文创产品设计

设计师在探索将物质形态与情感传递相结合的文创产品设计方向时,决定对产品的外观做进一步的优化,以更好地营造气氛。替代玻璃和薄木片的是模拟沙漠宽广景象的曲面容器,这种设计加强了无垠沙漠的视觉效果。同时,基座由传统支撑演变为弧形木架,并覆盖上以人牵驼图案为特色的"胡王锦",与整体设计主题和谐统一。光源采用暖色调,模仿夕阳的余晖,营造出北方大漠的暮色,增添了产品的神秘魅力。香气在这里是放松心灵的媒介,点燃倒流香,人们沉浸于"大漠""孤烟""落日"形成的氛围之中。选材方面,设计师精选了柔韧而持久、略带清香的桧木,搭配透明且自然的玻璃,两种材质的特性完美契合本次设计的要求。

三、传统戏曲元素在文化创意产品中的应用

(一)戏曲盔头元素在文化创意产品中的应用

1. 戏曲盔头与文创产品设计概述

在中国古典戏曲的瑰丽舞台上,演员头戴的冠帽丰富多样,被统称为盔头。这些盔头依其形制和所映射的社会地位分为四类:冠、盔、巾、帽。皇家与贵族身份的象征通常由冠表示;武职人员则佩戴盔;日常便装常配以柔软的巾;而知识分子则偏爱款式繁多的帽子,硬质与软质兼之。剧中角色的身份、性格通过与之相匹配的盔头得到强化,而不同剧种则展现出各自独特的艺术风格。

手工艺人以精湛的工艺一针一线地制作盔头,这门古老的手艺是艺

术与文化的交汇点，承载了深厚的艺术和文化价值。随着岁月流转，这些手工艺品在种类、造型、结构、纹理和色彩上愈加丰富，体现了先人的智慧和审美。这些传统技艺不仅在现代仍然影响着人们，也为文化创意产品的设计提供了灵感。

戏曲盔头是古代劳动人民智慧的结晶，蕴含了世代相传的价值，理应得到珍视和继承。设计师有责任从这些传统手工艺中提炼精华，创新并打造出符合当代审美观的文创产品，以及将它们介绍给更广泛的受众。这样不仅可以加速文创产业的成长，也是对国宝级传统文化的一种保护和尊重。设计师将这些手工艺融入文创产品，可以让更多的人接触并理解其背后的历史与文化故事，进而珍视和传承这份来之不易的遗产。

2. 戏曲盔头元素的设计思路

（1）造型元素。戏曲盔头与戏服同样重视外观的精致，但它不仅是装饰品，其造型与功能息息相关。盔头装饰的精简与复杂因剧种而异，造就了多样的形态。剧中人物的配饰与服装反映了其各自的艺术风格，并与角色的性格特征相协调。在创作盔头时，设计师运用对称性、组合、重叠、连续、夸张、联结、分离等技巧，甚至夸张和组合方法，以简化其结构，实现其造型的平面化处理。这些设计手法不仅丰富了盔头的视觉效果，也为现代文化创意产品提供了设计灵感，助力文创产品以独特风采示人。

（2）图案元素。图案元素设计的核心在于营造视觉的魅力并传达深层信息。中国戏曲中的盔头图案以其独到之处著称，设计师通过巧妙组合传统纹样，赋予每一图案特定的象征意义。盔头上的图案以简约而美观的排布展现，通常描绘人物、动植物等自然元素，其风格以直率与粗犷的线条和朴素而生动的表现力为特征，旨在创造强烈的视觉冲击力。这些图案不仅彰显鲜明的视觉层次，还蕴含着节奏美，为观众提供一种深刻的视觉与心理体验。设计师通过创新性地设计布局这些多样的纹样和图形，可以把它们融入文化创意产品中，以迎合现代审美并传达其深层的美好含义。盔头的实际价值不仅在于其实用性，还成为承载古代审美理念、艺术风貌和文化精髓的重要媒介。利用这些纹饰图案的传统魅力，设计师将它们与文创产品巧妙结合，实现了传统与现代的完美融合。

（3）色彩元素。戏剧头饰的色彩与装饰图样构成了其核心特征。色彩作为强有力的视觉语言，其不同的组合能对人的视觉造成不同程度的冲击，从而为观众留下深刻的印象。戏剧头饰中的色彩搭配尤为繁多，主要采用纯净色调，为观感提供了直接而明显的效果。例如，凤冠通常采用深浅不一的蓝色为基调，并以红、黄、米等色彩作为补充，这种色彩对比不失协调性；互补的蓝与红配色，加上高饱和度的色彩，营造出极为强烈的视觉撞击。

在戏剧头饰的传统纹样中，色彩不仅起到装饰效果，也蕴含着吉祥的含义。例如，凤冠里的大红色象征着喜庆，与蓝色的组合进一步强化了吉祥和美好的预兆；而黄色代表尊贵与富有，寄托着美好的祝福和祈愿。

在设计文化创意产品时，设计师可以从戏剧头饰的主要色彩中提炼灵感。同时，设计师在打造文创产品过程中，应借鉴戏剧服装的色彩配色法则，并且须考虑戏剧整体的色调如何影响文创产品的色彩搭配设计。[①] 文创产品的色彩不仅要整体搭配统一，而且要与产品的整体气质相符。

文化创意产品不仅是传统文化精粹的承载者，也是文化内涵的展示窗口，它们集创新性与实用性于一体，旨在满足人们对物质和精神的双重需求。设计这类产品时，设计师需深入洞察消费者对实用性与美观性的心理预期。这些产品不仅继承了文化遗产，也迎合了现代人的多样化需求。

在设计过程中，设计师应着重于如何在保持功能性的同时，赋予产

---

① 阮晨海.日本旅游市场文创产品设计方法分析[J].工业设计，2016（3）：92，95.

品更深层的文化意义。此外,解析传统文化的深层次内涵,确立产品的市场定位至关重要。设计师需仔细研究地方戏剧头饰的艺术风格,并巧妙地将其融入文创产品之中。进一步地,设计师应致力于发掘头饰艺术特征与文创产品结合的创新路径。最后,设计师的任务是丰富戏剧盔头的文化元素,并在文创产品设计中进行有效融合,以确保文创产品与戏剧头饰的文化价值相得益彰。通过这种方式,设计师不仅能够创造出具有文化深度的产品,还能让这些产品在市场中独树一帜。

(二)京剧脸谱元素在文化创意产品中的应用

1. 京剧脸谱元素在文创产品中的应用策略分析

京剧脸谱是京剧艺术的重要组成内容,它与戏剧艺术中人物性格塑造、戏曲故事发展都密不可分,可以说,京剧脸谱是最具代表性的京剧艺术载体之一。融合京剧脸谱的元素至文化创意产品中,要求设计师对京剧文化有着深刻的认识。在设计京剧脸谱文创产品的过程中,研究京剧历史与文献,掌握脸谱的演变历程和设计要义对设计师至关重要。基于此,设计师必须通过市场调查了解和把握消费者对京剧艺术的理解程度和喜好,以此提炼符合消费者视角的脸谱文化精粹。进一步地,设计师在围绕京剧脸谱元素进行文创产品设计的过程中,应与京剧艺术工作者进行深入对话,共同探索脸谱设计的创新空间。在掌握了这三个层面的知识后,设计师应着手从产品的文化内涵、市场定位以及创新设计三方面出发,打造具有深度和广泛吸引力的文创产品。

(1)京剧脸谱分析与设计元素提取。在将京剧脸谱的设计要素融入现代视觉设计时,重要的一步是设计师借助符号学理论的框架对其图案和色彩进行深入剖析。设计师需细致解构京剧脸谱的线条图案,并对颜色搭配进行梳理,以便在文化内涵的引领下对传统脸谱进行现代化重塑。在创新的过程中,设计师既要注入当代设计的潮流元素,以增添产品的现代感,又不可忽视脸谱的文化底蕴,确保传统特色得以在创新中继承。

第六章　传统元素在文化创意产品中的创新应用

拿历史人物项羽的脸谱为例，其面相夸张地表现出悲情，呼应其多舛命运和凄凉的结局。另外，关羽的脸谱则通过独特的丹凤眼和面颊的大痣，彰显其勇猛与壮志。设计文化创意产品时，设计师应对这些人物特质进行艺术抽象，并加以适当装饰，以唤起人们对于英雄形象的尊敬与钦佩。

（2）创新应用设计元素。在文化创意产品的设计中，融合京剧脸谱元素的策略着重于两个核心维度。首先是文化特性与功能性的融洽结合，即在产品形态的设计上实现脸谱元素的创新性应用。在强调京剧脸谱设计美学的同时，设计师应深刻洞察商品的双重价值：物质上的使用价值与精神上的文化价值，两者缺一不可，确保产品的市场交易潜力。文化创意产品的设计理念在于通过京剧脸谱这一文化符号将商品与京剧传统文化巧妙地结合，从而赢得不同消费者群体的青睐。其次，设计师需注重京剧脸谱图案在三维空间的创新运用。目前，京剧脸谱在视觉设计中大多局限于二维平面，缺乏三维造型的深入探索。在创新设计过程中，设计师应当致力于形态的三维重塑，基于京剧脸谱的文化内涵进行立体化的创造性设计，从而拓展产品设计的维度与深度。

（3）构建合理有效的设计开发模式。京剧脸谱元素文创产品设计的核心在于触动消费者内心，唤起他们对京剧艺术的记忆与独特的体验。因此，制定一套既科学又合理的产品开发模式至关重要。这套模式应平衡京剧的独有文化属性和消费者的审美倾向，旨在实现两者之间的和谐统一。这样的开发模式能够增加消费者对文化创意产品的接受度，并有效地将京剧等传统文化艺术推广至更广泛的受众中。

2. 京剧脸谱元素在文化创意产品中的应用实例

在探索京剧脸谱与创意产品设计的结合时，设计师要兼顾传统艺术与现代设计理念的交融，确保创意产品不仅传达京剧脸谱的独特魅力，而且凸显其地域文化特征和戏曲深意，以此推动产品市场的活跃度，进而促进经济增长。在设计过程中，设计师应当利用京剧脸谱的鲜明色彩和高饱和度来增强产品的视觉吸引力，确保消费者注意力的集中；同时，融合脸谱图案的变化丰富性与产品实用性，提升产品的文化价值与使用体验。在产品制造上，设计师应融入本土民族艺术特色，如运用北京的景泰蓝工艺，增强产品形态的多样性，以此吸引消费者。这些创意产品映射出北京的民风民俗，设计师结合京剧脸谱的独有风采、精湛工艺与当地的文化资源进行京剧脸谱元素文创产品的设计，极大地提升了其作为纪念品和收藏品的价值。

在融合京剧文化特色进行文创产品设计时，设计师应从戏曲艺术中汲取灵感，通过精心挑选和放大特定元素，将这些经过再创造的文化标志经消费者的选择和优化，转化为更受欢迎的象征。这一过程不仅让消费者在解读图形和符号时，透过表面探索更深层的文化内涵，而且虽然大众对京剧剧情的理解可能有限，京剧的脸谱形象却已根深蒂固。融合这些脸谱元素到文创产品设计中，不仅增强了产品的区域识别度，还激发了消费者对京剧文化的兴趣。这种做法不但对京剧文化的各种表达形式和生活哲学进行了现代转化，而且为这一古老艺术形式的持续发展与传承打下了坚实基础。

第三节　传统民俗文化在文化创意产品中的应用

一、二十四节气民俗文化在文化创意产品中的应用

（一）二十四节气的民俗文化特征

1. 二十四节气的地域性

中国版图辽阔，北至黑龙江省漠河县，南至海南省三沙市南沙群岛，横跨49个纬度，距离达5 500千米；东起黑龙江乌苏里江交汇之地，西至帕米尔高原，覆盖60多个经度，距离约5 200千米。冬季时，黑龙江与海南之间的温度相差可达惊人的50 ℃。二十四节气这一气象指南，源

于黄河流域中下游的中原地带,该地区的气候与物候特征和全国其他地区存在显著差异。因而二十四节气并非普遍适用于所有地区。各个地方根据本地的自然规律调整农事和习俗活动,展现出独特的地域文化特征。

在农事方面,各地冷暖温度不同,种植时间也不同,体现在农谚上,清明节在中原地区流行"清明前后,种瓜点豆",保定容城县流行"谷雨前后,种瓜点豆",比中原地区晚了一个节气。再比如种植冬小麦的谚语,华北地区是"处暑早秋分迟,白露小麦正当时";黄河流域是"白露早寒露迟,秋分小麦正当时"。棉花的播种时间也不同,华北是"清明早小满迟,谷雨种棉正当时";华中是"清明前,好种棉";江浙地区是"要穿棉,棉花种在立夏前"。[1]

在中国,各地有不同的民俗文化,反映了中国人丰富多样的生活习惯,其中最明显的差异表现在饮食上。地理环境的南北不同导致了种植作物的不同:北方以面食为主,南方则以稻米为主。这种差异在节气中表现得尤为突出。例如,立夏期间,北方人会品尝夏饼,而南方人则倾向于食用糯米饭和饮用立夏茶;到了冬至,北方的传统是吃饺子和馄饨,南方则偏好米团和汤圆。不仅如此,节气中的习俗同样反映出地域差异。谷雨时节,北方有张贴谷雨帖和避免"五毒"的习俗,而南方的沿海地区则有祭海的传统。端午节时,北方食甜粽子,悬挂符箓,佩戴五色丝线以象征驱邪,而南方则偏好咸粽和划龙舟的活动。辟邪习俗也有所不同:北方节日常祭祀武将或王侯,南方则多祭拜祖师或仙姑。

这些民俗的形成和发展是一段漫长的历史过程,时代的变迁、社群的差异和地域的特性共同塑造了各式各样的传统活动。这些习俗是地理、文化、宗教信仰及生活方式相互影响的产物。以端午节的起源为例,不同地区有不同的解读:北方某些地区归因于介子推,而浙江绍兴和宁波地区认为源自曹娥,钱塘江流域则认为是伍子胥,湖北、湖南地区则多

---

[1] 宋兆麟.图说中国传统二十四节气[M].西安:世界图书出版西安有限公司,2017:39.

认为是为了纪念屈原。历史的传承使得屈原逐渐被公认为端午的象征。但闻一多先生的研究指出，端午节的根源反映的是吴越地区对鱼虫水兽的敬畏。这种多元的解释体现了中国文化的深厚和多样性。

"十里不同风，百里不同俗"，地域性在中国二十四节气的习俗中表现尤为突出，不仅在南北方的传统习俗差异中可见一斑，而且在同一省份不同地区之间也存在显著的风俗差异。以山西省为例，晋中、晋北和晋南三个地区的习俗即便在同一节气也有所不同。以冬至节为例，晋北的大同地区倾向于食用肉类，而晋南则更偏好熬制瓜粥。这样的区域差异彰显了中国二十四节气习俗文化的多样性和深度，构成了一座庞大的文化宝库。

2. 二十四节气的科学性

天文学计算基础上的二十四节气反映了地球绕太阳公转的周期性变化。地球每公转 15° 标志着一个节气的更替，大约每 15 天发生一次，绕行 360° 后完成一年，即回归年，这样的周期被均匀划分为 24 部分。现代历法中，这些节气的日期几乎是恒定的，仅有一两天的微小变动。古代中国人采用阴阳合历来记录时间。阳历是根据地球围绕太阳转动的 365.25 天周期，而阴历则基于月亮盈亏，一年大约有 354 天，存在约 11 天的差异。为调和这一差异，古人引入了闰月制度。在这一制度下，闰月的安排与二十四节气紧密相关。每个节气间隔由中气和节气交替组成，而由于阴历和阳历的日数不同，若阴历中的某月不包含中气，那个月便被指定为闰月。这样的安排保证了阴阳历的协调一致。

日历上标注的节气时间，实际上指的不是某一整天，而是太阳到达其在天球上特定经度的精确瞬间。这是因为地球绕太阳运动的速度并不是均匀的，导致每年同一节气出现的具体时间略有不同。地球完成一次绕太阳公转的时间是 365 天 5 小时 48 分 46 秒，而一年中分布的 24 个节气之间的间隔并非均等，平均每两个节气之间的时间大约是 15.02 天，但并不是精确相同。

地球轨道呈椭圆形，其在绕太阳公转时与太阳的距离并非始终相等。每年大约在1月3日左右，地球抵达近日点，此时由于太阳引力的增强，地球运行速度会加快，导致通过15度所需的时间缩短。相对地，当地球到达远日点时，运行速度减慢，通过同样角度的时间会相应增加。因此，节气标注的精确时刻实质上反映了这种复杂的天文运动规律。

二十四节气的确立，既根据科学原理，又为农耕及日常生活提供了实用指南。古时，人们凭借对自然界的细致观察——诸如气候变化、植物生长周期和动物习性——与天文学的结合，逐渐形成了七十二候的体系。这一体系代表了中国历法中将天文观测、气象变化与物候变化相融合，用以指导农业生产的早期智慧。以五日为候，三候为气，六气为时，四时为岁，一年二十四节气共七十二候。每一候都以一种物候现象作相应。

体现科学性最为直观的是民俗谚语，如"热在三伏，冷在三九"[①]，因为四季温度的变化是受到太阳照射的强度而影响的。通常情况下，人们误以为夏至是一年当中气温最高的日子，而冬至则是最寒冷的。实际上，这并非事实。由于地表积累和释放热量的过程存在滞后，只有当地面吸收的热量超过散发的热量时，人们才会体验到真正的酷热，这通常发生在夏至后的一个月左右，称为"三伏"。相似地，在冬至后约二十天或更久，地面散发的热量超过所吸收的热量，届时才会迎来一年中最寒冷的时段，称为"三九"。

3. 二十四节气的集体性

二十四节气的民俗文化，融合了历代人民的智慧与实践，其形成与发展是一个群体共同作用的结果。这些传统活动并非源自某一位明确的发明者，而是由历代群众在实践中不断发展和传承的产物。在这一进程中，某些习俗被淘汰，而新的习俗又被添加进来。尽管不排除某些习俗

---

① 周红.二十四节气民俗文化特征[J].沈阳师范大学学报（社会科学版），2015，39（3）：145-147.

可能起源于个人的创意，但它们之所以能够传承至今，是因为被整个社会接受并持续实践，从而成为群体文化的一部分。

节气文化的群体参与特性尤为显著，在多种节日活动中得以体现。立春时的舞春牛、元宵佳节中的观灯习俗、雨水节点灯、清明时的祭祖和踏春、端午的龙舟竞渡以及中秋赏月，这些习俗无一不体现了全民的广泛参与，涵盖了各个年龄段与性别。然而，这种参与性也是有其局限性的。例如，端午节的龙舟竞赛往往是男性的活动，而乞巧节和荡秋千则多是女性的活动。这样的民俗体现了文化多样性与特定群体的文化实践。

个体协同合作是节气民俗文化的另一个特点。这种文化的形成，需众多参与者携手协作，如立春期间的制作泥牛、绘制春牛以及准备迎春仪式等活动，都离不开众人的共同努力。节气文化活动，如赛龙舟和舞狮，同样依赖集体的合作精神和强烈的社群纽带。在文化传承的进程中，随着时代变迁和思想更新，民俗活动经历着不断地丰富和调整，包括增添新的元素或去除某些部分。这些习俗不仅体现了当时社会的价值观，还反映了共同体意识。

4. 二十四节气的传承性和扩布性

二十四节气民俗文化主要有四种传承方式。一是口头相传，农谚成为安排农作和日常生活的智慧之源。二是示范传承，即长辈通过实际行为对晚辈进行教导，尤其在祭祀、民间舞蹈等习俗上最为常见。三是社群的无形影响，这也是传递文化的途径，这种传承通常是潜在而非显性的。四是文献记载，这一传承方式在我国数千年的文化传承历程中扮演着重要角色，如《吕氏春秋》便详细记述了二十四节气，而《梦粱录》则保留了南宋时期城市生活和节令习俗的珍贵信息。在社会动乱期间，虽然民俗文化有时会中断，但一旦社会秩序得以恢复，这些文献便能作为重建过去习俗的桥梁，为传统的延续提供了依托。

民俗文化的传承是文化遗产在时间轴上的持续传播，体现了一种文化传递的历史纵深。文化遗产通过代代相传，不断影响着个体成长，每个人都承载着自己文化圈的遗风和信仰。这种传递有时是自发的，有时则是经过计划和意图的教育行为，如家族内部的长辈教育和社会组织的引导。[①] 而在传递的过程中，新一代传承者会对民俗文化进行更新和改造，舍弃不再适应的部分，以适应时代的需求。例如，诸如清明、端午、元宵和中秋这样的传统节日，尽管经历了两千多年的风雨变迁，其外在形式经历了演变，但核心精神和功能保持不变。

同时，民俗文化的扩布性描述了文化在空间上的扩散，它涉及横向的文化交流。新兴的民俗一旦在某个地区得到认同，它便可能向相邻文化圈扩散。尤其在现代文化交流频繁的情况下，某一地区的民俗很快就能传播到另一地区并被当地社会吸纳。这种文化的传播在各地都有体现。例如，北方冬至吃饺子的习俗，现在在南方也颇为普遍，可见各地食俗的融合。然而，文化的传播和接纳是有条件的，只有当文化价值观相互兼容时，新的文化元素才会被吸收并转化为地方的民俗。

5. 二十四节气的稳定性和变异性

民俗文化在二十四节气中体现出了其固有的稳定性。一旦某项民俗习惯确立，它便能历经岁月，在社会的生活和生产模式未经重大变革时保持连续性。这种文化的持久性往往取决于经济基础及相匹配的思想体系。哪怕经济结构遭遇激变，民俗文化亦不会急速湮灭，而是因为其与深植人心的传统理念紧密相关而得以存续。历史上，尽管中国经历了频繁的社会动荡与朝代交替，但农业社会结构的根基仍旧稳固。随着时代演进，部分民俗逐渐演变或消失，但也有许多民俗仍延续至今。《礼记·王制》："中国、戎夷，五方之民，皆有性也，不可推移。"虽然周秦实现了政治上的统一，吴越、燕赵、三秦、齐鲁、巴蜀、岭南、荆楚，它们区域文化性格仍然鲜明，没有因为政治统一、人口迁徙而发生明显

---

① 钟敬文.民俗学概论[M].2版.北京：高等教育出版社，2010：185.

的改变。① 比如，楚地重巫道信仰，现在局部仍然有残余。许多民俗其实在先秦两汉时期就已经基本定型，经过数千年的历史变迁，一直传承至今。当时还没有形成节日的风俗，平常也一样实行，作为日常的占卜、祭祀用，这都和一些原始信仰有关，其后逐渐形成立春打春牛、春节贴对联、元宵节赏灯吃元宵、二月二剃头等风俗。

民俗文化伴随社会的演进而展现出不断变化的特点，这意味着尽管具备一定的稳定性，二十四节气的习俗也展现出其多变的一面。以端午节为例，它的起源可追溯到古代的瘟疫驱逐和水神祭祀，南朝时期又增添了对屈原的纪念。现今，端午节更多被视作赛龙舟等娱乐活动的时刻。另一个节日清明，源自周秦时代的祖先祭拜仪式。到了汉朝，清明被确立为一个节气，而到了唐代，则与寒食节融合，寒食节本身是为纪念忠臣介子推而设。到了宋元时期，清明节演变为春季的重要节日，集寒食、上巳与清明于一体，哀伤的气息逐渐被替换为欢乐，新添了蹴鞠、秋千、踏青、斗鸡等多种娱乐活动，为人们带来了更为丰富的节日体验。②

（二）二十四节气的现代意义

二十四节气的申遗成功，不仅反映了国际社会对中国这一古文化遗产的认可，更凸显了它传递历代的重要性。这一节气体系是基于对太阳年的精确观测而构建的，它在引导农业生产和调节日常生活中发挥着至关重要的作用。对于中国人而言，生物钟与节气的时间相一致，以及与自然节拍同步，才是生活节律中最为稳固且富有意义的实践。

通过细致的太阳运动观察，记录气候变迁、植物生长和季节更替等现象，中国人民历经不断实验和总结，形成了这一独特的时间管理体系。

---

① 萧放. 中国民俗文化特征论[J]. 宝鸡文理学院学报（社会科学版），2003，23（2）：24-33.

② 宋立. 清明节的民俗变迁及其社会功能[J]. 群文天地，2012（5）：277，279.

二十四节气不仅是中国古代历法系统的核心，还被国际科学界誉为"中国的第五大发明"，其影响力贯穿了全国各民族的时间观。

这一体系赋予中国人民理解农作物周期、动物行为和人类生活模式的深刻智慧。例如，中医季候用药、日常的饮食调养与保健习惯，都与节气紧密相连。春节拜年、立春游春、清明时节的扫墓踏青、惊蛰时节吃梨打鼓等，都是植根于这些节气中的传统文化习俗，它们不仅仅是日历上的注脚，更是生活中不可或缺的一部分。

在现代社会，人们依然可以听到二十四节气循环往复的声响，它是古代智慧与现代生活的桥梁。节气不仅仅与日常生活密切相关，它同样与全球的时间变迁、与人类文明的进程紧密相扣，这意味着它与每个个体的时空感知都息息相关。随着社会的进步，人们虽已步入现代都市生活，但节气提供了一个平台，让人们得以自我认知、自我接纳、自我了解，在季节的轮回中寻找归属感。

二十四节气以其科学性揭示了宇宙气象的律动，并巧妙地融合了天文知识、自然规律与民间传统，孕育出丰富的时节文化，它是中华文化宝库中的瑰宝。在中国悠久的农耕历史中，这一体系不仅指导着农业生产，也丰富了社会生活，蕴含着深厚的文化意蕴，映射了中国人民的集体智慧。节气是人类对气候周期性变化理解的一个集大成之作，代表了人类对自然规律洞察的科技与文化成就，是文明发展的缩影。

因此，二十四节气具有极高的文化价值、科学意义以及历史研究的价值，其在现代社会的重要性不可小觑，无须赘言。

（三）二十四节气与文创产品结合的意义

在文化创意产业的生产领域，产品本身不只融入了设计师的创意价值，更超越了消费者的预期价值，同时投入资源以增强其文化价值。这些文创产品的核心在于提炼文化精华，并通过各种形式的作品进行展示。二十四节气成为联合国人类非物质文化遗产，其文化价值得到了国际认可,标志着节气文化传承的新篇章。这一独特的时间知识体系深刻地塑造了中国人的生活方式和行为规范。二十四节气不仅在农业生产和农村生活中发挥着关键作用,对都市居民而言也提供了丰富的文化启示和社会价值,成为构筑和谐美好社会的文化宝库。

传统的中华文化和艺术相辅相成,一方面给艺术注入民族自信和复兴的动力,另一方面也开辟了传统文化传承与推广的多元途径。当节气文化融入当代艺术之中,这种融合不仅使得中华优秀传统文化得到更广泛的传播,还使其深入人心。设计师通过文化创意产品传承和分享民族文化的精髓和华夏的智慧,使文化的根脉得以在现代生活中生长,丰富了日常生活的内涵。中国人结合传统节气文化与当代艺术进行创新,不但促进了文化的传承和普及,也使之更紧密地服务于现代社会生活。二十四节气不仅准确映射自然界的周期变化,对人类的日常生活也有着至关重要的影响。它不但是农作物种植的时间向导,也是包罗万象的民俗知识宝库,蕴藏着深厚的文化意蕴和历史沉淀,构成了中华民族古老文化的重要一环。

我国很多节气文化故事,如诗歌、谚语、民俗文化以及与健康生活相关的智慧,都与中国的节气文化密切相关。中国的节气文化不仅仅是时间的标记,更是文化传承的绚丽纽带。它们将故事与时光编织在一起,展现出中国二十四节气的文化创意。两千多年来,中华民族积累了丰富的非物质文化遗产,如与节气有关的民谣和传说,还有书法、绘画等艺术珍品,以及各种传统工具,这些都是华夏文明无形的宝藏。

凭借二十四节气的规律,我国劳动人民缔造、总结了丰富多样的农事谚语,如"立春晴,雨水匀""冷惊蛰,暖春分""春分秋分,昼夜平分"等。农民们借助节气,耕作生活,将春耕夏耘秋收冬藏一年的农作物生长规律收进循环体系之中,天人合一,生生不息,永世无穷。

节气在中国人的生活中不只是时间的记号,更是节日庆典的重要组成部分,涵盖了餐桌习俗与民间传统。例如,清明节时,人们会出游赏春,而每年冬至,汤圆成为南方的家庭团圆象征,北方则以饺子宴展现社区的和谐与欢乐。每个节气都伴随着特定的习俗,如立春时的春牛贴画、雨水时的敬神礼俗、春分时节享用春菜、清明插柳、夏至品饺、霜降时节的菊花赏析,这些活动在传承和促进民族文化认同方面发挥着关键作用。此外,古代诗人、画家常以节气为灵感创作文艺作品,中医亦根据节气变化提出养生保健之道。这一切在探索中国二十四节气的故事时皆有所体现。在文创产品设计上,设计师要精心融入这些元素,确保产品既具有实用价值也充满情感内涵,成为承载文化情感的载体。

(四)二十四节气与文创产品结合的优势及思路创新

1. 二十四节气与文创产品结合的优势

传统文化融合现代创意,会使古老的文化在当今社会迸发新活力,既传承又创新。文创产品不仅仅起到装饰的效果,更重要的是传达深厚的文化意义,把二十四节气的精髓集结于一系列创意作品中。

设计师设计这类产品时,必须将二十四节气这一文化遗产作为设计的灵魂,将民俗、饮食、天候等传统文化元素作为创意的源泉。设计师将深入人心的风俗、习惯转化为独特的设计语言,赋予消费者一种亲切而新奇的体验。此外,产品设计需充分考虑各地的地理差异,从不同地区独有的文化特点出发进行创意设计是至关重要的。中国地大物博,不同民族和不同地域孕育了不同的文化习俗。因此,设计师围绕二十四节气展开设计时,须依据地域特点,以提升产品的认同度和内涵为目标,从而提高其市场吸引力,生产出更有针对性、更有文化内涵的创意产品。

2. 二十四节气与文创产品结合的思路创新

通过深入探索二十四节气背后的民间传说、饮食规律以及气候变迁,文创产品设计师应将这些元素转化为设计的核心。在此过程中,设计师应特别关注地域文化的差异性,按照不同地区的特色和节气文化的独特性进行设计。中国历史悠久、地域广阔,各民族和各地的生活方式和民间故事各具特色，设计师在设计时须兼顾这些多样性，以地理文化的独有特点为依托，打造出深受喜爱且易于传播的文创作品。

文创产品作为文化与经济融合的产物，凸显了创意与创新的重要性。二十四节气不仅承载了民族传统和自然节律，还涉及健康养生的智慧，这样一个内容丰富的文化体系能够激发设计师的创造潜力。他们可将这些深邃的文化内涵提炼为设计的素材，结合现代审美观念和科技，创造出既顺应当代发展趋势又满足现代人精神追求的全新产品。

源于二十四节气的文创作品的独特之处蕴藏于传承千年的华夏文明之中。它们不仅仅是形式上的展现，更是中华文化精神与哲学理念的具象化。一个文创产品的灵魂，取决于其内在的文化价值和传达方式，只有此二者的融合，方能显现其独特魅力。因此，在设计这些文创产品时，设计师应兼顾其文化内涵与形式美感，在展现出民族智慧的同时符合现代文化审美的需求。

文化与创意在这些产品上得到了图案与物品的形式体现。在经济迅猛发展的今天，设计独具匠心且图形精致的作品尤其能吸引眼球。四季更迭、气候变幻与人们生活的点滴紧密相关，人们不断在自然的变迁中体验生命的节奏。以图形艺术形式传达四季变化所带来的情感体验，这样的设计不仅仅是美学上的追求，更是对生活情趣的一种提炼。这些节气不仅是时间的分段，也是文化的记载，承载着悠久历史的印记。结合古代文字的形态，传统文化与现代时尚的结合激发了古老文化的新的生命力，保证了其创新与传承。以"春"字为例，它将太阳的明媚、禾苗的生长和人的活动融入色彩之中，让文化故事活泼地在每个人心中留下深刻印象。在材质选择上，设计师可结合古老文字，使产品因此多了一分温度与故事性。二十四节气将日常生活划分成不同的时段，为每一个时刻注入独特内涵，给予生活更多色彩与味道。这一文化系统成为人们享受诗意栖居和健康生活的珍贵资源。

重庆綦江旅游度假区紧扣二十四节气主题，推出创新的盲盒系列，其中封装着代表各个景区的系列玩偶。每款玩偶都独具特色，代表一个独特的目的地，而惊喜的揭晓在于开盒的那一刻，届时，收藏者才能发现手中具体得到了哪一款造型玩偶（图6-1）。

图6-1　重庆綦江旅游度假区推出的二十四节气系列玩偶

二、传统节日元素在文化创意产品中的应用

（一）中国传统节日文化的基本特征

1. 中国传统节日文化的民族认同性

对自身民族国家的历史与文化深感认同的现象，称为民族认同。这种认同是文化自信的体现，同样是自我接受的心理状态。中华民族的演进，是众多民族群体相遇、沟通、分化、融合的历程，由此形成的文化既统一又多元，构成了相互补充的关系网络。[①]

传统节日文化中的民族认同不局限于单一民族内部，也横跨不同民族群体。春节与蒙古族的"白节"同日共庆，饺子和鞭炮等习俗不谋而合。满族在汉文化长期的影响下，形成了与汉族相似的农历新年习惯，

[①] 何星亮. 中华民族文化的多样性、同一性与互补性[J]. 思想战线，2010，36（1）：9-13，112.

正月十五的"闹花灯"与汉族无异，二月二的"锁龙"与"龙抬头"相映成趣。同样，白族和锡伯族也庆祝清明、端午、春节和中秋等传统节日。多民族混居的地域生活形态促使不同民族共享节日文化。贵州各民族节日数量众多，仅统计出的就超过千余个，其中不乏大型节庆活动。这些传统节日不仅是文化和风情的交融，还融合了艺术、体育和贸易，成为增进民族团结的重要场合。

2. 中国传统节日文化的伦理规范性

人类社会的基石之一是遵守伦理和道德。这些原则不仅指导人们的生活观念，还规范其言行。在中国传统文化的影响下，人们重视家族与历史，强调"成人之美，助人为乐"的价值观。人们通过节日庆典，以欢庆和娱乐的形式传达对祖先的敬仰，并与之分享收获与喜悦。

中国的传统节庆文化在伦理和道德上强调的是以人为中心的家庭和社会秩序。节日的类型与内容往往体现了季节习俗与传统信仰，这正是伦理教化的体现。在这些节庆习俗中，礼尚往来、尊敬长者、热爱幼小、唱歌跳舞和举办祭祀仪式都是常见的行为，这些习俗中蕴含着深厚的伦理价值。例如，苗族的四月八节，就是为了缅怀族中的英雄发展而来的，这样的风俗至今仍被传承着。

3. 中国传统节日文化的生活调适性

人们的生活进步是一个连续的创新、突破和适应过程，在这个过程中，传统节日扮演着调节生活节奏的关键角色。利用庆祝节日的时刻，大众不仅能提高生活质量、放松身心，而且能自我调适。在当下的市场经济体系中，许多休闲活动都是围绕传统节日设计的，随之而来的"节日经济"迅速发展，受到社会各界的瞩目。这些以节日为主题的休闲活动项目不仅满足了大众休闲和娱乐的需要，还反映了人们对更高生活品质的追求，对丰富的精神文化生活的向往，以及对精神层面满足的渴望。节日期间的活动不仅拓宽了人们的视野，增加了知识，还强化了伦理实践和灵感熏陶，从而促进了身心的全面提升。

第六章 传统元素在文化创意产品中的创新应用

面对生活中的诸多压力，休闲活动逐渐成为缓解日常紧张氛围的主要方式，这一趋势已演变成一种独特的文化现象。传统节日，作为这种休闲文化的载体，具有对日常生活进行积极调节的作用。唐朝时期，节日就具有了重要的娱乐职能，人们通过宴会、游览名胜来丰富生活，增进社交，释放压力，拓宽视野。不同的节日因其独特的主题和习俗，为人们提供了各异的休闲和娱乐方式，也因此在生活调节上有所差异。以土族的"纳顿节"为例，居民们通过"跳法拉"和祈福活动，达到心灵的宣泄和精神的愉悦，这不仅是一种精神上的释放，也对心理和生活产生了调适效果。在传统节日的浓厚文化氛围中，人们全情投入，即便是农耕的劳累在节日的慰藉下也得到了缓解，身心俱疲的人们在这样的文化实践中找到了宽慰和回报。由此可见，中国传统节日文化在促进身心互动和生活质量提升方面具有生活调适性功能。

4. 中国传统节日文化的幸福祷告性

在中国的历史长河中，古代节日与神话传说和农业周期有着紧密的联系，传统庆典成为民众祈求幸福和丰收、期盼安宁和繁荣的场合。唐朝的节庆习俗就包含为避免灾难、克服疾病而祈祷的元素；"重九登高"象征着避免灾祸；正月末的习俗，如"乞富贵与送贫穷"，在家家户户对富贵连年的期盼下，营造了"年年到此日，沥酒拜街中。万户千门看，无人不送穷"的热闹气氛。[①] 此外，纪念先人的成就、对先祖的尊敬和追念，以及通过祭拜求取精神力量、祈愿家庭成员的安宁和幸福，都是传统节日文化中幸福祈愿的体现。

在各民族中，节日中的祷告文化格外盛行。举例来说，在香格里拉白地纳西族的传统节日"二月八"，家家户户都会祭拜家畜之神，以祈求一年家畜兴旺发达。苗族通过其庄重的祭祀仪式"鼓藏节"缅怀先人，并祈求风调雨顺、避免灾难、家畜繁盛、后代兴旺。通过这些节日，民

---

① 彭定求，陈尚君. 全唐诗：增订本：第1册[M]. 北京：中华书局，1999：498.

众借助祈愿幸福的仪式，展现了中华民族数千年以来对丰衣足食的向往。

5. 中国传统节日文化的身心契合性

传统的中华文化强调个体与社会的和谐相处，这一和谐的达成起源于个体内在的平衡。换言之，构筑一个和谐社会的基石在于每个人的主体能力，具体来说，是指每个人的身心健康。只有当个体实现了身心的健康状态，社会才可能展现出积极和协调的发展趋势。此外，人与自己的和谐关系，是在不断地社会实践中通过自我调适、适应和成长而逐步实现的。

传统节日文化在社会实践中扮演着重要角色，它不仅加强了人们身心的一致性，也为和谐社会的建设奠定了基础。例如，春节标志着岁首的到来、春天的回归，自然万物在此时焕然一新，正是庆祝新年、表达新希望的最佳时机。而在西藏，当地独特的传统节日不论是在特殊的季节还是在充满喜悦的时刻，都会通过精彩纷呈的活动、体育比赛等形式迎接佳节。这些活动让人们在节日中释放压力、愉悦心情，并达到身心和谐的最佳状态。譬如，每年的"赛马节"不仅是展示体能、享受竞技的平台，也是缓解压力、追求健康的场合，赛马的激烈竞技承载着藏族群众的良好祝愿。中国传统节日文化因其深刻体现了对个体生命的尊重，从而与身心和谐的理念不谋而合。

（二）中国传统节日元素符号分析

中国传统节日元素符号的提取有助于更好地理解每个节日独特的文化内涵和社会意义。

1. 七夕节元素符号提取

基于符号分类法，七夕节的文化元素按照可见性可划分为两类：一类是显性的，这类元素直接关联到与其相关的节日故事和象征意义，如牛郎织女的传说、相关的星体、喜鹊以及鹊桥等。另一类是隐性的，这类元素体现了节日背后的深层文化含义，包括人们对姻缘、手艺、长寿以及生育的寓意。

2. 中秋节元素符号提取

基于符号分类法，中秋节的显性文化符号中心围绕月亮及其传说构建，涉及嫦娥奔月的故事、象征月亮的玉兔、反映节日精神的千秋镜以及月饼。而隐性元素则体现了节日中的深层意义，如家庭团圆、姻缘祈愿、寿命延长和子嗣繁衍等。

3. 重阳节元素符号提取

重阳节的显性文化符号包括登高望远、放飞风筝、饮用菊花酒以及享用重阳糕等传统活动。而隐性符号则指向更为广泛的健康与长寿的愿望。

（三）传统节日与文创产品结合的设计方法

1. 外观造型

（1）二维平面。在文化创意产品的设计中，常见的做法是将传统文化的象征进行二维平面化处理，如运用印刷、图案贴合和图章等手段。这使得相关产品在传承文化和传播方面发挥了作用。但是，这种设计一旦剥离了印制元素，产品便失去了文化独特性，变得平淡无奇，乏善可陈。与其他更具创新性的文创产品相比较，此类平面化产品在形态上往往显得较为单调，并且创新性不足。尽管如此，由于成本可控和设计简便，这种产品设计在市场上仍占有一席之地。为了充分利用二维平面符号的潜力，设计师可以考虑结合当下的互动科技，对产品进行重新设计，以提升其创新性和互动性。

（2）三维造型。在文化创意产品设计的领域，三维造型的产品引入了一种全新的文化表达。不同于仅仅附着在表面的二维图案，三维造型通过空间形态的变化，为文化符号赋予了立体的生命力，丰富了其展现形式。

（3）色彩、材质的改变。在产品原本的功能与造型基础上对色调和质地的重新构思，是将产品的传统外观与实用性贯通，进行文化融合的设计新探索。在这一过程中,产品保留了其原始的形态和实用功能,但在色彩和材料上注入了新的文化元素。设计上的革新往往不偏离已被时间验证的文化象征,而是在颜色和质地上赋予它们全新的面貌。

2. 功能的创新

(1)创新实用功能。在文化创意产品的设计上,一种趋势是赋予传统形态全新的实用功能,而不必大幅度改动其外观。这种重新设计的产品,通过功能的创新,不再仅作为象征的标记,反倒与传统用途形成鲜明对比,增添了额外的趣味性,从而引起消费者的兴趣。

(2)技术延续。传统手工艺品在现代社会中占有一席之地,它们不仅承载着深厚的文化内涵,还拥有独到的手工艺技术。然而,长期依赖表面符号的变革可能会导致审美疲劳。因此,这些文创产品可以保持其传统技术的基础,同时结合时代的发展,创新设计图样和形态,并且融入新的实用功能,或者为功能性产品增添手工艺的技术支持。这样一来,采用手工艺技术制作的文创产品可以因其独一无二的手作特质和原始的手感而受到消费者的青睐,在市场上确立不可替代的位置。

3. 情感与隐喻

(1)情感记忆。文化创意产品的魅力在于它们具有的情感价值和记忆的力量。这些产品不仅是人们情感寄托的容器,也是深刻记忆的触媒。情感的纽带虽然看似抽象,但它们背后的文化图腾能够转化为具体的形象,被文创作品以实体的形式表达,从而唤醒与之相关的深层情感。

(2)寓意和隐喻。文化创意作品经常含有丰富的寓意和隐喻。它们的设计超越了文化符号的字面意义,旨在引导人们在掌握一定文化知识的前提下,对产品背后的故事和内涵进行思考和联想。无论是使用过程还是产品的呈现形态,都能触动人们对那些文化象征的深刻理解。

第四节 传统手工艺在文化创意产品中的应用

一、中国传统手工艺概述

(一) 中国传统手工艺的概念及分类

1. 中国传统手工艺的基本概念

中国历史悠久,孕育了深厚的传统文化。千百年来,这些文化在手工艺艺术形式中得以体现和传承。手工艺艺术是对原材料进行人工加工和转变的过程与成果的一种古老形式。它经历了古代、近代、现代三个阶段的发展。人类文明初期,人们用石头、木头等自然资源制作工具,开启了手工艺历史的篇章。随着从农业社会向工业社会的过渡,手工艺作为经济和生活方式的一个重要方面得到了长期的维系。进入近现代,这种工艺得到了新的重视和评价,它不仅传递了宫廷和民间的实用价值与审美价值,也映射出各个时代的社会文脉、人们的生活模式及工艺技术的演变。手工艺不仅是物质文明的体现,也是精神文明的推动力。

2. 中国传统手工艺的分类

中国的传统手工艺显现出多样化的特征,这是由各个地区的风俗习惯、宗教信仰、自然环境和生产技术水平等因素共同塑造的。上下五千年,中国孕育了各式各样的手工艺派别和丰富多样的种类。基于这些特点,中国种类繁多的手工艺品可以根据多种标准进行分类。

(1) 按照工艺材质和技艺分类。根据工艺材质的不同,传统手工艺品可以分为纸制、竹制、木制、泥制、陶制、草柳等。根据制作技艺的不同,传统手工艺品可以分为印染类、塑作类、编织类等。

(2) 按照使用性质分类。一是实用性手工艺品,它们深入日常生活,如陶瓷器皿、编织物品、木制用具等,以及蜡染衣物、绣饰品等,这些工艺品在提升生活质量方面的作用不可小觑，它们为实用器物增添了装饰之美。二是观赏性手工艺品，这类手工艺品主要用于装饰和娱乐，如剪纸、泥塑和年画等，旨在满足人们对艺术品的审美需求；又如风筝、木偶等常见于传统娱乐项目、庙会与节日中的各种器械和乐器，它们不仅丰富了民间文化，也满足了人们对精神层面的追求。这两种手工艺品在不同领域各自展现了中国深厚的文化底蕴和独特的审美价值。

（二）中国传统手工艺的美学思想

中国传统手工艺之美深植于古典美学之中，春秋战国时代便孕育出众多工艺美术的理论派别。儒家的美学，尤其是孟子的"仁者爱人"原则，与老子、庄子、荀子等哲学家的思想融会贯通，为手工艺的发展提供了丰富的哲学基础。在这些多元的美学观念里，人本主义与"天人合一"的原则是中国美学思想的主轴，为历代工匠的创造哲学和设计理念提供了指引，影响着他们将人的需要和天然美合为一体的手工艺创作。另外，《论语·雍也》提到："质胜文则野，文胜质则史，文质彬彬，然后君子。"孔子认为要文质兼具，强调内容与形式的相互统一。而"美"与"善"作为孔子的美学思想的核心，他强调"美"和"善"的高度统一。《论语·八佾》中有"子谓《韶》：'尽美矣，又尽善也。'"的记载，从中可以看出孔子不仅重视艺术的形式美，更注意艺术内容的善。墨家学派创始人墨子则提出以实用性为第一的准则。以老子、庄子为代表的道家提出"无为""道法自然"的观点，主张无雕饰的朴素美，提倡返璞归真，顺应自然。《老子》第二十五章说："人法地，地法天，天法道，道法自然。"老子遵循自然而然，反对过分人为。庄子在遵循老子的美学思想基础上提出"既雕既琢，复归于朴"（出自《庄子·山木》）以及"朴素而天下莫能与之争美"（出自《庄子·天道》）。可以看出，儒家主张"自然的人化"，而道家主张"人的自然化"，二者思想相辅相成，为中国传统手工艺设计以及现代设计奠定了美学设计思想理论基础。中国最早记录手工业技术的文献专著《周礼·考工记》提出"天有时,地有气,材有美,工有巧。合此四者,然后可以为良"①。由此可见,早在先秦时代就已经出现评判造物是否为优良设计的基本原则。

艺术风格在青铜时代经历了一次重大转变,由原本的巫术之美演进至理性与人文的高度。在这个时期,关于审美的各种理论由诸子百家提出并广泛讨论。随后,在汉朝,艺术界融合了先秦时期各个学派的观点,并以质朴的民众为其文化的载体,从而赋予了汉代艺术一种朴实无华的特质。

进入六朝时期,工艺美术呈现为一个承先启后的阶段,传统手工艺在此时受到了玄学中"无"和佛教中"空"观念的混合影响,展现出鲜明的宗教化倾向,并由于外来文化的润泽,孕育出了独特的艺术风貌。

至唐宋年间,工艺美术迎来了风格的分化,呈现出两种极端不同的美学追求。唐代的工艺美术热衷于华美和壮丽,营造出一种情趣盎然的视觉盛宴,总结为"满"的艺术追求。相对而言,宋代工艺美术更加注重幽微与内敛,体现出高雅的艺术气质,可概括为"情"的审美倾向。自宋代起,人们的审美观念开始由初露端倪的美逐渐升华至精致华丽的高级境界。

明清两代,家具艺术升华了"天人合一"的美学理念,映射出文人士大夫的理想主义风貌,同时反映了当时的社会经济及文化状况,推动了明清时期艺术与生活融合的极致发展。

中国传统手工艺的演变历程,恰是古典美学理念发展的生动展现。这一流传千年的艺术精华不仅描绘了各个历史阶段的文化面貌,还呈现了鲜明的民族风貌与区域文化特色。此外,这些手工艺既满足实用需求,又具备审美意义,它们凝聚了先辈们的智慧,并反映了中华民族的传统美德与人文精神。春秋战国时期,《周礼·考工记》已记载了最古老的设

---

① 阮元.十三经注疏(附校勘记):上册[M].北京:中华书局,1979:905-906.

计理念:"知者创物,巧者述之守之,共谓之工。"这表明手工艺的形成是理念与匠心的融合,手的技巧与心的创意的统一,是思想与实践的结合。[1] 因此,中国的传统手工艺不只是千年历史和民族文化的传承,更是中华文明深层人文理念和伦理修养的真实见证。

(三) 中国传统手工艺的艺术特点

1. 民族性

几千年的政治、经济与文化演变孕育了传统手工艺,这些工艺品不仅承载了中国历代的时代风貌,也映射了民族与地域的多样性。在时间的维度中,它们展现了历史长河中各个阶段的民族风情、地域特色及文化面貌。从空间的角度看,这些工艺品融汇了中国56个民族的美学精华。每件作品都以其装饰图案、色彩造型和制作工艺的独特性,彰显着手工艺的多元文化与民族韵味。

第一,中国的传统手工艺精心绘制了民族与地域的特色图谱。以布老虎为例,它的造型与地方风情息息相关。在山西,布老虎的设计强调其力量与雄壮,四肢显得健硕;陕西的布老虎则倾向于融入"五毒"这一传统图案以示威慑;而山东的布老虎则以其灵动与可爱著称,仿佛一只温顺之猫,却不失凶猛之姿态。这些工艺品,虽因地域不同而风格迥异,但它们相互补充,共同勾勒出各地的工艺地图。正是这样的多样化促进了中国传统文化的民族性和地域性的和谐融合。

第二,中国的手工艺品是古代百姓对于美满生活愿景的实物投影。在往昔,这些工艺品无须华丽修饰,简朴中见真情。如同春联与年画,这些遗留至今的文化符号植根于平民生活,映射出对新岁吉祥与幸福的祈盼。中国风筝经常描绘节日庆典与好运的元素,体现了对理想生活的渴望,并浸润了民间的风土人情。而作为传统工艺玩具的布老虎,通常在新生儿来

---

[1] 蒋勋. 美的沉思[M]. 长沙:湖南美术出版社,2014:8.

临时赠予，象征着对孩童未来健康成长的祝愿。这些工艺品不仅反映了先民们的朴素情感，也表达了他们对于未来生活的梦想和追求。

第三，手工艺术与民俗文化之间存在着密切的相互作用。比如，民间文学和戏曲透过皮影戏这一形式，将现实主义和浪漫主义的美学理念具象化，涵盖了从古代的英雄故事、民间传说、神话象征到现代的寓言童话、时尚戏剧等多种题材。元宵佳节挂彩灯的习俗同样流传至今，这种传统既实现了人们通过灯会对"吉祥""平安"等的期盼，又具备了庆祝娱乐的社会功能，给节日带来了欢乐和平安的祝愿。总的来说，中国的传统手工艺展现了其独有的地方色彩。这种地道的乡土情怀反映了工人阶级对美的本真追求；其独树一帜的民族特色则呈现了民族精神的纯正。这两者的融合不仅协调统一，而且成为连接民族情感的桥梁，是劳动人民率真而诚挚情感的体现。

2. 传承性

传统手工艺的精进与积淀本身构成了对艺术形态的保护和传承。在此过程中，手工艺不仅促成了文化融汇与技能创新，亦在三大维度彰显了传统的价值。首先，工匠提炼了技艺的精髓，在耕作为主的社会里，他们以手艺的熟练和努力维持生计与实现自我价值。工艺的传授超越了单纯的技能传递，更是经验和智慧的累积。新一代工匠在继承传统工艺时，也会注入自己的创见与改进。随着岁月更迭，各代工艺人受到时代与环境的启发，发挥了主观创造性，以创新兼顾传统，既锤炼出手工艺的核心，又满足了现实生活与文化发展的需求。其次，手工艺为中国传统文化的传递提供了独特视角。诸如《周礼·考工记》《天工开物》等经典著作的记述，确保了这些工艺知识的保存与继承，而手工艺衍生的文学与戏剧作品至今仍被传颂，成为文化交流的媒介。最后，手工艺的实践表明了民族传统的不断延续，这不仅仅是生活艺术的体现，更是文化遗产的动态印记，是民族灵魂的象征。祖先智慧的结晶通过这些艺术品得以向后代传递，它们成了地域文化鲜明的标识。

3. 实用性

手工艺的持续传承和演进，密不可分地依赖于其实用性。一旦手工艺品失去其功能性，其存在的价值便告终结。源于人们基本生活需求的手工艺，在形成之初就必须考虑耐用这一属性，如西汉时期精制的"长信宫灯"，造型精美，设计巧妙，不仅仅是照明工具，更体现了古人的环保观念。该灯结构巧妙，铜铸宫女像内置油烟回流系统，光源强度可调，兼具实用与艺术双重价值，展示了生活实用品与装饰艺术的完美融合。这样的手工艺品，凭借其实际应用之利，得以代代相传，启迪后世以其精湛的设计理念创造出更多适应现代生活的工艺精品。

（四）中国传统手工艺对现代设计的影响

中国传统手工艺，以其种类繁多、技法精湛及其独具韵味的艺术风格和审美趣味，在当代设计领域产生了深远的影响。它在工艺技术、材料选择、造型创新、色彩搭配以及文化内蕴等多个维度，对现代设计的启迪不可谓不大。进入科技高速发展的今天，机械生产的兴起与传统手作艺术形成了尖锐的对比。手工艺源远流长，植根于祖先对生计工具的需求，主张以实用为宗旨，追求与自然和谐共生的设计哲学。这不仅强调了人际、人与自然以及个体内在的和谐关系，每件工艺品亦是工匠主观创造力与技艺、材料、纹饰和色彩自由融合的结果，缔造出独一无二的艺术作品。当代设计理念提倡人本思想，服务于人，从物质与精神两个层面满足人类需求，倡导情感化设计，以建立产品与使用者间的和谐统一。传统手工艺作品之多样性，蕴含着丰富的地域特色与民族风情，积累了深厚的理论与工艺技能。现代设计从中汲取灵感，不断地吸收和提炼传统的色彩与图案，设计出更契合现代人需求的实用艺术品。这样的传承不仅仅是对历史的延续和对前人智慧的继承，更是文化连续性的一种展现。

此外，中国传统手工艺对现代设计的环保导向也提供了宝贵经验。古人所崇尚的返璞归真、顺应自然的审美理念，至今仍对现代设计产生着影响，促进了可持续发展设计、绿色设计以及生态设计理念的形成和发展。

中国传统手工艺的深远影响在现代设计中不止于此，它展现了古人的智慧与勤劳，通过持续的创意和设计发掘生活之美，促进了人与物品的共同精进。

二、传统手工艺在文化创意产品设计中的创新应用

（一）融入传统美学思想

多元化的表达手段展示了中国传统手工艺文化中的美学观念，它自古以来便贯穿于器物的文化与艺术之美中。这些手工艺品不仅仅是美与实用的结合，还增添了生活与生产的乐趣，更是古人智慧的体现，是对自然、艺术与人之间互动的深刻理解。

在中华文明几千年的沉淀中，每一个朝代都孕育了其特有的美学理念和文化象征。这些哲学，如"天人合一""以人为本"和"物尽其用"，是传统手工艺精神的核心，也渗透到了现代设计之中。尤其是"天人合一"的概念，不仅代表一种哲学思想，还是和谐共处的状态象征，对于中国传统设计理念的形成至关重要。

对于文化创意产品而言，理解并珍视手工艺品中传统文化的深层含义至关重要。研究中国的传统美学观念，分析它们的特色与审美韵味，可以在保留传统的同时推动创新设计。因此，文化创意产品的设计，不仅要体现传统手工艺的美学理念，还要继续探索和表现传统美学的现代价值与意义。

（二）贯穿现代设计理念

1. 坚持"以人为本"，强调个性化

现代设计的理念以"以人为本"为核心，已广泛融入生产生活的诸

多方面，强调在设计产品时要基于深入洞察并满足用户需求。产品设计必须综合考虑外观、功能、材料和工艺技术等方面，满足消费者的实际需要。此种设计哲学并非单纯的以人为中心，而是要综合人与社会、人际关系、人与产品的联系以及人与自然的互动。

历史悠久的中国传统手工艺便植根于这样的"以人为本"的思想，其匠心独运的工艺品最初是为了改善民众的生产和生活条件。然而，随着时代的演进，现代社会对此理念的诠释已经发生转变，转而更加注重人与环境的和谐共生。

例如，比利时设计师 Charles Kaisin 的创意手提包项目，就采用了环保材料并通过回收再利用进行设计。此外，他还雇用了无家可归者手工制作这些包袋，这不仅解决了他们的就业问题，也促进了社会的可持续发展。这样的设计思路超越了对产品本身的考量，将视野扩展到了产品所能引发的更广泛的社会影响。

除了产品本身对用户的影响，"以人为本"的设计哲学也包括对环境的考虑。手工艺中的"匠人精神"在这一点上尤为关键，艺人的参与不仅缩小了传统与现代的鸿沟，还使得手工艺品能够恢复其自然的本质，从而让消费者在享受文化创意产品时，能更深刻地体验到其中的文化魅力。

在"以人为本"的设计哲学之中，个性化的追求占据着重要的一环。每件传统手工艺品都是匠人通过选择材料、运用工具亲手制作而成，各自展示出独有的风采和个性。现代消费者追求个性化，他们希望产品在造型、色彩、功能、科技和情感上展现自己的个性和喜好。在这样的背景下，人们对产品的选择多种多样，如同他们对生活方式的不同追求一样。个别消费者热衷于最新潮流，而另一些则偏好复古风格；每个消费者的选择都凸显了他们的独特性。个性化并非意味着与社会不相容，相反，它是一种显示个人兴趣、文化理念和审美偏好的方式，强调了个性的独特价值。

因此，在设计新的文化创意产品时，设计师须深入洞悉传统手工艺与现代设计的差异,并捕捉那些能够体现个性化的独特元素,以此将传统手工艺的魅力和个性化需求融合,赋予新产品以个性化的风采。

2. 追寻自然化与可持续化

传统手工艺人秉承"天人合一"与"物尽其用"的设计哲学,取材自然,促进了人与自然的协调。他们对自然界的敬畏远超现代人。然而,随着全球化和工业化的迅猛推进,环境问题日益严峻,人们今天面临的挑战是如何使产品更加自然化和可持续化发展。

在产品设计的每个阶段,保护资源和环境被视为传统绿色理念的精髓。目标在于确保产品的环境特性,涵盖了可拆解性、可回收性、维护便捷性和可复用性等多个方面,同时不牺牲其功能、寿命和质量标准。该设计哲学依据"3R"(reduce, reuse, recycle)准则,即旨在降低污染、减少能耗及促进产品及其组件的回收和再次利用。随着技术进步,绿色设计观念已拓展至超越产品本质的更广领域,包括外包装设计、运输便利性以及市场营销策略等。针对传统手工艺文化创意产品的开发,设计师被鼓励深入洞察和借鉴手工艺中的绿色设计理念和其他相关设计思想,进行综合性和全面性的创新设计。同时,他们也引导消费者树立绿色消费理念。在涉及传统手工艺的创意设计过程中,设计师需在多个层面进行考量。

在选择原材料方面,这一理念强调使用可自然分解或环境友好的材质以提升生产的环保性和效率。这种方法改进了传统手工艺中原材料使用的限制,转而采用新型环保材料进行产品制作。在产品包装设计上,它推崇简约主义,避免不必要的装饰,简化包装以利于运输和拆解。至于产品设计,这一理念则注重实用性和多功能性,通过创新设计实现产品部件的自由搭配与拆卸,旨在同时提升产品用途的多样性和消费者的使用享受。

3. 融入情感化设计

传统手工艺不仅仅满足了消费者的物质需求,更触动了人们的情感世界，唤起了对传统文化的记忆及审美取向的共鸣，激发了一种精神上的共振。随着社会的发展，人们的生活观念和价值取向发生了变化，对设计情感层面的渴望日益强烈，他们不仅追求手工艺品的物质外表，还倾向于寻找那份传统工艺所独有的温度和手感，重视手工艺品的人性化和趣味性。因此，那些传承传统文化的创意产品，要想触及消费者的内心，就必须在设计上创新，连接消费者对过往传统手艺的怀念与对现代审美追求及自我价值体现的需求。设计师应从情感的角度出发，将设计与传统手工艺文化产品结合，在情感的传递上做出创新性的尝试，这样的情感化设计应围绕以下三方面进行。

（1）形态的情感化设计。文创产品的材料肌理、形状、造型等，皆深刻影响着产品的直观呈现。打造一件集文化传承与创意于一体的产品，便需将传统手艺的典型造型、图样与现代设计理念相融合，营造出既承载着传统文化韵味又满足现代视觉审美需求的独特形态。设计师需巧妙运用传统工艺的文化寓意，通过创新的表现手法丰富产品的实用与审美功能，让产品不仅在美学上吸引人，在实用性上也满足需求，从而激发消费者在精神层面上与产品的深度共鸣。通过强烈的视觉及情感表达，文创产品能迅速捕捉消费者眼球，有效传递产品信息。

（2）功能的情感化设计。在文化创意产品的设计过程中，功能的情感化至关重要。这意味着产品不仅要满足基本使用需求，还要易于理解、操作，并能与用户产生情感上的交流。当前，许多传统工艺品因未能适应现代生活的便捷性要求而渐显不足。因此，在设计具有传统工艺背景的文化创意产品时，设计师需深入探索如何将古老的功能与现代生活的便捷性相结合，创造出既实用又能引发用户情感共鸣的产品，使之成为用户日常生活中的一份情感寄托。这样设计的产品可以为消费者带来更为丰富的使用体验和情感享受。

（3）心理的情感化设计。在文化创意产品的构想中，融入心理的情感化设计至关重要。这类产品若能触动人心，便更易激起消费者的购买兴趣。古老的手工艺品带着民族的文化和情感，其背后反映的是祖辈的智慧、古时工艺技术和思想文化的高度发展。正是这一点能够牢牢抓住消费者的目光。因此，在设计时，融合这种怀古的情感元素至为重要，它能在产品和消费者间建立起情感的桥梁。随后，品牌应该通过这种心理层面的互动，加深消费者对品牌的认识与忠诚度。

（三）创新产品设计五要素

在当下全球化的趋势下，工业化和机械化的兴起，加之思维方式的转变，给传统手工艺带来了前所未有的挑战。这要求传统手工艺在传承中探索创新的路径。适应现代化的需求，手工艺的发展必须吸收现代设计的新理念，创新设计在这一进程中充当着重要角色，它是应对时代变迁的可持续设计新观念，也为手工艺品的转型提供了新的理论支撑。创新是时代发展的必然要求，手工艺的创新设计需要发挥设计师的创意才华。设计师要深刻理解传统手工艺的独有特色与市场需求，并借助现代科技的力量进行必要的创新。这样的创新设计涉及传统手工艺产品的传统造型、色彩、材料、功能以及工艺技术等多个维度的深入研究和应用。

1. 传统造型元素创新

在设计的新浪潮中，传统造型元素经历了一场革新。色彩与形状经过巧妙的提炼与变革，利用打散重构、部分代替、借用局部等设计手法，传统手工艺不仅融汇了东方与西方的文化精神，还与现代社会的发展脉络相契合，创造了迎合现代审美的新造型。

（1）直接运用。采用传统手工艺元素进行文化创意产品设计，重点在于忠诚地保留其原始特质，并且赋予其新的实用性。此过程超越了简单的模仿，而是经由对原有元素的提炼与重塑，使之适应新的设计理念和环境。例如，中国"龙凤呈祥"的挂饰与美国的"蓝色河马"就体现了这一理念。具体来说，中国国家博物馆的"龙凤呈祥"挂饰（图6-2），选取了新石器时代红山文化的玉龙和商代的传统手工艺——玉凤佩为设计源泉，这两种玉器的传统形态经过重新设计并以银质材料制作，尺寸得以精巧调整，从而成为集高艺术价值与创新于一体的产品。

图 6-2　中国国家博物馆文化创意产品"龙凤呈祥"吊坠

在纽约大都会博物馆里，一款以古埃及彩陶雕塑为原型设计的"蓝色河马"产品深受欢迎（图 6-3）。这款产品不仅复刻得精致逼真，其呆萌的造型在众多手工艺品中显得别具一格。进一步的创新使得这款"蓝色河马"转身成为多彩的橡皮擦，赢得了众多儿童的青睐。

图 6-3　纽约大都会博物馆畅销文化创意产品"蓝色河马"

第六章 传统元素在文化创意产品中的创新应用

在传统手工艺文化创意产品的造型设计中，直接运用的设计手法既简便又直接，保留了原始工艺的韵味，同时采用新的表达形式。设计应迎合公众的审美偏好而非单一设计师视角，如此产品方能展现出更加引人入胜的造型美感。

（2）间接运用。很多时候，在文化创意产品设计中直接运用传统手工艺的造型或图案往往无法完全满足现代人的需求。设计师应专注于图样与符号的再创造，采取简化、改型、选取部分特征或重复使用等策略，以新的形式展现手工艺的文化和民族特色。

以故宫博物院的"五福临门食器礼盒"为例（图6-4），该产品设计灵感来自清代乾隆时期花梨木雕花食盒，具有"天地和谐，万福万寿"的寓意。设计团队汲取故宫典型造型元素精华，用现代设计语言打造出五个一组的形式简洁、寓意深厚的器物。这套产品通过结构简化、形态美化以及材料优化，呈现给消费者既美观又实用的陶瓷器皿集，兼具审美价值和实用性。

图6-4 故宫博物院文化创意产品"五福临门食器礼盒"

采用间接运用的方式融合传统元素于文化创意产品并非否定传统，而是为古老图腾赋予新的表现载体，既保留手工艺传统精髓，又让创意产品担纲传承文化新职。这类产品的设计借助隐喻与暗示,为消费者提供广阔的想象空间,增进与产品间的互动交流,使其不仅是使用的工具,还成为传递文化的桥梁。

2. 色彩创新

产品设计的魅力除了体现在形态之美上,更在于色彩的韵律。色彩设计占据了设计环节的核心位置,这不仅是对设计师审美的全面体现,也是吸引消费者眼球、激发购买欲望的关键要素。色彩能在视觉及心理层面造成独特的影响力,它的意义随材料、环境和观者情绪的变化而变化。中国的传统色彩体系建立在"五正色"之上,即黄、青、赤、黑、白,这与阴阳五行的哲学概念相吻合,反映了当时的文化特色。不同色彩的应用揭示了历史各阶段的政治、社会、经济状况,民族文化习俗和审美倾向。例如,黄色通常与权势和财富挂钩,红色(即赤色)在中国文化中是吉祥和喜庆的代表,而黑色和白色在代表阴阳的太极哲学中寻求平衡。在融合传统手工艺的文化创意产品设计时,设计师须深入理解传统色彩的内涵,并探究如何在新的设计语境下赋予这些色彩全新的含义。这涉及跨越传统色彩的限制,重新审视色彩与材料、环境、人的心理等元素的关系,以期赋予产品以前所未有的个性和新意。为此,设计师在色彩运用上需深思熟虑,创新地将传统色彩的精髓与现代审美完美结合,这需要设计师在理解传统色彩文化基础上,考虑现代社会的审美需求和功能实用性,立足以下三个方面进行创新的色彩设计。

(1)色彩与材料。材料的特性对色彩的表达有着决定性的影响。例如,亚光材质表面呈现的色彩给人以沉稳之感,而亚克力材质上的色彩则会给人以明亮清晰的视觉效果。设计师正是利用这一原理,让色彩在文化创意产品上展现多变的风貌。

(2)色彩与环境。环境因素对色彩的选择和应用有着直接影响。设计师在设计文化创意产品时必须将其所处的环境纳入考量,确保产品在不同的空间内都能表现出良好的视觉效果。

（3）色彩与心理。在设计语言中，色彩一直占据重要地位，无论是传统色彩，还是现代流行色，都在不断影响人们的消费动机。例如，红色通常与活力和激情相关联；黑色则传递出庄重与神秘感；白色往往代表轻松和简洁。巧妙的色彩运用可以更有效地引起消费者的共鸣。以"心灵便当——兔爷"系列产品为例，这是一款以北京传统玩偶兔爷为灵感来源的产品。经过重新设计的兔爷不仅在形态上获得了新生，其五彩缤纷的外观也赋予产品新的内涵。产品的每种颜色都承载了独特的象征意义：红色代表爱情，蓝色关联学业，紫色代表事业，黄色则象征家庭幸福和睦，这些色彩的新意义让产品与消费者产生了心理共鸣。

3. 材料创新

面对原材料日渐稀缺的现状，越来越多的传统手工艺品正面临失传的危机。为此，手工艺品的制作材料正从泥土、石材、布料等传统天然原料，转向塑料、玻璃、金属、塑胶合成等现代材质。这种新旧材料的融合不仅有助于缓解自然资源的破坏，还能为文化创意产品带来多样化的外观和增强其文化内涵，也确保了中国传统文化的延续。

"清庭"品牌创始人石大宇对传统工艺融合现代技术持开放态度。他提出，现代设计应当利用环保技术开发新产品，并要融合传统设计元素，而不是单纯追求科技化和工业化的生产方法。

国家博物馆开发的"杏林春燕"系列文创产品就是一个例子。它借鉴了粉彩杏林春燕纹瓶的经典纹样，创造了多样化的产品线。这种创新不仅解决了原材料短缺的问题，也让传统材料以新颖的形态重生。以市面上的小笼包形状调味罐为例，它们是以现代设计理念对白瓷进行的再造，摒弃了传统造型，以实用功能为导向，创造出既能储存厨房调料又能放置小吃的多功能产品，不仅丰富了使用体验，也提升了生活的品质。

4. 功能创新

产品设计的根本宗旨在于满足人的需求。而对于传统手工艺品，普遍的误解在于，人们往往将其视为收藏品或仅供欣赏之物。然而，这些手工艺品最初的创造是基于古人对日常生活和劳动工具的需求，从原始的石器到后来的漆器、瓷器等。随着时代的演进，某些传统手工艺品的功能性逐渐不能满足现代社会的要求，成了一大挑战。

面对这一挑战，创新功能成为解决之道。这涉及重新设计传统手工艺品，以满足现代消费者的需求，将原本作为装饰品的手工艺品转换为具有多种用途的物件。对于文化创意产品而言，功能创新的重点在于两个方面：一是必须满足现代生活的实用需求，以实用性为前提；二是在保留传统手工艺特色的同时，通过革新形式、材料和技术，增加产品的功能性，以迎合现代消费者的多样化需求。

以蒋琼耳创立的"上下"品牌为例，其设计理念强调继承并弘扬中国的传统文化和审美。该品牌中的"桥"系列竹编茶具便是一次成功的创新。这些茶具上覆盖的竹丝仅有 0.4 毫米厚，这种精巧的竹编不仅展示了中国手工艺的细腻之美，同时赋予了产品保温隔热的实用功能。该系列以"桥梁"为灵感，象征着人与人之间的连接与沟通。通过这样的设计思路，传统手工艺在当代得以繁荣并富有生命力。

5. 工艺技术创新

具有数千年历史的中国传统手工艺凭借工匠们的不懈创新，已经将技术与材质的和谐融合演绎到极致，并传承至今。如今，这些手工艺无法仅仅停留在过去的辉煌中，它们需要更多地融入现代人的生活之中。传统的手工制作方式虽具备独创性和唯一性，却面临着生产效率低下、产品循环再利用难等挑战。这些制约因素以及难以适应现代社会发展的需求，是传统手工艺传承与发展面临的难题。解决这个问题的关键在于工艺技术的创新。这需要从根本上对传统手工艺进行透彻的剖析，包括设计、加工、制造、生产等环节。设计师应精细地分析这些手工艺的特点，挖掘它们的长处和短板，致力于保留它们的精髓，摒弃不适合现代社会的部分。每种手工艺背后都有独特的民族和地域特色，传递着审美和文化价值。创新设计和新型工艺技术的应用，可以将这些传统手工艺与现代文化结合,不仅解决了效率和可持续性问题,还为传统手工艺带来了灵活性。当工艺创新与功能性设计相结合时,传统手工艺就能从静态走向动态,增添趣味性,从而激发新的生命力。

正如意大利设计师索特萨斯所说:"保持传统并非单纯的重复传统。"要使传统手工艺持续传承并发展,关键在于在保留其独特风貌的同时,对色彩、材料、功能、造型和工艺技术等要素进行革新,同时更新审美观念,以确保这些工艺与时代的步伐保持一致。

(四)开发市场及运用新手段

要确保传统手工艺在文化创意产品领域的兴盛,必须做到市场拓展、品牌建设以及利用互联网及新媒体的营销策略三者之间的协同作用。市场拓展不应依赖于传统模式,而应在市场经济的引导下,结合政府支持政策和企业个体的积极行动,避免手工艺品仅作为博物馆陈列品或市场上的复制品,局限于收藏与观赏的功能。因此,构建和管理品牌显得至关重要,以品牌的形式保持手工艺的生命力是传承手工艺的优选途径。在维护传统工艺的基础上,通过对产品的造型、色彩、材质、功能和技术进行创新设计,不仅可以开发出具有独特品牌特色的文化创意系列,满足消费者的物质与文化需求,也能保障传统文化和民族特色的持续。品牌的建立不仅保护了手工艺的内在和应用价值,对国家、团体和个人而言也是一个值得关注的重要领域。

在品牌推广的最后一步,借助互联网的力量进行传播,可以快速将传统手工艺文化扩散到各个角落。互联网和新媒体的崛起已经颠覆了传统的零售商铺和街边小贩的营销格局,为传统手工艺寻找到了新的发展路径。网络的普及使得从前的店面销售模式升级成为线上交易,与各大流行的电子商务平台进行协作不仅提供了独立的成长空间,还打破了地理和文化的界限。例如,中国国家博物馆、故宫博物院、苏州博物馆等不但运营着自家的文创店铺,还拓展了线上市场,极大地便利了公众,使他们在家就能接触传统文化和购买文化创意产品。此外，科技的进步也给传统手工艺带来了创新的展现形式。譬如，2010年上海世博会中国馆的《清明上河图》数字版，这一镇馆之宝应用了数字化技术，使得历史文物以动态的方式"复苏"，展示了宋代都城汴京的繁荣，以及市民生活红火热闹的场景。由此看出，科技的应用不仅以生动的方式继承了传统文化，还拉近了人们与传统文化的距离，增强了互动体验。

传统手工艺的发展与文化创意产品的结合需超越单一方面的努力，这一进程要依靠多方面的协作和创新，以确保传统文化得以沿袭。

三、传统手工艺在文化创意产品中的应用实践

（一）陕北传统剪纸在文化创意产品中的应用

1. 陕北剪纸应用于文化创意产品的设计思路

文创产业与陕北剪纸的融合互为发展催化剂，这种融合不仅打开了剪纸艺术发展的新境界，也拓展了其销售的途径，并带来艺术形式的多样性。陕北剪纸作为一门内涵丰富的艺术，为设计师提供了广阔的创作天地，从而能与文创产品深度融合，共同创造更高的价值。设计文创产品时，设计师要以弘扬传统文化和促进文创产业发展为宗旨，进行全面的市场调研和深入的文化洞察，切实站在消费者及陕北剪纸文化的立场，准确捕捉市场所需、所急。全面的思考才能触及痛点，找到问题的关键所在。此外，设定清晰的目标至关重要，这是指引努力方向的灯塔。文创产品旨在以创新和有趣的方式吸引目光，激发人们主动体验文化之美，间接推动传统文化的普及。目标明确，步骤才能井然有序，从而实现预设的发展愿景。

设计师在设计文化创意产品时，必须深入挖掘陕北剪纸所承载的社会情感，让这种情感贯穿于产品之中。随着物质条件的提升，人们对于精神文化的渴求也日益多元化。陕北剪纸艺术不仅映射了对自然美和理

想生活的追求，还逐渐成为承载人们社会情感的精神寄托，并成为具有地域特色的文化象征。这与当地人民生活方式的变迁、对新事物的接纳以及精神境界的扩展息息相关。因此，文创产品的设计应充分发挥剪纸艺术中蕴含的情感，创造出能触动人心的作品。现代文创产品通过创新设计传递传统与现代文化，满足精神文化的需求。面对多样化的消费需求，产品设计必须不断创新、追求变化和速度，以适应时代的步伐。采用环保、轻便、耐用的新材料，或者破旧立新的设计，旨在让传统文化焕发新光彩。

在设计陕北剪纸文创产品时，设计师既不能单纯聚焦于造型，也不能仅仅强调文化表达，而应综合考虑，找到合理的平衡点进行创新设计。同时，设计师要根据市场变化和年轻一代的审美偏好，及时调整设计策略，确保产品能够实现预定的发展目标。

2.陕北剪纸应用于文化创意产品的设计方法

（1）剪纸文化元素中的图样。中国民间剪纸艺术具有丰富的民族特征及深刻的文化内涵，设计师可以从中提炼出无数具有象征意义的图样和纹饰。这些图样不仅代表着传统文化的核心价值，还是民众表达情感与心声的视觉媒介。特别是陕北剪纸，它所包含的图形融合了美好与吉祥的意象，运用了对称、连续、夸张和变形等手法，赋予作品独特的艺术魅力和装饰效果，如象征平安、期盼繁衍与福祉的图案。在设计文化创意产品时，这些图样元素是设计的核心，为产品增加了文化的深度与附加价值，也为陕北剪纸文化的推广和传播发挥了作用，如陕北剪纸中的十二生肖图案，为文创产品提供了丰富的创作灵感。以陕北剪纸艺术家高凤莲的《艾虎》为例，其作品精妙地捕捉了虎的灵性和力量，并以艺术的手法极尽描绘。这样的剪纸图案若融入文创产品中，不仅能够显现独特的艺术风格，还有望受到公众的广泛喜爱。通过这样的设计融合，文创产品不仅仅是物质的承载体，更成为文化传承的桥梁。库淑兰是一位被尊称为"剪花娘子"的中国民间工艺美术大师，她的作品以色彩斑斓、简洁明朗而著称。她选择彩色纸张为媒介，经过精心裁剪后，通过粘贴组合的方式完成作品。《生命树》便是她的代表作之一。该作品以树为中心，围绕着各式各样的植物和动物，其采用的彩色剪纸材料使得作品相较于传统的黑白或红色剪纸显得更为鲜活多姿，散发着勃勃生机。其创作的《石榴树》图样，非常适宜应用于文化创意产品设计，无论是与厨房用品、办公文具结合，还是与家居装饰或旅游纪念品结合，都能将石榴树生动而富有生命力的形态，通过局部变形的方式展现新生事物的活力和生长的情景。除了众所周知的十二生肖等传统图样，陕北剪纸还有许多具有地域特色且寓意深远的图案，为文创产品设计提供了灵感。例如，陕北民众对狮子、老虎等动物图腾的喜爱与崇敬，常通过剪纸形式表达，如双虎纹瓶、骑虎娃娃、鸟尾虎、狮子滚绣球等图案。这些独特的图样不仅为文创产品增添了趣味性，还蕴含着丰富的文化象征和吉祥意义。

剪纸艺术中的纹饰成分承载着陕北文化的精华，是剪纸艺人对生活实物的高度抽象和提炼。在文化创意产品设计中，运用这些纹饰，如线纹、月牙纹、单牙纹、锯齿纹、柳叶纹和各种花草纹，能够为产品增添独特的文化内涵。这些纹饰不仅能够作为图案的补充，为主要设计主题提供细腻的装饰效果，还可作为主要元素以重复或变化的排列组合形式，打造出既清晰又醒目的视觉效果，或者以随机组合的方式，展现出层次分明且充满创造力的美感。在产品设计与包装中吸收陕北剪纸的精致纹样，不仅能提升产品的艺术和市场价值，还能有效地传播和促进陕北剪纸文化的普及。这样的设计策略能够使得文创产品在传递传统文化的同时获得现代市场的青睐。

（2）陕北剪纸图案的寓意应用。陕北剪纸文化的核心在于其图案的深远寓意，每个设计背后都藏有独到的意义和故事。这些剪纸作品从选材到造型，不仅糅合了神话传说、戏剧人物、自然界的动植物，而且通过其独特的表现手法展示了深层的哲学理念与自然哲学的统一。例如，阴阳和谐、生命之树的图案，以及动植物的符号都以夸张而简约的风格体现了陕北民众追求心灵富足与情感宣泄的精神追求。产品设计应传递出陕北民众的这种善良与朴素，以及他们对于生命繁衍、安宁和富裕的祈愿。

3. 剪纸艺术应用于文化创意产品的意义

文化创意产业表面上结合了"文化"与"创新、创意"的概念，但真正融合这两者，实现其发展并不容易。这一领域的发展要求设计师们既要具备扎实的专业技能和创新能力，又需深刻理解并全面掌握传统文化。正是由于这样的高要求，我国的文创产业曾经进展缓慢。然而，近年来，随着对传统文化内涵和价值的深入挖掘，并将其与产品设计紧密结合，文创产业开始找到发展路径。产品设计不断通过艺术化的处理，打破常规思维，推出文化衍生品，旨在实现品牌化、经典化、艺术化和民族化，提炼文化的精华。比如，苏州博物馆和故宫博物院等通过成功打造文化IP并推出畅销产品，创造了全新的艺术类型。文创的价值逐步被广泛认可，它不仅增强了国家的文化软实力和推广了中国文化，还使文化产业逐渐成为国家经济体系的关键组成部分，助推经济发展，并为环保和绿色产业发展贡献力量。当前，新一代年轻人对传统文化的了解可能并不深入，对其兴趣亦相对缺乏。因此，若能通过文创构建一个有效的文化传承体系，对于传播传统文化和激发人们对传统文化的兴趣，其价值将是不可估量的。

将剪纸艺术融入产品设计，将传统的韵味注入现代商品，不仅能够加强品牌的市场竞争力和产品的吸引力，还有助于推广传统的剪纸文化。品牌的核心价值在于其独一无二的竞争力，这种力量源自企业内在的品牌价值，它是企业生存和发展的根基。企业拥有较强的品牌竞争力就能够获得广泛认可，增加产品价值，提升经济收益。此外，拥有良好口碑的品牌和产品可以在一定程度上降低推广和市场营销的成本。品牌竞争力是企业历经时间积累的独特能力，这种能力通常不会因外部环境的变化而改变，具有持久性和稳定性的特点，并能够帮助企业发挥和拓展其潜在能力。中国的品牌策划专家李光斗曾指出，品牌竞争力是一种深层次的市场影响力，它意味着产品拥有更大的市场份额、更高的附加值和更长的生命周期。在全球市场环境中，要想站稳脚跟，企业必须不断自我更新，主动适应时代变迁，推动自身的持续发展，不断将新的元素和创意注入产品之中。然而，当前中国企业最缺乏的正是品牌竞争力和创新能力。创新是推动发展的首要动力，企业应深挖国内文化资源，以此丰富产品的内涵，使产品获得更高的附加值。

在文创产品的设计中运用陕北剪纸艺术显得至关重要，它的作用不止于提升产品包装的吸引力。将这门传统手艺的图案以创新的形式呈现在商品的外观设计上，能够极大地增强产品与消费者之间的情感联系。富有吸引力的包装设计，如同一个无声的推销员，能够触动顾客的内心，唤起他们的购买意愿。文化创意产品的包装，当巧妙地将陕北剪纸的文化精髓转换为简约而深刻的视觉符号时，不仅能赋予产品以独特的视觉震撼力，而且能引发人们对其文化内涵的探索和思考，从而进一步传承和弘扬剪纸文化的价值。

（二）磁州窑在文化创意产品中的应用

广义的文化符号是指用一种媒介指代某一种事物，也就是信息的载体。[①] 文化符号有两种形态，分别为物质形态和精神形态。物质形态下的文化符号是客观存在的符号，以具体的物质形态出现，反映出文化的意义，而精神形态下的文化符号则是一个主观载体，泛指人的各种意识形态。[②] 设计师在进行设计工作时，往往需要在庞大的文化符号宝库中汲取灵感，经不断提炼和筛选，挑选适合的文化元素。例如，磁州窑文

---

① 周至禹. 艺术设计思维训练教程 [M]. 重庆：重庆大学出版社，2010：138.
② 钟慧敏，沈霞. 文化符号在产品品牌形象塑造中的应用 [J]. 安徽商贸职业技术学院学报（社会科学版），2011，10（3）：41-43.

化符号同样包含了物质与精神两个维度,在文创产品的设计过程中,设计师需从这两个维度吸取素材,并对其进行再设计,这个过程中涉及的具象转化与抽象转化是至关重要的。

1. 具象转化——提取磁州窑文化元素

在对磁州窑文化的精细研究中,设计师需挑选出该文化中的核心元素,这些元素在色彩、图案和形状上都承载了独有的文化意义。通过对磁州窑文化的深入梳理和精心提炼,文创产品的设计应注重这些元素的综合运用,以期达到对这一古老文化的现代诠释和传承。这种方法不仅令磁州窑的文化遗产得到延续,也为其增添了更为丰富的文化价值。

(1) 磁州窑色彩的提取。在设计磁州窑文化创意产品时,色彩的巧妙运用至关重要,它直接影响着对消费者的视觉吸引力。为了立即捕获消费者的目光,设计师应精心选取与众不同的色调。尤其是磁州窑标志性的黑白对比风格——黑底白花与白底黑花,这些设计在保留磁州窑原有风貌的同时蕴含了深刻的象征意义,对于迎合不同消费者的喜好和诉求尤为关键。

(2) 磁州窑纹样的提取。在磁州窑文化创意产品设计中,设计师对其纹样的提取至关重要。设计师经常会保留原始纹样或对其进行创新转化,这一手法虽易于操作,却也隐含缺陷:过分仿效将导致产品缺乏多样性,难以吸引消费者眼球,进而影响产品的市场附加值。要想在竞争中脱颖而出,产品设计必须突破传统,不仅在材质和制作工艺上进行革新,更应通过创新手段,为消费者提供独特的视觉和触觉体验,从而确保产品具备引人入胜的魅力。

(3) 磁州窑造型的提取。设计师在文化创意产品中提取磁州窑的造型特征,一方面是原汁原味地保留磁州窑的传统形态,凸显其独有的艺术风格;另一方面是融合现代设计理念,重新诠释这些古老造型,使其与现代审美观念相契合。这样的设计让人在接触文创产品的同时能亲近那份历久弥新的文化精髓。

（4）磁州窑材质的提取。选材对于磁州窑文创产品至关重要，它是产品实体化的基石。磁州窑传统上利用当地独有的、铁含量丰富而未经精炼的高岭土，赋予产品以独特质感。不同的材料会使同一产品展现出迥异的情感表达。在材料的转化过程中，设计师可以保留使用原有的高岭土，或者探索新材料，甚至结合多种材料的创新应用。环保属性是设计师设计磁州窑文创产品选择材质时需要优先考虑的要素，随后才是其他各方面的考量。

2. 抽象转化——提取磁州窑文化内涵

文化创意产品设计须超越物质功能的表述，触及更深层的社会与人文意蕴。这一过程的关键不在于元素的简单叠加，而在于将产品的实用性与情感价值融合，赋予产品更深远的象征意义。它们不只能满足功能性需求，更能在使用感知与定位中传递独特的文化信息，令消费者产生情感上的共鸣。磁州窑的文化转化在设计实践中，意味着将抽象的文化形象通过具象的产品形态展现，让消费者以一种更直观、生动的方式理解。[①] 抽象转化选择以情感为纽带，文创产品的设计策略深植于磁州窑丰富的地域文化和历史传统之中，揭示生活与生产模式的变迁，把握并表现出文化的核心价值。正是这些文化细节与情感连接，使文创产品不仅是物品，还是文化传播与情感交流的媒介，能够激发消费者在情感层面的深刻共鸣。

[①] 李呈让.具象、抽象和意象形态：解读造型的三种形式语言[J].文艺争鸣，2010，(4)：115-117.

结　语

在新媒体背景下,文化创意产品的开发和设计应该重视新媒体技术的应用,注重用户的互动和参与,充分发挥传统文化元素的作用,注重地域文化和全球化的融合,以创造出更符合现代消费者需求和喜好的文化创意产品。新媒体作为一种强大的技术和信息传播工具,为文化创意产品的开发、设计和传播提供了无与伦比的便利和可能。在新媒体的催化下,文化创意产品得以更迅速、更广泛地传播,实现了文化和创意的大规模分享和交流,也因此更容易找到与之共鸣的受众和市场。这不仅有助于文化创意产品的商业成功,更有助于各种文化的跨界融合和相互促进,丰富了全球文化多样性。

新媒体时代背景下,文化创意产品的开发与设计显现出了前所未有的活力和创新。新媒体不仅仅是一种信息传递和交流的工具,更是一种文化和艺术的载体,能够影响和塑造人们的价值观、审美观和消费观。在这样的背景下,新媒体为文化创意产品的开发与设计提出了新的要求和标准。用户在新媒体时代占据了更为重要的位置。他们通过各种平台参与文化创意产品的设计和创作过程,通过点赞、评论、分享等方式表达对文化创意产品的喜好和期望,这为文化创意产品的开发和设计提供了更为丰富和多元的参考和依据。因此,开发者和设计师需要深入理解和分析用户的需求和行为，倾听他们的声音和意见，创造出更符合用户期望和喜好的文化创意产品。

新媒体时代，文化创意产品的开发与设计也面临着新的挑战和问题。在信息爆炸和高度网络化的时代，如何使文化创意产品在众多的信息和产品中脱颖而出，吸引用户的注意和兴趣，成了一个亟待解决的问题。同时，如何利用新媒体的特性，如互动性、实时性、个性化等，实现文化创意产品的创新和优化，也是文化创意产品开发者和设计师需要深思和探索的问题。此外，文化创意产品的开发与设计也与众不同。新媒体为文化创意产品提供了新的展示和交流平台，如社交媒体、虚拟现实、增强现实等技术，这些技术不仅仅提供了全新的视觉和感官体验，更为文化创意产品的宣传和推广提供了新的途径和方法。

新媒体还为文化创意产品的开发与设计提供了新的思维和视角。在新媒体的影响下，文化创意产品可以摆脱传统的物理和空间限制，实现更为灵活和多元的表现形式和传播方式。虚拟现实和增强现实技术使文化创意产品呈现出更为真实和震撼的视觉效果，吸引了更多用户的关注和兴趣。大数据和人工智能技术则可以为文化创意产品的开发和设计提供更为精准和智能的支持，帮助开发者更好地理解用户的需求和行为，优化产品的设计和功能。在全球化和信息化的大背景下，新媒体还促使文化创意产品的设计师更加关注和重视传统文化元素的保护和传承。将传统文化元素融入文化创意产品的设计中，不仅可以丰富文化创意产品的内涵和形式，还可以实现传统文化的现代传播和创新发展，使文化创意产品更具有文化底蕴和艺术价值，更能够得到用户的认同和喜爱。

参考文献

[1] 程传超，周卫.图书馆文化创意产品开发研究[M].长春：吉林人民出版社，2020.

[2] 陈凌云.博物馆文化创意产品开发研究[M].上海：上海社会科学院出版社，2019.

[3] 田利.图书馆文化创意产品开发理论与实践[M].北京：北京理工大学出版社，2018.

[4] 李典.博物馆文化创意产品开发设计与发展思路研究[M].长春：吉林人民出版社，2020.

[5] 李雅林.文化创意产业与产品传播的媒介发展路径研究[M].沈阳：沈阳出版社，2019.

[6] 郑刚强，王志，屈智源.文化创意产品设计（二）[M].武汉：武汉理工大学出版社，2020.

[7] 陈彩霞.新媒体时代文化创意产品传播策略研究[J].声屏世界，2020（13）：73-74.

[8] 宋小乐.新媒体语境下文化创意产品的发展路径分析：以故宫博物院为例[J].新闻文化建设，2021（6）：148-149.

[9] 李艳萍.新媒体背景下博物馆文化创意产品发展探究[J].艺术大观，2021（10）：77-78.

[10] 李洋洋. 文化创意产品在新媒体时代的传播策略与推广原则 [J]. 参花，2021（2）：51–52.

[11] 孙晨风，崔菁菁. 基于新媒体视域下的东北文化创意产品营销的研究 [J]. 质量与市场，2020（23）：138–140.

[12] 杨敏. 新时期传统文化创意产品营销策略 [J]. 合作经济与科技，2021（5）：86–87.

[13] 庄萍萍. 新媒体背景下博物馆文化创意产品探究 [J]. 文物鉴定与鉴赏，2019（14）：122–123.

[14] 柳一婧，王亦涵，费晓萍. 新媒体环境下文化创意产品的创新设计：以楚凤为例 [J]. 中国民族博览，2020（2）：193–194.

[15] 刘文良，邵煜涵. "非遗+"文化创意产品创新开发策略研究 [J]. 扬州大学学报（人文社会科学版），2020，24（5）：67–75.

[16] 李艳. 新媒体环境下保定市文化创意产品开发策略探析 [J]. 财富生活，2019（20）：84–85.

[17] 李安. 新媒体环境下泸州市博物馆文化创意产品研究 [J]. 泸州职业技术学院学报，2019（4）：95–98.

[18] 邓洋. 新媒体背景下博物馆文化创意产品发展探究 [J]. 文物鉴定与鉴赏，2019（12）：110–111.

[19] 梁颉璐. 新媒体语境下的文化创意产品品牌建设研究 [J]. 艺术科技，2017，30（7）：123.

[20] 胡晏婷. 浅谈文化创意产品的新媒体形式 [J]. 小品文选刊：下，2017（7）：289.

[21] 彭爱萍. 新媒体环境下高职校园文化创意产品的有效传播及育人作用 [J]. 湖南大众传媒职业技术学院学报，2018，18（1）：46–49.

[22] 康璐玮. 新媒体时代高校文化创意产品市场现状分析与对策研究 [J]. 中外交流，2018（24）：14–15.

[23] 宋云飞，张云笛. 新媒体背景下博物馆文化创意产品发展探究 [J]. 新媒体研究，2019，5（6）：124–126，137.

[24] 王爽. 新媒体背景下博物馆文化创意产品发展探究 [J]. 青年文学家, 2019 (21): 196.

[25] 朱科宇, 彭静. 互联网+背景下博物馆文化创意产品研发路径 [J]. 今古文创, 2021 (20): 102-103.

[26] 刘妤, 赵志强. 数字化时代江苏省文化创意产品设计的价值研究 [J]. 绿色包装, 2020 (10): 64-70.

[27] 许钰伟. 漳州"非遗"文化创意产品设计策略研究 [J]. 艺海, 2020 (2): 72-75.

[28] 曹德瑞. 城市广播打造文化创意产品的探索与策略 [J]. 传播力研究, 2020, 4 (34): 120-121.

[29] 张新民. 论文化创意产品的市场营销渠道建设 [J]. 中国市场, 2020 (36): 123-124.

[30] 昌进. 线上文化创意产品的创作模式研究 [J]. 艺术品鉴, 2019 (35): 177-178.

[31] 武怡帆, 阴耀耀. 文化创意产品设计中存在的问题及发展趋势 [J]. 艺海, 2019 (5): 82-84.

[32] 王家飞. 基于跨界打造非遗文化创意产品的设计研究 [J]. 包装工程, 2019, 40 (22): 253-259.

[33] 靳鹤琳. 地域文化背景下的文化创意产品品牌开发设计研究 [J]. 包装工程, 2021, 42 (16): 335-338, 360.

[34] 霍楷, 丛琳. 探索高校文化创意产品的个性化设计 [J]. 设计, 2018 (12): 112-113.

[35] 黄小琴. 体验经济下的文化创意产品营销策略: 以"国学机"的体验营销为例 [J]. 企业经济, 2017, 36 (11): 68-72.

[36] 樊幸, 张道海. 论新媒体环境下高校文化创意产品的创新设计研究 [J]. 包装世界, 2016 (3): 110-111.

[37] 孙玉冰. 新媒体语境下文化创意产品营销研究: 以北京故宫博物院旅游纪念品为例 [J]. 广东经济, 2017 (20): 98.

[38] 罗建幸.文化创意产品的体验式营销策略应用探究[J].经营管理者，2016（26）：296-297.

[39] 谭铁志，戴晶晶.文化创意产品设计方法与戏曲视觉表达[J].艺术教育，2014（4）：182-183.

[40] 汪菲.文化创意产品国际竞争力研究[J].时代经贸，2013，11（11）：40-41.